高职高专新课程体系规划教材

计算机系列

办公自动化方法

与应用（第2版）

吕晓阳　周胜安　黄　果◎编著

清华大学出版社

北 京

内 容 简 介

本书对办公自动化基础知识和基本技术、办公自动化系统应用、移动办公、办公网络安全做了详细的介绍，讲述了常用办公自动化设备的原理及使用方法。本书注重基本原理的清晰及合用性，强调理论与实践的结合，实用性及可操作性较强。

本书可作为高职高专院校电子政务应用及相关专业的学生学习电子政务内部网络课程的教材，也可作为公务员进行办公自动化系统应用操作的培训参考书。

图书在版编目（CIP）数据

办公自动化方法与应用/吕晓阳，周胜安，黄果编著. —2版. —北京：清华大学出版社，2013.3（2021.1重印）
高职高专新课程体系规划教材·计算机系列

ISBN 978-7-302-31674-9

Ⅰ. ①办…　Ⅱ. ①吕…　②周…　③黄…　Ⅲ. ①办公自动化-高等职业教育-教材　Ⅳ. ①C931.4

中国版本图书馆 CIP 数据核字（2013）第 042912 号

责任编辑：朱英彪
封面设计：刘　超
版式设计：文森时代
责任校对：张彩凤
责任印制：杨　艳

出版发行：清华大学出版社
　　　　　网　　　址：http://www.tup.com.cn，http://www.wqbook.com
　　　　　地　　　址：北京清华大学学研大厦 A 座　　邮　　编：100084
　　　　　社 总 机：010-62770175　　　　　　　　邮　　购：010-62786544
　　　　　投稿与读者服务：010-62776969，c-service@tup.tsinghua.edu.cn
　　　　　质量反馈：010-62772015，zhiliang@tup.tsinghua.edu.cn
印 装 者：北京虎彩文化传播有限公司
经　　销：全国新华书店
开　　本：185mm×260mm　印　张：19.5　字　数：448 千字
版　　次：2009 年 10 月第 1 版　2013 年 3 月第 2 版　印　次：2021 年 1 月第 4 次印刷
定　　价：59.00 元

产品编号：049996-02

编 者 的 话

随着计算机网络时代的来临,电子政务在全球范围蓬勃发展,政府机关、企事业单位的办公自动化应用越来越普遍。显然,这对各行各业工作人员的计算机应用水平提出了新的要求,学习计算机网络知识,掌握办公自动化系统的操作方法已成为必然。

从数字化办公的未来发展前景考虑,移动办公将是大势所趋,所以本书和第1版相比,在介绍传统 OA 系统的基础上增加了移动办公系统的内容。

全书以一个市局级机关的架构和人员配置来模拟办公自动化系统的运作,以项目引导、任务驱动的模式展开教学,增强了教学内容的真实性和规范性。

项目 1 是 OA 系统应用的基础篇,介绍了办公自动化的基础知识,包括办公自动化概述、办公事务管理及电子政务与办公自动化的关系,以及个人计算机、网络技术在办公自动化中的应用。

项目 2~4 是内部局域网上 OA 系统应用的操作篇,介绍了办公自动化系统的安装、设置与系统管理,个人电子办公、电子信息共享、电子公文管理及电子事务管理。

项目 5 介绍移动办公系统的操作。以中国电信的"天翼云办公"作为应用案例,介绍了移动办公自动化的相关知识及系统软件的安装、配置与基本使用方法。

项目 6 介绍办公自动化系统安全知识,包括电子政务系统安全概念、网络安全方法、防火墙技术、防计算机病毒技术、防数据泄密技术、防黑客攻击技术及网络服务器安全技术。

项目 7 介绍打印机和扫描仪,及作为新型、实用图像输入设备的数码相机的原理与操作。

项目 8 介绍静电复印机的使用与维护方法。

项目 9 介绍电话通信设备、图文传真机的使用与维护方法。

附录 A 介绍 Lotus Notes 系统平台的安装,附录 B 给出办公自动化系统模拟案例的行政机关结构与人员分布及办公自动化系统流程汇总表。

每个项目在介绍相关知识之后都会给出一定的实训任务,全书共汇集了 23 个实训任务。另外,每个项目后都配备了一定数量的选择题和思考题,供读者课后练习与思考。本书不仅可作为职业学院相关专业的职业技能教材,也可作为政府机关及企事业单位培训办公自动化系统操作的参考用书。

在教学过程中,应根据教学大纲的要求,准确地把握教学的重点与难点。同时,讲授必须与上机实操紧密相结合,以实操为主,加强操作能力的培养。为提高实训效果,建议实训室配置相应的 OA 系统及移动办公云平台,讲授、演示与操作都在实训室完成。

本书是校企合作、产学研的结晶,由吕晓阳担任主编,负责制定编写大纲、统筹及定稿工作;周胜安、黄果担任副主编,负责初稿的编写、审核与修改工作。蒋华梅编写了项目 1，吕晓阳编写了项目 2～4 及附录部分，周胜安编写了项目 5～6，谭共志编写了项目 7～9。朱小珑主审了项目 2～4，黄果主审了项目 5 并提出了修改意见。

在组织本书写作和出版的过程中，得到了广州求迅计算机科技有限公司的大力支持；朱承武工程师在"求实办公自动化系统 2.0"上对书中的工作流程进行了认真的调试，使得书中介绍的所有流程都能正常运行。另外，中国电信广东分公司智慧城市合作部-光网战略执行室、中国电信广东亿迅科技有限公司-行业应用运营中心的领导和专家对移动办公系统项目的初稿提出了十分有益的建议，在此一并表示衷心的感谢。

由于电子政务的发展日新月异，加上写作和出版时间紧迫以及作者水平所限，在选材和文字上的错漏之处，恳请读者批评指正。另外，我们还编写出版了配合办公自动化与电子政务课程教学的辅助教材《办公自动化与电子政务项目实训》（ISBN：9787302268529，清华大学出版社），便于教学使用。

本书所用到的"求实办公自动化系统 2.0"已推出了便于师生使用的教学版，我们将为选用本教材的学校提供优惠版用于教学，欢迎以学校为单位通过电子邮件与我们联系（Luxy@scnu.edu.cn）。"求实办公自动化系统 2.0"也部署到了中国电信的云办公平台上，可以为需要者提供测试账号，以供使用本教材的师生通过移动终端登录试用。

编　者

2013 年 2 月于广州

目　　录

项目1 办公自动化的基础知识和基本技术应用

1.1 项 目 分 析

典型案例

在现代信息社会中，计算机已成为信息处理的主要工具。计算机网络的发展加快了全球信息化的步伐，计算机网络在办公自动化中的应用，使办公自动化发生了本质的变化。

互联网（Internet）的应用使办公自动化从一个单位的办公室延伸到全社会，硕大的地球因此成为信息网络意义上的地球村。掌握并熟练使用互联网是进入信息社会的通行证，包括从网络上搜索和下载资料、即时通讯软件（QQ），以及博客（Blog）和微博客的使用等。

教学目标

本项目通过办公自动化的基础知识和基本技术应用的学习，掌握办公自动化的概念，了解办公自动化系统的构成；熟悉办公事务管理的概念与内容；了解电子政务的定义，掌握电子政务的基本模式；了解个人计算机、计算机网络在办公自动化中的作用和地位，熟练地掌握 Windows 操作系统、Office 办公软件及浏览器（IE）的使用；了解办公自动化系统平台技术。

1.2 相 关 知 识

办公自动化（Office Automation，OA）是信息革命的产物，是信息化社会最重要的标志之一，也是社会信息化的重要技术保证。办公自动化是将现代化办公和计算机网络功能结合起来的一种新型的办公方式。通过实现办公自动化，或者说实现数字化办公，可以优化现有的管理组织结构，调整管理体制，在提高效率的基础上，增加协同办公能力，强化决策的一致性，最后实现提高决策效能的目的。在行政机关、企事业单位工作中，采用 Internet/Intranet 技术，基于工作流的概念，以计算机为中心，采用一系列现代化的办公设备和先进的通信技术，广泛、全面、迅速地收集、整理、加工、存储和使用信息，使企业内部人员方便快捷地共享信息，高效地协同工作；改变过去复杂、低效的手工办公方式，为科学管理和决策服务，从而达到提高行政效率的目的。

1.2.1　办公自动化概述

办公自动化是指利用先进的科学技术，尽可能充分地利用信息资源，提高生产、工作效率和质量，辅助决策，求取更好的经济效益。它的基本特征是使用计算机、网络、复印机、传真机等现代设备对各种办公事务相关的文档进行处理、存储、复制和传输。

办公自动化将人、计算机和信息三者结合为一个办公体系，构成一个服务于办公业务的人机信息处理系统。通过提高办公效率，使用先进的机器设备和技术，办公人员可以充分利用各种办公信息资源，使办公业务从事务层进入管理层，甚至辅助决策层，将办公和管理提高到一个崭新的水平。

1.2.1.1　办公活动与办公自动化

自从人类社会出现了国家，也就有了办公的概念。人们在进行生产活动、科学实践和行政管理的过程中，为实现一个具体的工作目标，所从事的处理人群集体事务或信息的活动就称为办公。办公的性质决定了办公活动是有组织、有目的的活动。办公活动处理各种形式的信息，对于物质的处理（如各类生产活动）则不属于办公的范畴，但需要办公活动的支持。

1. 办公活动

影响办公方式最活跃的因素是办公活动的工具，即办公设备，其演变的历史也就是办公活动方式演变的历史。

（1）农业时代的办公活动

在农业时代，科学技术和应用技术水平都很低。那时主要的办公工具是纸、笔和算盘，主要的办公活动是信息的生成、输出和存储，信息记录在纸上，通过抄写或印刷来复制，办公活动完全依靠手工来完成，而办公公文信函的传递主要以马作为交通工具。

（2）工业时代的办公活动

在工业时代，蒸汽机的出现、电的发明对办公活动方式产生了巨大的影响，办公设备也步入了一个新的阶段。

电话的发明使得信息的传递电子化成为了可能，同时打字机和电传机的广泛应用也大大地提高了信息处理与传递的效率。复印机、传真机等办公设备的出现，使工业时代的办公方式更多地依赖于各种办公设备，就办公活动的本质来说，即信息的生成、输出、存储、处理并没有太大的改变，改变的是办公的效率和传输的速度。对于个人或者组织来说，办公仍集中于固定的场所，完全依赖于人的参与，包括决策、操作等方面；对于社会来说，办公仍没有摆脱传统意义上办公活动的概念，人们还必须到办公室去处理日常繁琐的事务。

（3）信息时代的办公活动

计算机的出现标志着信息时代的来临，与此同时，通信技术及其他软科学的进步，使得人类社会对信息的处理、传递以及组织能力达到了前所未有的高度，办公活动的方式也发生了真正意义上的巨大变化。

随着信息社会的到来，办公方式逐渐从手工转变到自动化的办公系统，从机械化逐渐转变为电子信息化，从人工或简单电子化的信息传递逐渐转变为信息网络无纸化的传递，从简单的文字处理逐渐转变为包括图、文、声、像的综合信息处理，从人工简单决策转变为包含管理信息系统和决策支持系统，或者具有人工智能的专家系统的复杂决策。

2. 办公自动化

20 世纪 70 年代中期，发达国家的办公业务量急剧增加，办公成本居高不下，对政府的管理运作及企业的生产效率产生了巨大的负面影响，急需一种新的办公管理方式来解决这些矛盾。办公自动化就是在这种历史背景下产生并发展起来的一门综合性技术。

自办公自动化概念产生以来，也随之出现了很多种关于办公自动化的定义。

20 世纪 70 年代，美国麻省理工学院教授 M. C. Zisman 为初露端倪的办公自动化作了如下定义：办公自动化是将计算机技术、通信技术、系统科学及行为科学应用于传统数据难以处理的、数量庞大且结构不明确的、包括非数值型信息的办公事务处理的一项综合技术。

我国在 20 世纪 80 年代初就开始制定办公自动化的发展目标及远景规划，1985 年在国务院电子振兴办组织的我国第一次办公自动化规划讨论会上，对办公自动化作了如下定义："办公自动化是指利用先进的科学技术，不断地使人们的一部分办公业务活动物化于人以外的各种设备中，并由这些设备与办公室工作人员构成服务于某种目标的人机信息处理系统。"

这个定义从实质上对办公自动化进行了较为全面、准确、本质、发展的描述。定义中提出了办公自动化的五个主要组成部分，即科学技术、办公活动、办公设备、办公人员和人机信息处理系统。其目的是尽可能充分地利用信息资源，提高生产率、工作效率和质量，辅助决策，求取更好的效果，以达到既定（即经济、政治、军事或其他方面的）目标。

办公自动化是一个不断成长的概念，办公自动化的内涵已经大为扩展，电子政务、电子商务、企业信息化、教育信息化、数字家庭等都可以看成是办公自动化内容的延伸和发展。

1.2.1.2　办公自动化发展

1. 国外办公自动化发展

办公自动化系统的发展非常迅速，同时世界各国政府也极为重视本国办公自动化系统的发展，不惜花费巨资。美国公司和企业的办公自动化的发展比政府部门要早，并且水平也较高。各公司、企业不仅把办公自动化视为提高效率、节约成本的手段，更是利用它来加强经营管理，作为提高企业素质和企业竞争能力的重要条件。

20 世纪 90 年代以后，国外的办公自动化发展主要表现为以下四个方向。

（1）办公自动化设备向着高性能、多功能、复合化和系统化发展。

（2）办公自动化系统向着数字化、智能化、无纸化和综合化发展。

（3）以计算机为核心的办公工作站向处理文字、数据、声音、图形的多媒体方向发展。

（4）通信在 OA 系统中的地位进一步增强，充分利用现代化通信技术建立起全球的网络体系。

2. 国内办公自动化发展

（1）发展历史

我国办公自动化的应用和发展历程，可以分为以下三个阶段。

① 第一代 OA 系统，从 20 世纪 80 年代中期到 90 年代中期，以个人电脑、办公套件为主要标志。该阶段实现了数据统计和文档写作的电子化，即将办公信息载体从纸介质方式转向数字方式。

② 第二代 OA 系统，以 20 世纪 90 年代中期开始的网络技术和协同工作技术为主要特征。该阶段实现了工作流程自动化，即将收发文件从传统的手工方式转向工作流自动化方式。第二代办公自动化系统实现了不同职能部门间的工作流程自动化，不同部门及其工作人员工作间的协作加强，从而使政府/企业的办公效率得到较大的提高。

③ 第三代 OA 系统，是融信息处理、业务流程和知识管理于一体的应用系统。它以知识管理为核心，提供丰富的学习功能与知识共享机制，确保使用者能随时随地根据需要向专家学习、向现有知识学习，使员工在办公自动化系统中的地位从被动向主动转变，并因此提高政府与企业的整体运作效率。

（2）发展特点

我国办公自动化发展的特点是起步晚、发展迅猛，首先是为政治、经济、国防服务。国家投资建设的有经济、科技、银行、铁路、邮电、交通、电子、能源、气象、军事、公安和国家高层领导机关 12 个大的信息管理系统，具有规模大、体系完整、高技术和现代化的管理效能，是代表我国一级水平的 OA 系统。

3. 发展方向

总的说来，无论是国外还是国内，办公自动化的发展方向是全社会的数字化办公。所谓数字化办公，即几乎所有的办公业务都在网络环境下实现。从技术发展角度来看，特别是互联网技术的发展、安全技术的发展和软件理论的发展，实现数字化办公是可能的。从管理体制和工作习惯的角度来看，离全面的数字化办公还有一段距离。首先，数字化办公必然冲击现有的管理体制，使现有管理体制发生变革，而管理体制的变革意味着权利和利益的重新分配；另外，管理人员原有的工作习惯、工作方式和法律体系有很强的惯性，短时间内改变有一定的阻力。尽管如此，全面实现数字化办公是办公自动化发展的必然趋势。

（1）电子政务

数字化办公在政府管理领域的实现就是电子政务（E-Goverment）。即运用计算机、网络和通信等现代信息技术手段，在互联网上实现政府组织结构、工作流程和运作方式的优化重组和有效改造，构建精简、高效、廉洁、公平的服务型的现代化政府运作模式，以便全方位地向社会提供优质、高效、规范、透明、符合国际水准的管理和服务。电子政务的核心在于将政府的管理和服务借助信息手段集成，实现更高效、更廉洁、更务实的政府监管和服务。而要搞好电子政务，其首要的条件就是政府机构内要建立完善、成熟的办公自动化系统。

电子政务的运作模式有 G2G 模式、G2E 模式、G2B 模式和 G2C 模式等四种。

- **G2G 电子政务**：政府（Government）与政府之间的电子政务。它是指政府内部、政府上下级之间、不同地区和不同职能部门之间实现的电子政务活动。
- **G2E 电子政务**：政府与政府雇员（Employee）之间的电子政务。它是政府机构通过网络技术实现内部电子化管理的重要形式，也是 G2G、G2B 和 G2C 电子政务模式的基础。G2E 电子政务主要是利用 Intranet 建立起有效的行政办公和员工管理体系，以提高政府工作效率和公务员管理水平服务。
- **G2B 电子政务**：政府与企业（Business）之间的电子政务。企业是国民经济发展的基本经济细胞，促进企业发展、提高企业的市场适应能力和国际竞争力是各级政府机构共同的责任。
- **G2C 电子政务**：政府与公民（Citizen）之间的电子政务。主要是政府通过电子网络系统为公民提供各种服务。

（2）电子商务

数字化办公在商业领域的实现就是电子商务（Electronic Commerce）。即在 Internet 开放的网络环境下，基于浏览器/服务器应用方式，实现消费者的网上购物、商户之间的网上交易和在线电子支付的一种新型的商业运营模式。电子商务的核心在于通过互联网完成商品信息服务、交易和用户支付。

电子商务的运作模式有企业与个人的交易（B2C 模式）和企业之间的交易（B2B 模式）两种。

4. 国内办公自动化存在的问题

在我国办公自动化的发展过程中，办公自动化建设取得了很多成绩，同时也暴露了很多问题。

（1）投资大、效果不明显，水平低、重复建设多，硬件投入多、软件投入少，模拟手工作业增加管理负担等。

（2）办公人员大都是非计算机专业人员，他们的计算机知识尤其是计算机操作系统及硬件知识的缺乏，导致办公效率降低，系统管理员工作量增大。如系统维护及软件升级，由于计算机技术的迅速发展，软硬件的升级换代将更加频繁，这就意味着系统后期成本居高不下。

造成这些问题的主要原因有以下三方面。

① 对办公自动化的本质作用理解不深。通常只是把办公自动化理解为办公过程中的先进技术和设备的使用，使用的目的是提高效率。实际上，通过实现办公自动化，提高管理机构的决策效能更为重要。

② 忽视了办公自动化发展的基础。认为只要有了先进的技术和设备，就可以实现办公自动化。其实，办公自动化发展必须依赖两个基础：一个是管理基础，另一个是信息积累基础。如果脱离了这两个基础，办公自动化就会变成空中楼阁。

③ 技术条件的制约，也会使得办公自动化建设难以达到预期的目的。如早期的网络技术在信息共享和沟通方面的支持就明显不足。

5. 我国办公自动化的发展策略

根据我国办公自动化建设的现状和存在的问题，要使我国办公自动化建设走上健康、快速发展的轨道，在办公自动化建设方面应采取如下对策。

（1）在组织实施方面，从传统的工业项目管理体制转向专业化和产品化实施体制，确保系统的运行维护和系统持续的升级，走合作与分工并举的道路。由此可造就一批以办公自动化为业务核心的、规模较大的专业软件公司。

（2）在技术选向方面，选择与世界发展潮流吻合的技术。现在还在流行的技术并不能代表未来一定能够流行。技术的标准化程度要高，开放程度要好。关键应用主张自主开发，发展民族产业。在技术结构方面，尽快从 Client/Server 结构体系转向 Browser/Server 结构体系，最终用户界面统一为浏览器。

（3）在设计思想方面，从传统的面向业务的设计转向面向用户的设计，即将设计的着眼点放在用户对象身上，设计视角范围是整个内部网，在此基础之上进行相关业务设计。将面向对象的思想引入到系统设计中去。

（4）在实现方法方面，从传统的结构化设计转向采用复杂适用系统（CAS）理论进行实现，即从一般的业务需求中抽象出关键的复杂适应系统。该系统能够适应环境变化，系统使用越久，积累的有价值的东西就越多。

办公自动化不应只是办公的计算机化，而是要融入新的管理方式，要融知识管理于办公自动化中。通过新系统，办公自动化为领导层、办公室、人力资源部门、业务部门等提供全新高效的工作模式。

1.2.1.3　办公自动化系统

1. 办公自动化系统的概念

办公自动化系统是指面向特定单位、支持其综合办公业务的集成化信息系统。它将该单位的人员、业务流程、信息、组织机构、办公自动化技术与设备集成为一个有机的整体。办公自动化系统的运作包括信息采集、信息加工、信息传输和信息保存四个环节。

2. 办公自动化系统要素及模式

（1）办公自动化系统要素

办公自动化系统要素包括人员、业务、办公机构、办公制度、办公技术设备、办公环境等。

（2）办公自动化系统模式

办公自动化系统模式可分为信息流模式和工作流模式。

- **信息流模式**：在系统分析中需明确信息处理环节、信息量、信息利用率、信息流向、信息使用要求、信息重要程度、信息共享需求和信息安全需求等，并对此作出规范化的描述。描述的准则是要保持系统整体上的一致性、透明性和相容性。
- **工作流模式**：对办公活动、办公过程、工作规程进行分解，使之达到可以由自动化系统模拟的最简单流程。过程模式的描述要求有明确办公系统及子系统的目标、达到目标的效益标准、达到目标的具体任务与步骤、任务的参与者及相关方面、所需信息的范围、类型与质量要求、时间限制、可提供的技术手段等。

3. 办公自动化系统的构成

办公自动化系统按其功能由三个层次构成,即事务处理层办公自动化系统、信息管理层办公自动化系统和决策支持层办公自动化系统。

(1)事务处理层办公自动化系统

该系统支持办公部门的分散的事务处理的办公自动化。办公事务处理的主要内容是执行例行的日常办公事务,涉及大量的基础性工作,包括文字处理、电子排版、电子表格处理、文件收发登录、电子文档管理、办公日程管理、人事管理、财务统计、报表处理、个人数据库等。

事务型办公自动化系统可以是单机系统,也可以是多机系统。单机系统不具备计算机通信能力,主要靠人工信息方式及电信方式通信。多机系统可采用局域网、程控交换机综合通信网、城域网或广域网等。

(2)信息管理层办公自动化系统

信息管理层办公自动化系统,是把事务型办公系统和综合信息紧密结合的一体化的办公信息处理系统。它由事务型办公系统支持,以管理控制活动为主。除了具备事务型办公系统的全部功能外,主要是增加了信息管理功能。根据不同的应用可分为政府机关型、市场经济型、生产管理型、财务管理型和人事管理型等。

信息管理层办公自动化系统多数是以局域网为主体构成的系统。局域网可以连接不同类型的主机,可方便地实现本部门微机网之间或者是与远程网之间的通信。通信网络最典型的结构采用中小型主机系统与超级微机和工作站三级网络结构。中小型机主要完成管理信息系统功能,处于第一层,设置于计算机中心机房;超级微机处于中间层,设置于各职能管理机关,主要完成办公事务处理功能;而工作站完成一些实际操作,设置在各基层科室,为最底层。这种结构具有较强的分布处理能力,资源共享性好、可靠性高。对于范围较大的系统,可以采用以程控交换机为通信主体的通信网络。把中大型机、超级小型机、高档微机、微机,各种工作站、终端设备,以及电话机、传真机等互连起来,构成一个范围更广的办公自动化系统。

(3)决策支持层办公自动化系统

决策支持层办公自动化系统(Decision Support System,DSS),是在事务处理系统和信息管理系统的基础上,增加了决策或辅助决策功能的高级办公自动化系统。

DSS 是一种基于计算机的交互式系统,主要担负辅助决策的任务,协助决策者在求解问题答案的过程中方便地检索出相关的数据,对各种方案进行试验和比较,对结果进行优化。为此,该系统除了利用信息管理系统数据库所提供的基础信息或数据资料外,还需为决策者提供模型、案例或决策方法。所以只有数据库的支持是不够的,还必须具备模型库和方法库。模型库是决策支持系统的核心,其作用是提供各种模型供决策者使用,以寻求最佳方案,包括计划模型、预测模型、评估模型、投入/产出模型、反馈模型、结构优化模型、经济控制模型、仿真模型、综合平衡等。在实际应用中，对同一问题可以用不同的模型，从不同的角度去进行模拟，向决策者提出有效的建议。

4. 办公自动化系统的发展

传统办公自动化系统的最大特点是应用基于文件系统或关系型数据库系统，以文档数据为存储和处理对象，强调对文档数据的计算和统计能力。但是，缺乏对于协作型工作的处理能力，而办公过程主要是群组协作过程，如收发文、日常报销流程等。因此，传统办公自动化系统的"自动化"程度是有限的。

现代办公的任务是提高政府部门、企事业单位的运作效率，进而增强其核心竞争力。知识管理是一个系统工程，目标是帮助管理部门发现潜在知识、定位拥有专门知识的人、传递知识和有效利用知识。知识管理意味着在恰当的时间，将正确的知识传给正确的人，使他们采取最适合的行动，避免重复错误和重复工作。知识管理关注如何获取、组织、利用和传播散布在管理信息系统和人们头脑中的知识。实际上，无论实时交流、信息集成还是门户建设都是指知识管理。因此将来的办公自动化系统的核心是知识，实现的基础技术是知识管理。

1.2.2　办公事务管理

1.2.2.1　办公事务管理概念

办公室的职能是处理机关日常工作，协调部门的工作关系。内容包括：承办会议，负责信息、新闻的发布，对外宣传与公关工作；负责领导的秘书事务，处理机关文书、档案、保密、保卫、信访等行政管理工作。

1. 事务

事务是相对职能而言的，即在职能以外但却是为实现职能所必需的、例行的、程序性的、服务性的、辅助性的、技术性的事情的总称。

2. 办公事务管理

办公事务管理的功能是使机关内部办公事务、后勤事务活动的要素构成及流通过程达到最佳状态，从而使其功效得到放大和充分发挥。其对象主要是文件、档案、政务信息、制度规范与程序规范的建设、值班接待、信访、综合协调、办公自动化系统建设、新闻发布、保密与安全、环境管制、后勤供应、生活服务等综合性工作。

办公事务管理的职能是对机关内部部分办公事务活动和后勤事务活动的构成要素（包括人、财、物、信息、制度、方法等）及其流通过程进行规划、组织、监督、控制和协调。

3. 办公事务管理的特点

（1）事务性

要求在管理实践中，重视对事务、事务活动规律性的研究，根据实际情况和需要，充分地发挥制度化、程序化管理方法的作用。

（2）综合性

由于办公室居于机关工作活动的中枢地位，其管理的对象广泛、管理内容庞杂，需要综合处理多种关系、解决多种问题。这就要求必须从机关整体出发考虑和处置各种问题，充分借鉴和运用多学科、多门类管理方法和技术方法，实事求是、有针对性地解决问题。

（3）专业性

办公事务管理需要遵循特定的技术规律，需要从事各种管理活动的人掌握这种特定的技术和方法技巧。机关内部的事务活动本身，大都具有一定的技术色彩，是综合运用多种技术的产物。这一特点给办公事务管理带来的直接影响就是管理必须顺应特定的技术规律。

办公事务管理是一种微观的管理，需要有精细、具体、可操作性强的技术方法体系作为支持。工作简化、质量控制、标准化、程序分析与设计、管理图表绘制等实际上都是特定的管理技术，在一定意义上，办公事务管理的过程将成为综合应用管理技术的过程。这就要求在管理实践中，钻研并熟练掌握有关的事务处理技术和管理技术。

4. 办公事务管理的基本原则

办公事务管理是具有特定内容、特定性质的特殊行政管理活动，在办公事务管理中需要遵守一些基本的原则。

（1）系统原则

该原则是将整个机关的事务活动视为一个整体，以系统的思想、系统工程的方法去认识和分析解决实际问题。

（2）服务第一

始终把为公民、为领导、为基层、为其他各级各类工作人员，为实现机关的各项职能提供服务放在首位。

（3）质量管理

强化质量意识，强化全面质量管理，追求事务活动的全面优化。

（4）时效性

时时刻刻讲究时效，确立切实保障、维护机关事务在特定时间范围内的有效性。

（5）经济性

力争以最小的投入（人力、物力、财力、时间等）产生最大的效益。

（6）集中化

根据机关事务分散处理、分工负责的特点，以集中的管理建立秩序，提高效能。

（7）规范化

充分制定、严格实施各类统一规范，切实实现管理的制度化、程序化、标准化。

（8）简化

在满足目标要求以及保证具有相同功能的前提下，对事务活动的过程、方法等尽可能化繁为简。

1.2.2.2　效率与实践管理

时间管理主要是对时间的流动进行管理。办公室日常事务之一就是合理地安排时间，包括日程安排、约会安排和差旅安排，最终的目的是提高办事效率。

1. 注重办事效率

效率是投入和产出的比值，投入越少，产出越多，效率就越高。提高办事效率取决于两个因素：主观能动作用和客观条件。前者是指人的思想和才能，后者是指工作对象的难易程度、手段效能的高低程度、时空环境的顺逆性。效率可分为个体办事效率和整体运转效率。要提高办公室工作的效率，不仅要提高个体的办事效率，而且要做好总体的组织工作。具体地说，有以下几个方面的途径和方法。

（1）统一指挥，步调一致

办公室工作的特点是繁、杂、细、忙。根据这一特点，办公室在办事过程中要求做到统一指挥，步调一致。因为只有这样才能把杂乱无章的事务连成一线，有条不紊地处理每一件事。

（2）因事设岗，明确职责

提高办公室的办事效率要求做到体制合理，岗位职责明确。体制合理就是上下关系归属要顺当，部门内岗位要切实，要因事设岗，做到位不虚、员不冗，岗位职责明确。现代组织理论的一个律条是：在其位，谋其政，行其权，负其责。为此，要求每个办公室人员明确自己的岗位职责，在什么样的岗位，就应负什么样的责任。

（3）合理安排，提高素养

办公室工作的各个环节是相互联系的，各项工作的运转就像一条生产线，无论哪一个环节出了问题，都会影响到整个工作的进展。办公室工作必须以系统工程来组织好运转，做到合理安排，环环相扣，切不可颠倒次序，脱落环节。同时，应加强办公室人员的各类业务培训，使他们熟练操作各种办公设备，熟悉办公室的工作流程。

（4）减少文件，精简会议

公文是管理的重要形式之一，长期以来，各级行政部门都大量运用公文来办理公务，而且使用的频率越来越高，致使各类文件堆积如山。因此，减少文件，克服文牍主义是当前改革办公室工作的关键一环。会议也是管理的重要形式之一，当前，会议成灾不仅耗费了大量的人力、物力、财力，而且使办公室人员伴随着领导者陷入会海之中，影响人们的办事效率。因此，应严格控制会议的数量，提倡能不开的会议坚决不开，能合并的会议尽量合并，即使非开不可的会议也必须充分准备，精心组织，以提高会议质量。

（5）坚持催办制度，做好督查工作

坚持催办制度是指文件发出以后要催办。做好督查工作是指各级行政部门的重要决策、重要工作部署出台以后，办公室要进行督促检查，确保决策的落实。在督查过程中，办公室要深入调查研究，了解办理的进展情况，对承办单位不能按时办理者，应定期催促。催办、督查既是一个重要环节，也是一项关键措施，必须坚持做好，从而推动管理工作往前发展。

2. 日程安排

（1）日程安排的内容

日程安排的内容是把单位或领导每月、每周、每天的主要活动纳入计划，并下发给相关部门或个人。办公室日常工作安排时一般要涉及以下内容：

① 各种接待、约会。包括接待或会见本单位、外单位客人来访和国外的来宾。

② 业务考察活动。各级领导到外地、外单位进行调研和参观学习。

③ 组织各类会议。各级部门举行不同类型的会议，领导部署重要的任务，听取下级的建议，或组织各类表彰会议等。

④ 组织各类重大活动。

（2）日程安排的基本要求

① 统筹兼顾。安排日常活动既要从单位的全局出发统一筹划，又要兼顾领导的实际情况。在安排领导的日程表时，无论是一般工作还是重要工作，都要事先得到领导的同意。

② 安排规范。根据领导的分工，明确规定哪一类活动由哪些领导参加，避免出现随意性，提高实效。

③ 效率原则。日程表的安排要体现效率原则。

④ 突出重点。采用 ABCD 法则，对完成中心工作有直接联系或重要的活动，要优先安排，加以保证，以便领导集中精力办大事，力戒形式主义。ABCD 法则中的 A 是指重要而紧急的任务，B 是指重要而不紧急的任务，C 是指紧急而不重要的工作，D 是指可做可不做的事务。

⑤ 留有余地。日程安排可以以年计划表、月计划表、周计划表或日程表的形式呈交领导。安排领导的时间要留有余地，不能安排得过于紧密，要给领导有空隙时间。

⑥ 适当保密。领导的日程安排，一般都是制定成一览表的形式。日程表给领导一份，给办公室主任和其他领导一份，还需要给有关科室和司机一份。不过，给科室和司机的日程表，内容不能太详细以防泄密。

3. 约会安排

约会也称约见，是指领导在事先约定的时间、地点与别人会面洽谈业务或会商工作。在企事业单位中，约见这一交际形式被运用的频率仅次于电话联系和书信联系。商量工作、解决问题、交流信息、联络感情等都常用这一形式。在现代社会中，会面应事先约定，这是讲究社交礼节、注重工作效率的表现。

（1）约会安排的基本原则

① 要根据领导的工作习惯和生活习惯来安排约见。

② 要区分轻重缓急，合理安排约见。

③ 协助领导搜集有关信息，使领导事先做到心中有数。

④ 酌情弹性。这种弹性包含两方面内容，一是安排约见时间要错开进行，不可太紧或太松；二是早期安排的约见，时间不能太确定，因届时也可能会因情况有变而更动约见时间。

⑤ 要注意提醒领导准时赴约，如果领导不能按事先约好的时间进行约见，办公室人员要设法及早通知对方，保证准时赴约，不误约，不失约。

（2）约会安排的注意事项

① 内外兼顾，协助领导做好联系工作。

② 分辨轻重缓急，配合领导的时间表，合理安排约见。

③ 细致周到，安排约会时间留有余地，不可太紧或太松。

④ 适当保密，领导的约会安排一般要注意保密。

4. 差旅安排

差旅安排就是为领导的出行制订周密、详细的差旅计划。一份合理、周全、程序规范的差旅计划，能保证领导在最短的时间内完成工作任务。差旅计划主要从以下几方面进行考虑。

（1）时间，是指差旅活动出发、返回的时间。包括目的地的抵离和中转时间，差旅过程中各项活动的时间以及就餐、休息时间。

（2）地点，是指差旅抵达的目的地（包括中转地）。包括差旅过程中开展各项活动的地点和食宿地点。

（3）交通工具，是指差旅出发、返回和活动中使用的交通工具。包括票务（汽车、火车、飞机等）和交通工具的更换等。

（4）具体事项，是指差旅活动内容，如访问、洽谈、会议、宴请、娱乐活动等，包括私人事务活动。

（5）准备用品，是指领导出差需要携带的物品。包括名片、资料、笔记本、活动日程表、地图、照相机以及一些生活用品，一定要安排得当，但不宜太多。

（6）备忘录，是指为领导准备的用于提醒、注意事项的记录，如抵达目的地需要中转、中转站或转机机场名称、休息时间、飞机起飞时间，开展活动时要携带哪些有关文件材料，会见、就餐时应该遵守对方的民族习惯等。

1.2.2.3　会议管理

1. 会议要素

会议要素是指会议的组成因素。可分为两类，一类是基本要素，另一类是可选要素。

（1）会议基本要素

会议基本要素包括目的、时间、会址、主持者、组织者（也可能与主持者合一）、与会者、事项（议题）、议程、信息（情况、观点、结论、对策等）、会议规则、实现信息有效传递所需要的基本物质条件（会场和其他设施等）。

（2）会议可选要素

会议可选要素包括名称、服务机构、秘书机构、经费、文件材料、专用设备工具、各种消耗性材料等。

2. 会议的组织

会议的组织是确定并完善会议要素，并将其以有秩序、有成效的方式组合为一个有机整体的活动过程。

（1）会议规则的制定

会议规则又称为会议的组织规则，是会议组织活动的指导原则、行为规范。它规定了会议的召开（人物、时间）、组成、议事程序等方面的准则。

① 召开会议的条件。包括什么人、什么时间、以何种方式提议或确定召开会议，提议须经什么人或什么机构审批，必须以何种方式、发出何种内容的通知才能召开会议，有多少人实际到会才能开会等内容。

② 会期。确定会议召开的时间，会议进行和结束的时间，更改会期的程序、方法与条件限制。

③ 与会人员。包括与会人员范围、各类型与会者（主持人、代表、列席者、会议工作人员等）的资格条件、权利、责任，以及产生的办法；会议主席团的职责及产生办法、资格审查办法。

④ 机构。包括会议秘书机构、办事机构、服务机构的设置办法，职责范围、组成人员等。

⑤ 会议议程。包括会议议案提出与确立的程序，提出动议者的资格条件与人数限制，确定会议日程安排、发言次序、发言时间限制的原则。

⑥ 讨论发言。包括发言人的资格条件，发言时间、发言次序、发言内容、发言责任的限制。

⑦ 表决。包括表决权的归属（谁有此项权利），表决权的分配（每人几票，特殊人物有几票），有效票的计算办法与标准、表决方法、是否设置否决权、否决权的归属以及行使否决权的办法。

⑧ 有效决议的条件限制。包括内容条件和程序条件，应特别注意规定何种事项以简单多数（1/2 以上）通过为有效；何种事项以绝对多数（2/3、3/4、4/5）通过为有效。

⑨ 会议记录及其他会议文件。包括记录方式、记录人的产生及责任，会议记录等会议文件的效力及生效条件，各种文件的分发范围、分发事件，文件的保管方法与责任者，查阅文件的手续。

⑩ 会议经费。包括经费来源及经费开支的办法与管理。

制订会议规则时，要注意区分会议的性质，要结合具体情况和实际需要来决定会议规则的具体内容。会议性质不同，相应的会议规则所规范的范围与程度就要有所区别，规范的点与面也各有侧重。例如，决策性的会议以及直接与有关方面的利益或责任相关的会议，会议规则必须严格、全面，重点解决好保障有效性以及有效维护各方权益的问题；座谈讨论性、告知性的会议则可以相对简单灵活一些，重点解决好议程问题，保证与会者能充分发表和听取意见。

（2）会议组织职责

会议组织活动的各项责任是由主持人、会议管理者、会议秘书机构及有关办事机构分别承担的。

① 主持人的组织责任。通过领导、指导、监督检查各项组织工作，完善会议要素，为会议的合法、有效创造条件，引导会议达到既定目标。

② 会议管理者的组织责任。除一些小型会议之外，大都需要在会议主持人以外设专门的会议管理者，它是会议组织责任的主要承担着。这些责任主要包括组织制订或修订会议规则；提出会议计划；组成各种必要的秘书、服务、办事机构，明确其职责，确定其主要的组成人员；组织各方面工作人员完成会前准备工作并予以有力的监督检查；组织完成会

间的各种保障性、服务性工作；处理会后的善后事宜。

③ 会议秘书机构的组织责任。会议秘书机构是会议组织工作的直接和具体承担者，其主要的组织工作责任包括协助制订会议计划；通知与会；布置会场、起草和印发各种文件材料和票证、组织签到并编制分组；名单、具体安排与会座次、表决准备工作并协助开票、监票和计票；进行会议报道工作、编写简报，做好记录；安排摄影、录音、录像、发奖、接见等活动；会议文件立卷归档。

（3）会前的组织工作

会前组织工作的主要内容有确定会名、宗旨、会期、会址、出席范围、出席人数及名额分配办法；编制会议计划并报请主管部门审批，填报预算表；确定议程和具体日程安排，向与会者发出通知，准备各种文件材料。

（4）会间的组织工作

会间组织工作的主要内容有组织与会者签到；确定会议具体日程安排，并通知与会者；分发会议文件、做好会议记录、编写会议简报、做好会间报道工作；会议结束的准备工作，如草拟决议、纪要等。

1.2.2.4　公文管理

1. 基本概念

（1）文件

文件是一种信息记录。它是被人们以各种记录方式记载到一定的物质媒体（如纸张、感光材料、磁性材料等）上之后形成的信息与其载体的复合体。

（2）公文

公文既具有文件的基本属性，又具有其他文件（主要是私人文件）所不具备的一些特点，主要用于处理公务、办公事务；它的文体、结构、格式大都由国家有关机构以法律法规或规章的形式加以严格规范，在形成过程中，它必须履行严格的法定的生效程序。在现实效用方面，它对有关各方行为的强制影响受到国家法律法规严格的约束和保护。

2. 公文的主要类别

依据不同的标准，可从多角度对公文进行类别划分。

（1）根据形成和作用的具体公务活动领域的不同，可分为通用公文和专用公文两大类。

（2）根据公文传递方向的不同，可分为上行文、下行文和平行文三类。

（3）根据内容的差异，可分为规范性公文、领导指导性公文、公布性公文、陈述呈请性公文、商洽性公文、证明性公文等数类。

（4）根据其涉及秘密的程度，可分为对外公开公文、限国内公开公文、内部使用公文、秘密公文、机密公文和绝密公文六类。

（5）根据公文处理时间方面的限制和要求，可分为平件、急件和特急件三类。

（6）在机关内部，可根据来源将公文分为收文、发文两种。

3. 公文处理

公文处理就是对公文的创制、处置和管理，即在公文形成、运转、办理、传递、存储到转换为档案或销毁的一个完整周期中，以特定的方法和原则对公文进行创制加工、保管料理，使其完善并获得功效的行为或过程。

公文处理的基本任务如下。

（1）创制公文

指经过拟稿、逐级审核（完善）、领导签发（确认其正式效用）之后，再经印刷等环节，最终形成正式公文。

（2）传递公文

将创制完毕的公文，根据一定的规则以多种通信方式，递送给收受机关。

（3）办理公文

根据法定的职责、权利，收受来自各有关方面的文件，经过分办、批办、拟办、承办、传阅等工作环节，对文件进行阅读、加工，从中提取有用的信息，解决公文所针对的工作问题（包括以创制新公文的方式）。

（4）处置办毕公文

根据一定的标准，对已经办理完毕的公文的归宿作出安排，如立卷归档、清退、销毁、暂存。

（5）管理公文

为上述四项任务能有效地完成而对公文实施科学、系统的保管料理措施，对公文运转过程的组织与监控，对公文机密与安全的维护。

4. 公文运转过程控制

公文运转过程是指文件在机关内部的运行和办理过程。对该过程进行控制的目的是保证其稳定有序、方向正确、流速合理。

（1）稳定文件运转秩序

即指严格按照规定的程序组织文件运行，同时注意保持对不断变化中的特殊情形的适应。要求对文件工作机构具有强有力的监控手段，能够中止并纠正运行中的工作程序，而且能在特殊情况下改变工作程序，灵活处置。

要注重关键性文件办理环节的稳定作用。批办、签发及决定文件去留的清退、销毁、立卷等环节，对文件运转的秩序有很强的规定性，一定要做好。

要完善并充分发挥管理性环节的控制功能。文件运转过程中的管理性环节有登记、分办、组织传阅、催办、查办等。

要充分发挥各种随文图表的动态控制作用。常用的随文图表有文件处理单、文件传阅单、发文稿纸、催办单（卡）等。这些图表，有助于明确责任，并且使文件运转过程直观醒目，有利于文件有序而行。

同时还要加强公文的保密与安全防护工作。

（2）控制文件运转方向

即指有效地控制文件，使其沿着正确的方向运行。保证它能在真正使之产生实效的机构和工作人员手中得到办理，是提高时间利用价值、避免无效运转的关键。

文件工作机构应建立灵敏有效的反馈机制，以及时调整运转方向上的错误。也可根据实际情况的变化，及时调整文件的运转方向，将文件投向最有条件迅速、有效办理文件的部门或人员。

正确选择文件运转路线的结构形式。

① 对于需传阅的文件，一般采取树型结构形式，即由文件工作机构集中统一把握文件运行方向，一个阅文者阅毕后，应退还给文件机构，再由文件机构送给另一个阅文者，不允许阅文者自动横传。

② 对一般的文件则宜采用树型/轮型复合形式，即文件在部门间运行时采取树型路线，由文件工作机构直接控制文件流向，而文件在部门内部运行时则采用轮型路线，靠程序、惯例、运转指令（批办、签发、分办、注办意见等）自动从一个岗位流向下一个岗位。

5. 文件传递过程控制

公文只有准确、快捷地传送给收文者，才能真正产生效用。为此，必须有效地控制公文的传递过程，保证其方向正确、速度合理、线路便捷、有效。

在我国，控制文件传递过程的重要规则就是"行文规则"，其基本内容如下。

（1）按照机关间的工作关系行文

根据工作关系行文分为下行文、上行文和平行文。

- **下行文**：上级机关以自己的名义向下级机关主送领导指导性、质询性、规范性的公文。
- **上行文**：下级机关以自己的名义向上级机关主送陈述呈请性的公文。
- **平行文**：有平行关系和不相隶属关系的机关相互主送商洽性、知照性、证明性的公文。

（2）选择适宜的传递方式

公文传递路线有以下几种形式。

- **直接行文**：直接将公文传送给有关机关。
- **逐级行文**：按组织结构层次上传或下达（传递公文）。
- **多级行文**：同时将公文传递给上几级或下几级机关，甚至直达基层。
- **越级行文**：越过自己的直接上级或直接下级向其他机关传递公文。

（3）正确区分主送对象与抄送对象

应以公文的实际办理责任为依据来区分主送对象与抄送对象。

- **主送**：公文传递的主要方向。主送机关为对公文负办理、答复责任的机关。
- **抄送**：公文传递的次要方向。抄送机关为需了解公文而无需直接办理公文的机关。

除此之外，要根据文件的保密、时效等方面的要求，标明文件的密级、重要性、传递速度等级，选择适合的传递方式，确保传递方向正确，减少无效的传递过程，在保证有效的前提下，尽量采用层次少、短捷方便的传递路线，扩大直接行文，合理编排传递次序。

1.2.3　个人计算机技术

个人计算机（Personal Computer，PC）由于使用方便、价格便宜、处理数据的功能强、速度快，在科学计算、数据处理、辅助设计、辅助教学，尤其是在办公自动化方面得到了广泛的应用。目前，个人计算机已成为办公室的必备设施之一，发挥着越来越重要的作用。

1.2.3.1　个人计算机在办公自动化中的作用

1．个人计算机的快速发展

自从 IBM 公司 1981 年 10 月正式推出 PC 机以来，与 PC 相关的硬件和软件技术得到了飞速的发展。

（1）硬件方面

第一台 PC 机的 CPU 是 Intel 8088，时钟频率只有 4.77MHz，处理字长为准 16 位，内存为 160KB，使用盒式磁带机和 160/180KB 软盘驱动器作为外存储器。经过近 30 年的发展，CPU 从 Intel 8088 步入到 Pentium 系列，目前 PC 机的 CPU 普遍采用双核，时钟频率可达到 3GHz 以上，处理字长可为 64 位，内存可使用 2GB 以上，硬盘则可根据需要配备到 200GB 以上；CPU 的处理速度提高了近千倍。

（2）软件方面

第一台 PC 机的操作系统是 PC DOS 1.0，应用软件也只能作简单的字处理。目前的操作系统单是 Windows 系列就有 Windows XP、Vista、Windows 7、Windows 8、Server 2003、Server 2008 等，应用软件更是覆盖所有应用领域，如微软公司的 Office 软件是 PC 机安装得最多也是使用人数最多的集成软件。

个人计算机的快速发展为办公自动化奠定了坚实的基础。

2．文字处理

个人计算机在办公自动化中的一个重要应用就是文字处理。文字处理软件从 20 世纪 80 年代的 WordStar、WPS 到目前的 Office 2007、Office 2010，处理功能和处理效果发生了翻天覆地的变化。目前在 PC 机上进行文字处理主要运行 Office 套件中的 Word 组件，可以进行文字录入、编辑、排版，可以插入图形、图像并可进行图文混排操作，排版的最后结果可以从打印机输出形成正式的书面文档。我国自行开发，具有独特中文处理功能的 Windows WPS 也是流行的文字处理工具软件。

3．数据处理

办公自动化中的数据处理是指对机关单位日常工作中的数据如工资表、年度报表、调查数据进行加工、分析、统计和输出。使用 Office 套件中的 Excel 组件可以完成一些简单的数据处理操作，对一些较为复杂但数据量不是很大的数据处理工作，则可使用 Office 套件中的 Access 组件进行编程，对一些大型数据的处理则需要使用诸如 FoxPro、SQL Server

数据库系统进行管理。

4. 图形图像处理

办公自动化中的图形图像处理主要涉及数码相机照片、扫描图像的编辑、修改和输出等操作，PC 机上可使用流行的 Photoshop 软件来完成这些工作。

1.2.3.2 常用操作系统与办公应用软件

在办公自动化工作中离不开计算机的操作，机关工作人员应熟练掌握 Windows 操作系统的使用，能熟练运用 Office 软件进行文字与简单数据的处理，并熟悉一些常用工具软件的使用方法。

1. Windows XP 操作系统

操作系统（Operating System，OS）是计算机系统中所有硬件、软件资源的组织者和管理者，是用户与计算机之间的接口，每个用户都是通过操作系统来使用计算机的。从资源管理的角度看，操作系统具有五个功能：处理机管理、存储器管理、设备管理、文件管理和作业管理。

个人计算机上主要有两类操作系统，一类是源代码开放的 Linux 桌面操作系统，另一类是微软的 Windows 操作系统。目前，Windows 操作系统在 PC 机上仍占主导地位，用户使用得最多的版本是 Windows XP。

Windows XP 操作系统采用了形象化的图形符号（如窗口、图标、菜单、工具栏、对话框、命令按钮和滚动条等）和画面的操作来实现用户对计算机的操作。Windows XP 的基本操作包括窗口操作、菜单操作、对话框操作、桌面操作、资源搜索与程序运行。一般用户要重点掌握文件与文件夹的创建、复制、移动、删除与更名操作，为了能有效地进行办公事务处理，应掌握语言输入方法的转换，能熟练地录入汉字。要掌握以各种方式运行应用程序的方法，包括双击桌面上的快捷图标；选择"开始"|"程序"|"程序名称"命令；通过"开始"|"运行"|"浏览"步骤找到要运行的程序，再单击【确定】按钮运行。

为了提高运行程序的方便性，对于常用的应用程序应在 Windows 桌面建立快捷图标。为了提高 Windows 操作过程中的安全性，应采取屏幕保护措施，设定等待时间和恢复屏幕保护的密码。为了提高启动 Windows 操作系统的安全性，应设置开机密码和用户登录密码。设置开机密码和用户登录密码后重新开机，在正确输入开机密码后将进入用户登录界面，只有正确输入登录密码才能进入 Windows 操作界面。

2. Office 办公套件

微软的 Office 办公套件包括 Word、Excel、PowerPoint、Access、Outlook、FrontPage、Publisher、Visio、InfoPath 以及相关的工具，涉及文字处理、表格处理、演讲稿、数据库、电子邮件、网页设计、出版、视图制作、表单信息收集及图像处理等操作，功能十分强大。在个人办公自动化工作中，常用的组件是 Word、Excel 和 PowerPoint，熟练地使用这 3 个组件，并掌握利用剪贴板在三者之间进行数据交换的方法是做好办公自动化工作的基本要求。

特别值得一提的是，组件 Outlook 是个人信息管理、邮件传输和协作办公的客户端程序，除了收发邮件外，还可用于工作日程、约会、会议及任务安排等管理。

3. 常用工具软件

常用工具软件包括压缩与解压缩软件和 PDF 阅读软件。

（1）WinRAR

WinRAR 是一款非常优秀的压缩与解压缩软件，中文版已发布 V4.2。该软件支持鼠标拖放及外壳扩展；内置程序可以解压 ZIP、CAB、ARJ、LZH、TAR、GZ、ACE、UUE、BZ2、JAR、ISO、Z 和 7Z 等多种类型的档案文件、镜像文件和 TAR 组合型文件；压缩率高，使用简单方便。

（2）PDF 阅读软件

便携文件格式（Portable Document Format，PDF）是目前电子文档发行的流行格式，国际上很多重要文档都以该格式发布，Adobe Acrobat Reader 是一个查看、阅读和打印 PDF 文件的最佳工具。目前，Adobe 公司已免费发布中文 11.0.00 版本。

1.2.3.3　个人计算机的缺陷

个人计算机在办公自动化工作中具有不可替代的作用，但是随着办公事务处理复杂程度和数据量的大幅增加，个人计算机的局限性也突显出来，单机操作已不能满足工作的需要。

1. 数据交换问题

个人计算机单机操作最大的缺陷就是数据得不到及时的交换，存储在 PC 机硬盘的数据必须通过中间介质如软盘、U 盘或光盘进行交换，这大大影响了信息处理的速度，阻碍了计算机的应用发展。

2. 数据共享问题

在单机系统中，单个用户掌握一台计算机的全部资源，就个人使用来说，效益是最高的，但这使得机器的资源不能同时为多个用户共享，造成一些重要设备如硬盘、光驱、打印机的重复投资，而且机器一旦出现故障将使该机器上的数据安全受到极大威胁。

3. 协同工作问题

个人计算机单机操作中由于不能进行数据交换，因此计算机之间就不能协同工作，不能同时分工合作完成同一项任务，单台计算机就像一个个信息孤岛，发挥不出强大的威力。

个人计算机的这些缺陷只有通过计算机网络技术才能解决。

1.2.4　计算机网络技术

目前，办公局域网、广域网、互联网已成为电子政务的核心内容，可以说，没有计算机网络就没有今天的全球电子政务进程。

1.2.4.1 计算机网络原理

1．定义

计算机网络是计算机技术与通信技术相结合的产物。利用通信线路和通信设备，将地理位置不同的、功能独立的多台计算机互连起来，以功能完善的网络软件来实现资源共享和信息传递就构成了计算机网络系统。

2．网络构成

计算机网络由通信子网和资源子网两部分构成。通信子网负责网络中的信息传递，由传输线路、分组交换设备、网控中心设备等组成。资源子网负责网络中数据的处理，由连入网络的所有计算机、面向用户的外部设备、软件和可供共享的数据等组成。按分布范围的大小来分类，计算机网络可分成局域网（LAN）、城域网（MAN）和广域网（WAN），按网络连接的拓扑形状来分类，又可分为总线网、星形网和环形网等。

3．网络协议

计算机之间要进行数据通信，必须遵守某些事先规定好的规则，这些规则可按功能划分成不同的层次，下层为上层提供服务，上层利用下层的服务完成本层的功能，同时这些规则应具有通用性，即不依赖于计算机的硬件或软件，这样的一组规则就称为网络协议。

1984 年国际标准化组织（ISO）公布了开放系统互连参考模型（Open System Interconnection Reference Model，OSI/RM），简称七层协议，该模型的推出对于减少网络设计的复杂性起到了积极作用。而传输控制与网际协议（Transmission Control Protocol/Internet Protocol，TCP/IP）是当今互联网的通信标准协议。

1.2.4.2 办公局域网

办公局域网是局域网的一种典型应用，多数情况下采用星形拓扑连接结构，也有总线型、星形和环形相结合的办公局域网。办公局域网往往分布在一个楼层或一个到几个建筑物的范围内，可由一个单位或多个单位使用与管理。

1．办公局域网的组成

办公局域网的组成也同样分成通信设备和处理设备两部分。

（1）通信设备

通信设备包括网线（同轴电缆、双绞线、光纤等）、集线器、交换机、路由器和网卡。

（2）处理设备

处理设备包括计算机、打印机等其他共享设备。计算机又分为工作站和服务器。服务器为网络提供各种公共的服务，按服务器所提供的功能不同又分为文件服务器和应用服务器。文件服务器通常提供完整的文件管理功能，应用服务器提供的服务包括数据库服务、通信服务、电子邮件服务、打印服务等。从服务器在网络中的作用来看，用作服务器的主机应该是 CPU 处理速度快、存储器容量大、工作稳定、安全、可靠的高档计算机。连接到计算机网络上的用户端计算机，都称为网络工作站或客户机。

工作站和服务器都必须分别安装网卡，通过网线与集线器或交换机连接成一个网络，按照局域网协议进行信息的交换和数据共享工作。

2. 办公局域网运作模式

按网络中各计算机之间的主从关系，可将网络分为对等网模式和客户机/服务器模式（Client/Server，C/S），办公局域网可以兼顾这两种运作模式。

（1）客户/服务器模式

在 C/S 这种网络模式中，采用集中管理方式，由网络服务器集中管理共享资源。服务器提供各种公共服务，客户机通过授权账号进行登录，共享服务器的资源和服务。担当服务器角色的计算机要安装网络操作系统，而工作站则采用 PC 操作系统如 Windows XP 即可。

局域网的应用中，主要有 Windows Server、UNIX、Linux 网络操作系统，目前使用较多的是 Windows Server 2003。网络操作系统主要提供用户账号管理、网络性能监测、网络安全管理及域名服务、Web 服务、文件传输服务（FTP）及电子邮件服务功能。只有注册为全局用户的网络用户才能从工作站上访问网络服务器上的资源，没有注册的用户只能以客人（guest）或匿名用户的身份进行非常有限的访问。

Windows Server 2003 的一个重要账户是系统管理员 Administrator，它拥有最高的权限，可以管理计算机与整个网络的资源，如建立、更改、删除用户与组账户、设置安全策略、建立打印机共享、设置用户的权限等。从安全角度考虑，不想让他人知道这个账户的名称，可以将其改名，但是无法将这个账户删除。

（2）对等网模式

所谓对等网，就是各计算机可自由访问，关系平等，共享双方的各种资源，也就是说每台计算机在网络中既是客户机同时也是服务器。加入对等网模式的计算机可以是网络服务器也可以是工作站，操作系统可以是 Windows XP 或 Windows Server 2003。

对等网的特点是：

● 不需要专用服务器，网络连接简单，对已有网络扩充方便。
● 建立和维护成本比较低。
● 资源共享很容易，但资源查找比较困难。
● 安全性较差，对网络的管理性差。

对等网提供服务的方式是各联网的计算机将各自的资源共享出来，对等网获取服务的方式是通过"网上邻居"查找工作组、计算机名、共享文件夹，找到可用的资源。

1.2.4.3 互联网

互联网（Internet）是全球性的广域网，从结构角度看，互联网是一个用路由器将分布在世界各地的计算机网络互联起来的超大型广域网，使各种网络联成了一个整体。接入互联网的每一台计算机，都按照全球统一的规则命名，按照全球统一的协议来进行计算机之间的通信，每一台计算机都以平等的身份在互联网上访问数据，既可以是信息资源及服务的使用者，也可以是信息资源及服务的提供者，任何用户都不用担心谁控制谁的问题。

1. 互联网的基本概念

互联网通信协议是 TCP/IP，由此产生的基本概念包括 IP 地址、域名、端口和 URL 等。

（1）IP 地址

IP 地址用来唯一确定互联网上每台计算机的位置，在 TCP/IP 协议中，规定分配给每台主机一个 32 位二进制数字作为该主机的 IP 地址。互联网上发送的每个数据包都包含了 32 位的发送方地址和 32 位的接收方地址，网络中的路由器正是根据接收方的 IP 地址来进行路径选择的。在 Internet 中，一台主机至少有一个 IP 地址，而且这个 IP 地址是唯一的，如果一台主机有两个或多个 IP 地址，则该主机属于两个或多个逻辑网络。

为了使用方便，IP 地址的 32 位二进制数，采用点分十进制表示法来表示：即把 32 位从左到右分为 4 组，每组 8 位表示为一个十进制数，最小为 0，最大为 255，各组数间用圆点连接。这样，IP 地址的范围可表示为 0.0.0.0～255.255.255.255。例如 192.168.1.1 是一个有效的 IP 地址，而 192.168.1.300 则是一个无效的 IP 地址。

（2）域名

IP 地址的数字形式难以记忆，因此，人们采用一种更容易记忆的文字名称方式来表示 IP 地址，这种文字名称就叫做域名。

为了避免重复，采用由几部分（称为子域名）组合而成的字符串形式，其结构为：计算机名.组织机构名.网络名.最高层域名，每一部分都有特定的含义。例如，英文字符串 www.gddx.gov.cn 就是广东行政学院的 Web 服务器域名，从右到左各子域名的含义是：最高层域名 cn 代表中国，子域名 gov 代表政府机构，子域名 gddx 代表广东行政学院，子域名 www 代表广东行政学院的 Web 服务器，对应的 IP 地址是 61.144.45.99。常见的组织域名有：com 代表商业系统，edu 代表教育系统，gov 代表政府机构。

（3）端口

TCP 应用中需要一个与某特定服务相互通信的方法，为此使用了端口号。一个 TCP 服务必须有一个端口号，且在同一时刻一个端口号只分给一个服务。TCP 端口不是物理设备（像串行端口），而是一个逻辑设备，它只是在操作系统内部有意义。端口号采用十进制数，范围为 0～65535，其中 0～1024 为公共服务的端口号，例如 FTP 服务的端口号是 21，Telnet 是 23，SMTP 是 25，HTTP 是 80，POP3 是 110，Newsgroup 是 119 等。

（4）URL

统一资源定位器（Uniform Resource Locator，URL）是用于完整地描述互联网上网页和其他资源地址的一种标识方法。它的格式为：

协议名://域名:端口号/路径/文件名

其中若某种服务采用的端口号是默认端口号，则 URL 中可省略该端口号。例如，对于 WWW 服务，http://www.gddx.gov.cn/index.htm 代表位于域名 www.gddx.gov.cn 上的主页文件 index.htm，采用 http 协议的默认端口号 80 进行传输。

2．互联网的基本服务

Internet 提供的服务主要是以下五类：WWW 服务、FTP 服务、电子邮件、远程登录和新闻组等。

（1）WWW 服务

WWW（World Wide Web）称为万维网，它是一种基于超链接的超文本服务系统。它提供了最基本的网站服务，采用的协议是超文本传输协议（Hypertext Transfer Protocol，HTTP）。

（2）FTP 服务

FTP 服务的功能是向登录用户提供文件传输服务，采用的协议是文件传输协议（File Transfer Protocol，FTP）。登录用户可以是有合法账号的用户，也可以是匿名用户。

（3）电子邮件

电子邮件也叫做 E-mail，是指通过互联网传递的一种文本信息。传递邮件需要用到简单邮件传输协议（Simple Mail Transfer Protocol，SMTP），接收并存储邮件需要用到邮局协议第 3 版（Post Office Protocol 3，POP3）。

（4）远程登录

远程登录（Telnet）就是用户的计算机通过互联网络进入远端的计算机系统，可以实时控制和使用远端计算机对外开放的全部资源。

（5）新闻组

新闻组（Newsgroup）是一个在 Internet 上提供给网络用户彼此交换或是讨论某一共同话题的系统。用户可以根据自己的爱好从中选出感兴趣的讨论小组，加入到其中的讨论中去。当用户预订了某个新闻组后，可以收到组内任何成员发布的消息，也可以将用户对某个主题的见解通过新闻邮件在很短的时间内传给广大的网络用户。

3．互联网的基本操作

个人计算机使用互联网前需要完成两项准备工作：一是连入互联网，二是设置 IP 地址及其相关参数。连入互联网可通过本地局域网，也可通过拨号方式（包括普通拨号和 ADSL）。IP 地址设置的方法是：

（1）在 Windows 桌面的"网上邻居"图标上单击鼠标右键，在弹出的快捷菜单中选择"属性"命令，进入"网络连接"窗口。

（2）在该窗口的"本地连接"图标上单击鼠标右键，在弹出的快捷菜单中选择"属性"命令，打开"本地连接属性"对话框。

（3）在"常规"选项卡中选择"Internet 协议（TCP/IP）"选项，单击【属性】按钮，打开"TCP/IP 属性"对话框，在指定框内填写分配给本计算机的 IP 地址、子网掩码、默认网关以及首选 DNS 服务器地址，单击【确定】按钮。

互联网的基本操作之一是利用浏览器软件（如 Windows 的 IE）访问网站上的各种资源。方法是在浏览器的地址栏中输入正确的 URL，进入网站主页后单击各种超链接来获取所需信息。通过搜索引擎网站（如 www.google.com、www.baidu.com、www.yahoo.com）

可在更大范围内查找互联网上的资源。

另一个基本操作是利用邮件客户端软件（如 Windows 的 Outlook Express 或 Office 中的 Outlook）接收和发送电子邮件。方法是在邮件客户端软件中正确地设置邮件账号、SMTP 服务器和 POP3 服务器，然后进行接收和发送邮件操作。电子邮件的接收与发送也可通过某些网站提供的免费邮箱进行，因此只要利用浏览器软件访问这些免费网站，以申请到的邮件账号登录即可，操作起来简单、方便。在电子邮件的收发中正确地使用邮箱地址是操作成功的关键，电子邮箱地址的格式为：用户名@服务器域名。

1.2.4.4 电子政务网络

电子政务业务主要通过电子政务网络来进行。电子政务网络由政务内网和政务外网构成，涉及到局域网、城域网、广域网、互联网等网络技术。

1. 政务内网

政务内网主要是副省级以上政务部门的办公网，与副省级以下政务部门的办公网物理隔离。政务内网的主要功能包括个人电子办公、电子公文管理、电子事务管理和网上协同办公。

我国政务内网网络模型分为广域网、城域网、局域网三层结构。政务内网的广域网以国务院办公厅为中心，连接 47 个一级行政区划（省际）广域网节点，各行政区划节点之间不发生任何的直接连接。各行政区划广域网将各地市（副省级以上）城域网连接为一个支撑网络整体，各地市之间不发生任何的直接连接。各地市城域网为副省级以上单位的政务内网提供宽带 IP 接入，政务内网局域网采用快速以太网（Fast Ethernet，FE）或千兆以太网（Gigabit Ethernet，GE）接入方式实现对各单位用户的接入服务。

政务内网局域网的结构如图 1-1 所示。对于用户接入交换机，根据政务内网的建设需要提供至少 32 个 VLAN，以接入内网上不同的应用。例如，各厅局的机要访问网络范围要限制在一个单独的 VLAN 内，以实现与其他业务主机在第二层进行隔离来保证安全。

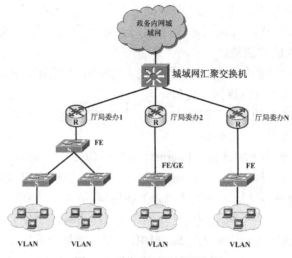

图 1-1 政务内网局域网结构

2．政务外网

政务外网是政府的业务专网，主要运行政务部门面向社会的专业性服务业务和不需要在内网上运行的业务，目前十二项"金字工程"是我国政务外网的主要业务。政务外网与互联网之间逻辑隔离，通过政府门户网站为社会提供服务。它的主要功能包括网上信息发布、网上信息单向流动、网上信息双向流动和在线事务处理。

政务外网在网络拓扑结构上与政务内网基本类似，但政务外网需要承载更多的业务信息，所以涉及的问题更为复杂。为保证各系统的安全，必须为各系统的网络互联提供安全隔离及网络服务质量保证，因此普遍使用 MPLS VPN 及 VLAN 技术在 IP 网上来满足政务外网的这些要求。

3．政府门户网站

政府门户网站是指在各政府部门的信息化建设基础之上，建立起跨部门、综合的业务应用系统，使公民、企业与政府工作人员都能快速、便捷地接入所有相关政府部门的业务应用、组织内容与信息。它的主要功能包括：

（1）发布政务信息。包括政务新闻、通知公告、各类政府公开文件、政策法规、会议讲话、专题报道、综合新闻。

（2）网上办事。提供面向个人和单位的在线事务办理。

（3）参政议政。提供政府与公众之间的各种沟通渠道。

（4）信息检索。提供相关信息的查询操作。

（5）其他服务。包括个性化服务、电子邮件服务、数据交换和信息报送等。

我国中央政府门户网站的网址是 www.gov.cn，其他各级政府网站域名右边两个子域名都为 gov.cn。图 1-2 显示了政务内网、外网与门户网站的关系。

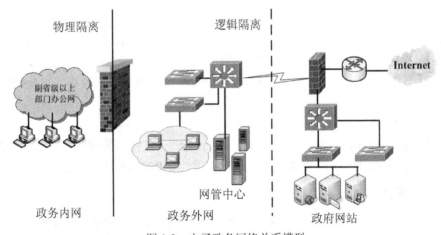

图 1-2　电子政务网络关系模型

1.2.5　办公自动化系统平台技术

电子政务应用中的办公自动化系统以及其他相关的管理信息系统，由于处理的过程复杂、涉及的数据量大，因此系统的开发一般都需要在一个平台上进行，以避免直接的底层开发，缩短开发周期，提高开发效率。本节介绍 J2EE、ASP.NET 及 Lotus 三种平台技术，并对 Lotus 进行重点学习。

1.2.5.1 J2EE 技术

J2EE（Java 2 Platform，Enterprise Edition）平台是 SUN 公司提出的 Java 2 的三个版本之一。J2EE 是一种应用开发体系结构，它利用 Java 2 平台来简化诸多与多级企业解决方案的开发、部署和管理等相关的复杂问题；它定义了一套基于 Java 技术的开发分布式多层应用的标准。

J2EE 技术及其基于构件的模型可以简化政府和企业信息化系统的开发、部署和运行，J2EE 平台管理基础结构并支撑 Web 服务，使得开发人员可以为各业务部门开发方便、安全、健壮、可互操作的应用软件。

1. J2EE 应用构件

J2EE 平台支持四种应用构件，分别是应用客户端，Applet，Servlet、JSP 页面、过滤器和 EJB。

（1）应用客户端

应用客户端是一些 Java 程序，通常是运行在桌面上的图形用户接口（Graphic User Interface，GUI）程序。

（2）Applet

Applet 是 Java 小应用程序，通常运行在 Web 浏览器上，也可运行在支持 Applet 编程模型的其他应用或设备上。

（3）Servlet、JSP 页面、过滤器

Servlet 是服务端的应用程序，JSP 的全称是 Java Server Page，即 Java 服务器页面，它们都运行在 Web 服务器上，响应来自客户端的请求。Servlet、JSP 页面和过滤器可用于产生 HTML 页面作为应用客户端界面，还能生成 XML 或其他格式的数据，这些数据由其他应用构件使用。

（4）EJB

EJB（Enterprise Java Beans，企业 Java 豆）构件运行于支持事务管理环境的服务器上。企业 Beans 通常包含 J2EE 应用的业务逻辑，通过使用 SOAP/HTTP 协议，直接提供 Web 服务。

2. J2EE 容器

容器（Container）为 J2EE 应用构件提供运行时支持和底层 J2EE API 的联合视图。J2EE 应用构件之间不直接进行交互，而是通过协议和使用容器的方法来进行交互。J2EE 容器有以下几种类型。

（1）EJB 容器

负责为 J2EE 应用管理企业 bean 的执行。企业 bean 及其容器运行于 J2EE 服务器。

（2）Web 容器

负责为 J2EE 应用管理 JSP 页和 Servlet 构件的运行。Web 构件及其容器运行于 J2EE 服务器。

（3）应用客户端容器

负责管理应用客户端构件的运行。应用客户端及其容器运行于客户机。

（4）Applet 容器

负责管理 Applet 的运行。它由运行于客户端的 Web 浏览器和 Java 插件组成。

3. 创建 J2EE 应用的步骤

（1）配置安装环境。在开发应用系统之前，应先安装 J2EE 服务器，可以选用 SUN 公司的标准服务器，也可以选用 Borland 公司的企业服务器 BES（Borland Enterprise Server），还可以选择 BEA 公司的 WebLogic 服务器。接着，需要安装 J2EE SDK 和制作工具，如 Jbuilder 集成编译与运行系统。最后，检查环境变量的设置是否正确，如 JAVA_HOME、J2EE_HOME 的值是否指向相应的安装位置，并将 J2EE 服务器所在的 bin 路径添加到系统的环境变量 path 中，最后启动 J2EE 服务器。

（2）创建企业应用实例 EAR 文件。

（3）创建应用的企业 Bean。

（4）创建应用客户端。

（5）创建 Web 客户端。

（6）指定 JNDI 名字。JNDI 是命名与目录接口（Java Naming and Directory Interface）的简称，通过指定 JNDI，J2EE 应用可以存储并检索任意类型的 Java 对象。

（7）部署 J2EE 应用实例。

（8）运行 J2EE 应用客户端。

（9）运行 Web 客户端。

（10）修改应用。

J2EE SDK 支持迭代开发，如果 J2EE 应用有所改变，则要修改源代码文件，重新编译、添加文件，重新部署和运行。

1.2.5.2 ASP.NET 技术

微软的.NET 是一种开发平台，ASP.NET 是.NET 的组件之一，它为创建 Web 应用程序提供了一种新的编程模型和结构。用.NET 创建的 Web 应用程序可以使用整个.NET Framework，其中包括托管的公共语言运行库环境、类型安全、继承以及.NET Framework 类库等。

ASP.NET 可以无缝地与 WYSIWYG（所见即所得）HTML 编辑器和其他编程工具（包括 Microsoft Visual Studio.NET）一起工作。当创建 Web 应用程序时，开发人员可以使用 Web 窗体或 XML Web Service，并可以像创建 Windows 应用程序那样使用事件驱动的编程方法。目前，与 J2EE 及 Java 相比，在编程的易用性方面.NET 及 ASP.NET 占有一定的优势，功能性方面也没有出现重大的差别，但在操作系统平台的可移植性方面，还需要进一步优化。

1. ASP.NET 的开发环境

要开发 ASP.NET 应用程序，首先需要在服务器端进行下列配置：
（1）安装 Microsoft Internet 信息服务器（IIS），并设置好主目录和默认文档。
（2）安装 Microsoft .NET Framework。
（3）安装 Microsoft Visual Studio .NET。
（4）当涉及到数据库的管理时，还需要安装 SQL Server。

2. ASP.NET 应用程序的构成

ASP.NET 应用程序由四种文件组成：.aspx 页面文件、.ascx 用户控件、.resx 资源文件、.cs 或 .vb 为代码分离文件，前者表示 C++代码，后者表示 VB 代码。

3. 创建 ASP.NET 应用的步骤

（1）启动数据库服务器。
（2）启动 Studio .NET。
（3）创建新项目，模板选为"ASP.NET Web 服务程序"。
（4）添加控件和文本。
（5）创建相关的事件处理程序。
（6）生成并运行 Web 窗体页。

1.2.5.3 Lotus Notes 技术

办公自动化系统具有交换信息量大、复杂、涉及岗位人员众多、处理流程繁琐、多变等特点，因而对系统平台的要求非常高。IBM 公司的 Lotus Notes 是一种优秀的网络应用群件产品，被公认为办公自动化网络首选的系统平台。它的第一个版本 Notes R1 在 1989 年推出，R1 提供了几种现成的应用程序，如 Group Mail、Group Discussion 等。接着在 1991 年、1993 年、1996 年分别推出了 R2、R3、R4，1999 年推出的 R5 完成了 Web 集成，Notes 和互联网不再成为问题，R5 还支持更多的互联网协议。2002 年、2005 年又推出了 R6、R6.5 和 R7，对 Notes 服务器作了重要改进。2007 年推出了最新版本 R8，增强了对 Web 服务的支持以及提供了用于复合应用程序的新开发工具，这些工具可以从任何实际位置收集数据和业务逻辑，同时还集成了 IBM DB2。

在我国，国务院办公厅已经决定采用 Lotus Notes 作为政府上网系统中的消息传输平台，从中央到省、市，一直覆盖到县，目前很多地方政府也都采用了 Lotus Notes 作为办公自动化系统平台。基于办公自动化网络的这种发展趋势，本节介绍在 Windows 操作系统下 Lotus Notes R6.5 的基本操作，使读者对 Lotus Notes R6.5 有一个大概的认识，为进一步学习与应用相关的办公自动化系统软件打下基础。

1. Notes 的特点

（1）Notes 是工作流自动化和群件产品，提供工作组用户的协同工作，并模拟日常办公过程。

（2）Notes 具有跨平台特性，可在 Windows NT、UNIX、IBM S/390 等操作系统上运行。

（3）提供先进的文档数据库技术、电子邮件体系、工作流自动化开发及标准的 Web 应用服务器。

（4）具有良好的品质和性能。

Notes 具有高可靠性、高伸缩性、易于管理、高效复制、移动计算、支持快速实施等特点。

2. Notes 的基本组成

Lotus Notes 6.5 包括服务器和客户机两条产品线的三个产品，即 Lotus Domino R6.5、Lotus Notes R6.5 和 Lotus Domino Designer R6.5。

（1）Lotus Domino R6.5

这是一个服务器软件，集通信、协作及 Web 应用功能于一体，在网络服务器上运行，提供各种办公自动化服务。

（2）Lotus Notes R6.5

这是一个集成的客户机软件，在客户端的操作系统上运行，用于提供一个易使用的、开放的、可定制的环境，以对电子邮件、日历、群组日程安排、网页浏览进行管理。

（3）Lotus Domino Designer R6.5

这是一个集成的应用开发客户机软件，利用它可以将数据和决策过程联系在一起，快速建立和部署办公自动化应用。

3. Notes 的基本概念

（1）群件

群件（Groupware）系统是指利用计算机和通信网络在工作组内协调和管理工作进程的系统。以 Lotus Notes 为代表的群件技术大大改善了传统信息管理方式的弊端，它以强大而灵活的数据库作为信息存储的容器；以完善的电子邮件系统作为信息交流与合作的纽带；以先进的数据库复制技术作为信息发布的手段；以成熟的安全技术作为数据库保护的屏障，使人们对信息管理模式的认识发生了质的变化。

（2）工作流

Notes 工作流（Notes flow）是一种基于客户机/服务器的计算机模式，它主要是指把当前的任务处理由一个应用程序转交给下一个应用程序，在每个应用程序中都执行指定的操作，从而控制并调整工作的流程，帮助用户形成数据，并可根据处理过程调整工作流的方向。

（3）数据库

Notes 数据库是存储在单个文件内的相关信息的集合。Notes 数据库与一般数据库相比有较大的差别，一般数据库是一些关于某个特定主题或目的的信息集合，例如记录学生的入学信息或个人通讯录等，对这些数据的存储和查询，用户必须自己进行协调和组织。Notes

数据库是一个包含很多文档的文件，一个文档就相当一条记录，与一般数据库相比，Notes 数据库内的文档显得较为复杂，它可以包含文本、数值、图片、对象，甚至包含这些内容的处理程序。因此，Notes 数据库有时又称为文档数据库，它不仅可以包含结构化的数据信息，而且还可以存储和管理关系型数据库和其他数据库系统无法存储和管理的非结构化数据。Notes 系统的运行不需要其他数据库系统的支持，它有一套自己处理数据的独特方式。

（4）文档

Notes 数据库的每个文档都有专门的主题，文档通过表单产生，文档的格式、布局等也由表单决定。文档将数据库中的信息存储在被称为域的部分中，用户可在"创建"菜单中选择一个表单，填写域中的数据并保存此文档。

（5）表单和域

表单（Form）可以看作是文档中的模板和窗口，它可以包含多个域、文本标签、子表单、布局区、图形、表格、对象、附加文件、统一资源地址（URL）、动作按钮等，用户通过它可以查看数据库中的信息。通过对表单属性的设置，可以根据需要显示文档中的一部分域。

域（Field）是表单中的一个区域，是存储数据的单个元素。域决定了每个独立的文档能包含的数据类型。每个域中只能有单一的特定信息类型，可以是文本、RTF 文本、数字、时间等。域的内容可以在表单和视图中显示，或提取到公式中。域由 5 个元素组成：名称、类型、样式、大小和位置。

（6）帧结构集和页面

帧结构集也叫框架结构集（Framesets），用来把窗口划分成区或框，为用户创建一个多窗格的界面，这些窗格可以用来接入不同的应用程序或网站。

页面被用来显示静态信息，只能作显示，不用收集用户的返回信息。

（7）视图和文件夹

视图以行和列的形式显示文档摘要，它是对存储在数据中的数据进行访问的入口。视图包含一个选择公式，用来在访问时得到所需要的文件。一个数据库必须包含至少一个视图，也可包含多个视图，以不同的方式组织和管理文档，一个文档可以在不同的视图中重复出现。

文件夹十分类似视图，也可以实现对文档的分类，更快捷地对文档进行查询。文件夹可以存储任何用户放入其中的文档，而视图则是按一定的规则显示所需的文档。

（8）公式和脚本

公式和脚本（Script）程序为 Notes 数据库提供了一个集成的编程接口，通常可以用 Java Script 或 Lotus Script 编程语言书写功能脚本，前者支持浏览器访问，后者只能通过 Notes 客户端运行，使用 Notes 公式语言书写公式。Notes 应用程序建立在公式和 Script 程序之上，它们可以定义文档和视图的内容、决定数据如何显示、完成复杂的工作流程和自动化任务。

Script 是一种面向对象的编程语言，它和 Notes 的接口是通过预先定义好的对象类型来完成的。Notes 公式是以一种类似编程语言的表达式组合的，在公式中用户可以对其执行过程进行有限的逻辑控制，公式与 Notes 的接口是通过函数来实现的。一般来说，对于用户当前正在处理的对象，最好使用公式编程，但对于一个功能已经存在的对象最好使用 Script。

（9）代理

代理（Agents）可以自动化 Notes 数据库中的任务，用户可以对它们进行编程来完成指定的工作。代理可以在前台或后台运行，对于网页应用程序，代理类似于通用网关接口（CGI）程序。

（10）子表单

子表单是一种设计元素，包含域、文本等内容。子表单可以被多个表单共享。例如，如果用户显示相同信息作为多个表单的脚注，则可以创建一个子表单，将它放置在需要的表单中，而不必在每个表单中重复构建每个单独对象。

（11）共享域

共享域是一种共享资源。用户可以一次性定义一个域，然后在多个表单和子表单中共享使用。

（12）共享代码和共享动作元素

共享代码是一种设计元素的类别，可以包括程序代码或提供自动化功能，它可以被其他设计元素（如表单、视图）使用。使用共享动作元素，用户可以创建普通动作按钮，如打开一个表单或关闭一个文件，在很多场合可以使用这个按钮。

4. Notes 的环境设置

在运行 Notes 前需要对 Notes 系统进行安装，用户应根据应用系统的需求购买合适的产品版本，既要能满足当前工作的实际需要，又要有一定的前瞻性，以便将来对系统进行扩充与升级。安装的内容如下（具体操作方法参见附录 A 的介绍）。

（1）安装 Lotus Domino 服务器。

（2）安装服务器的中文补充字库。

（3）配置 Domino 服务器，包括管理员账户、Web 服务、邮件服务和目录服务等。

（4）安装 Lotus Notes，包括 Notes 客户程序、Administrator 和 Designer。

（5）配置 Notes 管理信息。

Lotus Notes 不提供 FTP 服务，因此若应用系统需要 FTP 服务，则需要安装 FTP 服务器。为保证 Domino 服务器的正常运行，在启动 Domino 服务器前要关闭操作系统上已运行的 Web 服务和邮件服务，或者修改这些服务的端口号，以免与 Domino 服务器发生冲突。

5. Notes 客户端的运行

运行 Notes 客户端前首先启动 Domino 服务器。在 Windows 桌面上双击 Lotus Notes 6.5 图标，进入登录窗口，选择登录的用户名，输入正确的口令即可进入 Notes 客户窗口，如图 1-3 所示。注意，配置完 Domino 服务器后，系统只有一个用户，即系统管理员 admin。

工作环境包括菜单栏、地址栏与导航按钮、任务标签、书签、常用操作图标和状态栏。

（1）菜单栏

菜单栏中从左到右的菜单项依次是文件、编辑、查看、创建、操作、文本和帮助。单击相应的菜单项可完成各种不同的操作。

（2）地址栏与导航按钮

地址栏中可输入 IP 地址或域名，Notes 客户端可作为 Web 服务的浏览器使用。Notes R6.5 中的导航按钮共有 5 个，分别是"上一步"、"下一步"、"停止"、"刷新"和"搜索"。

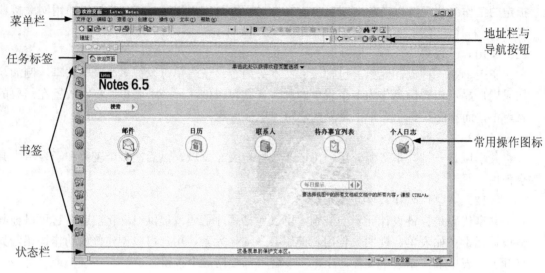

图 1-3　Notes 客户窗口

（3）任务标签

用来进行切换任务操作。

（4）书签

工作环境最左方的一列图标按钮叫书签，从上到下依次为邮件、日历、通讯录、待办事宜、复制器、管理员、Domino 设计器、工作台、个人兴趣书签、数据库、其他书签、历史记录和微软 IE 链接。通过书签可以很容易地打开应用程序、数据库、文档和 Web 页。

（5）常用操作图标

Notes 常用的操作图标显示在工作环境中的页面上。图 1-3 中的 5 个图标分别代表邮件视图、日历视图、联系人、待办事宜列表及个人日志图标。例如，单击"日历"图标将进入如图 1-4 所示的日历操作窗口，在该窗口中可进行会议安排及各种日程安排操作。

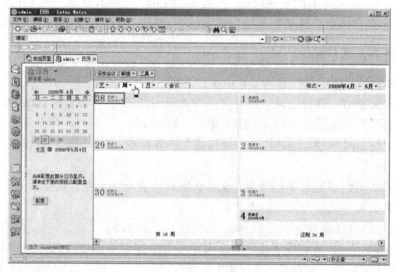

图 1-4　日历窗口

（6）状态栏

这是表单的保护文本区。

了解了 Notes 客户窗口的工作环境后，下面将介绍管理员操作的相关内容。

单击 Notes 窗口左侧管理员书签图标 进入管理员操作界面，如图 1-5 所示，选择网络域的"个人和群组"|"个人"|"注册"，可以注册新的个人账户，如图 1-6 所示。

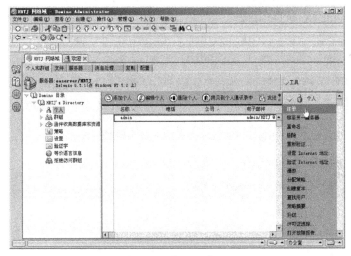

图 1-5　管理员窗口

图 1-6（a）填入了新账户的基本信息，图 1-6（b）选择了将个人标识符信息以文件名 lvxy.id 保存在 F:\Lotus\notes\data\ids\people\文件夹中，可以将这个 ID 文件保存到其他位置，从而可以从任何与 Lotus Domino 服务器连接的客户机登录该注册用户。单击图 1-6 中的【注册】按钮，即可完成新用户的注册。注册后的用户启动 Notes 客户端的登录窗口时，选择"其他"用户，找到保存的 ID 文件，输入正确的口命即可以新用户登录 Domino 服务器。

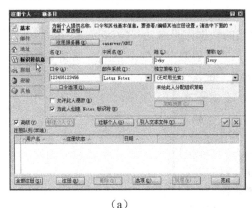 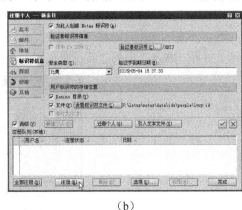

（a）　　　　　　　　　　　　　　　　（b）

图 1-6　注册个人账户-基本项和注册个人账户-标识符信息

以上仅介绍了 Notes R6.5 的基本界面操作，对于 Notes R6.5 的其他管理操作，读者可进一步阅读 Lotus Notes R6.5 的用户手册和相关的参考资料作详细的了解。

6. Notes 开发应用系统的步骤

Notes 中开发应用系统的工具是 Domino Designer，它是一种应用程序开发软件，开发人员和 Web 站点设计人员通过它可以创建安全的、能够通过 Lotus Notes 客户端或 Web 浏览器访问的协作应用程序。开发人员很容易使用表单、视图、页面、帧结构集、集成的即时消息、XML、Java、JavaScript 等来创建核心业务应用程序。

（1）启动 Lotus Notes Designer

直接从 Notes 客户端窗口单击 Designer 书签🔳启动 Designer，或在 Windows 桌面上双击 Lotus Notes Designer 图标，输入正确的用户名和口令进入 Designer 窗口，如图 1-7 所示。

图 1-7　Designer 窗口

（2）创建数据库

数据库是 Notes 应用系统的核心文件，设计恰当的数据库是成功开发 Notes 应用系统的关键所在。单击图 1-7 中的"新建数据库"图标，进入"新建数据库"对话框，如图 1-8 所示。

图 1-8　"新建数据库"对话框

在"指定新数据库的名称和位置"栏的"服务器"下拉列表框中选择已启动的 Domino 服务器，在"标题"文本框中输入合适的内容，默认情况下"文件名"将以标题框内容作为基本名，扩展名为".nsf"，用户也可以取其他的名称；文件存放的位置为 Domino 服务器默认的 DATA 文件夹，也可以单击右边的文件夹图标选择合适的位置。如果在"指定新数据库的模板"栏中选择"空白"选项，单击【确定】按钮，将创建一个全空的数据库，如图 1-9 所示。新数据库的帧结构集、页面、表单、视图、文件夹、共享代码、共享资源等都是空的，单击右边窗口的【新建】按钮，即可新建相应的数据库项目内容，由此可以再一次体会到 Notes 数据库与常规数据库的差别。

图 1-9　新建的空数据库

在"新建数据库"对话框中，可以从本地服务器或已运行的服务器数据库中选择某个数据库模板，新建数据库将全面继承该模板内容，并可在原来的基础上进行修改，以符合用户的特殊需要。利用已有数据库模板，用户不需要从头开始构建一个应用程序，而是使用模板作为基本框架，然后添加或修改用户所需要的其他功能，可以大大地缩短开发时间。

注意： 数据库模板文件的扩展名为".ntf"。模板是数据库的框架，它包含了设计元素，但是通常没有文档。数据库则包含了设计元素和文档。

图 1-10 所示的是一个办公自动化系统车辆管理流程的 Notes 数据库实例，图中显示的是数据库所包含的部分表单名称列表。

（3）数据库内容设计

数据库内容设计就是对其中的帧结构集、页面、表单、视图、文件夹、共享代码、共享资源等进行设计。设计的合理顺序是：① 首先设计各个共享域和共享操作；② 设计所有表单；③ 设计所有视图；④ 设计大纲；⑤ 设计页面；⑥ 设计帧结构集。

关于应用开发的深层次内容，已超出本课程的范围，读者可参考相关的专业文献作进一步的学习。

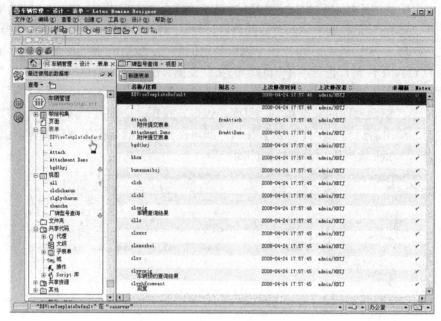

图 1-10 车辆管理数据库模板

7. Notes 应用系统的运行

Notes 应用程序可通过 Lotus Notes 客户端或 Web 浏览器进行访问。应用程序往往包含多个数据库文件，各数据库文件之间通过有效的逻辑关系进行调用，要确定好起始数据库的调用参数。例如，若要通过 Web 浏览器运行（B/S 模式），则要设置 Domino 服务器的默认主页，具体设置方法参见本书项目 2 中的 2.2.1 小节。

1.3 项 目 实 施

本项目的实施由 4 个实训任务组成，任务 1 是计算机常用软件操作，任务 2 是测试 Internet 连接，任务 3 是网络搜索与下载资料，任务 4 为 QQ 与微博客使用。

1.3.1 任务 1 计算机常用软件操作

1. 实训要求

本实训任务通过对计算机常用软件的操作，了解并掌握 Windows 操作系统、Office 办公软件的使用。

2. 实训步骤

（1）在 Windows XP 操作系统中新建一个名为 user1 的新账户，具有计算机管理员的权限，并设置登录密码。创建成功后，切换到该新账户，观察桌面的变化，并为该账户设置等待时间为 5 分钟的屏幕保护。

（2）设置"文件夹"选项，使用"我的电脑"窗口显示所有的文件及文件夹。

（3）在 Windows XP 桌面上创建 Office 办公套件中 Word、Excel、PowerPoint 的快捷方式。

（4）通过"我的电脑"窗口设置计算机的完整名称、详细描述及所属的工作组。

（5）在计算机 D 盘上创建文件夹 mp3，将其设置为网络上的共享文件夹，允许访问者读写该文件夹。

（6）打开"网上邻居"的"属性"窗口，记录网卡的名称，从该网卡的"Internet 协议（TCP/IP）"属性中记录本机的 IP 地址、网关地址及 DNS 地址。

（7）打开"网上邻居"窗口，查看对等网络上有多少台计算机连接在网上，然后将某个计算机中的共享资源设定为网络盘，并选择"登录时重新连接"选项。

（8）在"打印机和传真"中添加一台 HP Color LaserJet 4500 打印机，将该打印机设置为默认打印机，并将其设置为共享打印机。

（9）在 Office 的 Word 中新建一个文档。在文档中插入一副剪贴画，版式为四周型；设置该文档的标题居中，三号字，黑体加粗，红色；正文内容四号字，楷体，行距 1.25 倍，首行缩进 2 字符，黑色。

（10）利用 Office 的 Excel 图表功能创建一个饼图，将该图插入到前面的 Word 文档中。

1.3.2　任务 2　测试 Internet 连接

1. 实训要求

本实训任务通过系统相关命令对 Internet 的连接状态进行测试，查清网络不通的原因，并及时解决网络连接问题。要求熟练掌握 Ipconfig 命令、Ping 命令和 Tracert 命令的使用。

2. 实训步骤

（1）选择"开始"|"程序"|"附件"|"命令提示符"命令，进入 Windows 系统的命令行窗口（亦称 DOS 界面）或选择"开始"|"运行"命令，在"运行"对话框中输入"cmd"进入命令行窗口。

（2）在命令行窗口中输入"ipconfig/all"，查阅所用计算机的主机名、物理地址、IP 地址、子网掩码、网关和 DNS。

（3）在命令行窗口中输入"ipconfig/all　>> d:\myip.txt"，将 TCP/IP 的所有信息保存到 D 盘的 myip.txt 文件中。

（4）在命令行窗口中输入"ping　本机 IP 地址"，此命令被送到计算机所配置的 IP 地址。

（5）在命令行窗口中输入"ping　www.qq.com"，用于检测 DNS 服务器。

（6）在命令行窗口中输入"tracert　www.qq.com"，查看本地计算机到目标计算机"www.qq.com"的路由。

（7）在命令行窗口中输入"tracert　www.qq.com　>> d:\myrt.txt"，将屏幕显示的内

容保存到 D 盘的 myrt.txt 文件中。

1.3.3 任务3 网络搜索与下载资料

1. 实训要求

本实训任务的目的是在网络上搜索自己需要的资料，并下载到本地硬盘保存，以备日后使用。

2. 实训步骤

（1）进入百度（baidu）、谷歌（google）或即刻（jike）搜索引擎网站。
（2）搜索并下载"qq2012正式版"，保存到 D 盘的文件夹中。
（3）搜索与自己专业相关的论文并保存到 D 盘的文件夹中。
（4）搜索自己喜欢的图片并保存到 D 盘的文件夹中。
（5）搜索自己喜欢的歌曲并保存到 D 盘的文件夹中。
（6）搜索自己感兴趣的视频并保存到 D 盘的文件夹中。

1.3.4 任务4 QQ 与微博客使用

1. 实训要求

本实训任务的目的是让读者熟练掌握网上即时通讯软件 QQ 的安装、设置与使用方法，掌握文件传送、QQ 群及屏幕捕捉技巧，熟悉微博客的注册和使用。

2. 实训步骤

（1）申请 QQ 号码，在腾讯 QQ 网站上完成，网址为 http://zc.qq.com。
（2）安装 QQ2012 正式版。
（3）登录 QQ，添加好友。
（4）与好友进行文字聊天。
（5）完成屏幕捕捉并保存图像文件。
（6）创建一个好友群，并邀请好友加入。
（7）注册并开通微博客，在新浪网站上完成，网址为 http://blog.sina.com.cn。
（8）发微博。

1.4 项目小结

计算机技术是世界上发展最快的科学技术之一，产品不断升级换代。当前计算机正朝着巨型化、微型化、智能化、网络化等方向发展，计算机本身的性能越来越优越，应用范围也越来越广泛，从而使计算机成为工作、学习和生活中必不可少的工具。本项目通过对办公自动化及其相关知识、电子政务与办公自动化的关系、个人计算机及计算机网络技术、办公自动化系统平台技术的介绍，使读者熟练掌握 Windows 操作系统、Office 办公软件及浏览器的使用，熟悉并掌握 Internet 的连接测试，熟练掌握从互联网上搜索并下载资料的方法，熟悉 QQ 软件和微博的使用方法。

习　　题

一、选择题

1. 办公自动化设备不包括_____。
   A．计算机　　　　B．复印机　　　　C．传真机　　　　D．电视机
2. 办公自动化的目标是为了_____。
   A．能大量地存储资料　　　　　　B．信息管理和辅助决策
   C．数据处理和事务处理　　　　　D．提高办公效率和办公质量
3. 下面的说法中，_____是正确的。
   A．决策型办公自动化系统可代替决策者作出决策
   B．管理型办公自动化系统又称作基础级办公自动化系统
   C．事务型办公自动化系统的功能包括基本的办公事务处理和机关行政事务处理两部分
   D．办公自动化是一个多层次、多因素的单维结构体
4. 办公事务管理中日程安排的基本要求不包括_____。
   A．统筹兼顾　　　B．安排规范　　　C．效率原则　　　D．领导满意
5. 领导的差旅计划内容不包括_____。
   A．时间　　　　　B．地点　　　　　C．交通工具　　　D．娱乐节目
6. G2C 是指_____的电子政务。
   A．政府对政府　　B．政府对公民　　C．政府对企业　　D．政府对公务员
7. 政务外网的主要功能不包括_____。
   A．网上信息发布　　　　　　　　　B．网上信息单向和双向流动
   C．在线事务处理　　　　　　　　　D．网上信息采集
8. 以下 IP 地址正确的是_____。
   A．192.168.9.256　　　　　　　　B．192.168.33.2.3
   C．16.29.8.7　　　　　　　　　　D．192.168.5
9. IP 地址由_____位二进制构成。
   A．32　　　　　　B．48　　　　　　C．64　　　　　　D．128
10. 物理地址由_____位二进制构成。
    A．32　　　　　　B．48　　　　　　C．64　　　　　　D．128
11. 广州市政府门户网站的网址为_____。
    A．http://www.gz.gov.cn　　　　　B．http://www.gz.gd.gov.cn

C. http://www.gz.com.cn　　　　　　D. http://www.gz.gd.com.cn

二、问答题

1. 办公自动化系统包含哪些要素？
2. 简述办公自动化系统的信息流模式和工作流模式。
3. 什么叫办公事务管理？它有哪些特点？
4. 效率与时间管理主要包括哪些内容？
5. 会议管理包括哪些基本要素？
6. 什么叫公文？它与一般文件的主要区别是什么？
7. 什么叫下行文、上行文和平行文？
8. 简述电子政务的四种工作模式。
9. 电子政务与办公自动化有什么联系和区别？
10. 个人计算机的使用存在哪些缺陷？
11. 计算机网络是什么？它由什么构成？
12. 简述电子政务外网、内网和政府门户网站的定义及功能。

项目 2   办公自动化系统构建与运行

2.1   项 目 分 析

典型案例

　　南方省海滨市统计局在市政府的统一部署下，积极开展电子政务建设，于"十五"期间基本上建立了内部业务办公自动化系统，实现了无纸化办公。"十一五"期间进一步开展业务重组、政务流程优化，通过数据共享与交换在政务外网上对外提供各种服务，提高了办事效率。目前，该统计局内设的 8 个科室都实现了在 OA 系统上的常态化办公模式。"十二五"期间，积极争取应用云计算、移动办公平台技术，将政务服务水平提高到一个新的台阶。

　　海滨市统计局采用的"求迅办公自动化系统 2.0"软件是基于 Lotus Note 架构的 OA，该软件采用 Web 式的设计风格，页面简洁美观，实用性强，操作方便。其主要功能包括个人电子办公、电子信息共享、电子公文管理、电子事务管理与系统维护，可以满足政务协同办公要求。

教学目标

　　本项目通过"求迅办公自动化系统 2.0"软件的学习，掌握办公自动化系统的安装、设置与系统管理，包括 OA 系统的运行环境、OA 系统的安装与初始化、软件基本操作及系统的管理与维护；掌握个人电子办公和电子信息共享操作，包括内部电子邮件、日程、个人文档、地址簿管理、待办工作、个人设置，电子公告、电子论坛、新闻动态、留言板。

2.2   相 关 知 识

　　办公自动化（Office Automation，OA）系统软件是电子政务网络的重要组成部分，它工作在电子政务的内网上，是电子政务的基础应用软件。政务部门要开展电子政务活动，首先要提高内部办公的信息化水平及办事效率，因此，OA 系统软件几乎要在所有的政务部门内运行。但是，由于在机关内部办公自动化的需求边界模糊，哪些功能由办公自动化软件实现，哪些功能应分离出来作为独立的软件或归入其他业务系统不容易确定，也没有统一的标准，故 OA 系统软件相对于其他管理软件更为复杂、多变，通用性较差，个性较突出。

　　与常用的办公处理软件（如微软的 Office 套件）不同，政府部门使用的 OA 系统软件没有统一的版本、统一的要求，软件的风格也因开发商采用开发工具与平台的不同而差别较大。目前，OA 软件主要有三大类：一类是基于 Lotus Notes 的 OA，另一类是基于 J2EE 的 OA，还有一类是基于 ASP.NET 的 OA。Lotus 是 IBM 公司专门为协同办公流程搭建的开发平台，是目前我国政府电子政务内网推广较多的应用平台；J2EE 则是具有跨操作系统优势的开发平台；而 ASP.NET 则具有与 Windows 操作系统兼容且紧密相结合的特点。

本书采用的"求迅办公自动化系统 2.0"软件是基于 Lotus Note 平台的 OA。Lotus Notes 平台是一个典型的用于开发和应用办公自动化系统的平台产品，它既可以运行在 UNIX （Linux）系统下，也可以在 Windows 操作系统下工作，从而保证了在该平台上 OA 软件的可移植性。它在计算机网络环境下以客户机/服务器（C/S）模式工作，但同样可以提供 B/S 工作模式，即在客户端以浏览器与 Domino 服务器进行通信。

OA 系统软件的运行需要有一定的硬件与软件环境支持。从硬件方面来说，对服务器的处理能力要求较高，对一般的客户端机器要求较低。从软件方面来说，服务器与客户端的操作系统稳定性对 OA 软件的运行影响较大，因此，要选择性能成熟、漏洞少、安全性高的操作系统。以下是 OA 系统软件对服务器和客户端软件环境的要求。

（1）服务器端软件环境。具体的软件环境可以根据选用的服务器而确定：
- Solaris 8，适用于 Sun Fire 服务器。
- Windows2003/2008 Server，适用于普通 PC 服务器。
- Lotus Domino R6.51 或更高版本。
（2）客户端软件环境。
从客户端登录 OA 系统，需要预先安装：
- 操作系统平台，可以是 Microsoft Windows 2000/XP/Win7。
- Internet Explorer 6.0 版本以上浏览器。
- Microsoft Office 办公套件。
也可以在客户端安装 Lotus Notes 产品，但对以 B/S 工作模式的 OA 软件，客户端只要有浏览器就可以顺利登录 OA 系统，从而简化了客户端的软件安装与配置。

2.2.1 安装与配置 OA 软件

安装 OA 软件前，先要安装和配置 Lotus Notes 系统平台，具体安装和配置方法参见附录 A 中的介绍。

1. 安装

在 Lotus 平台上开发的 OA 系统，主要包括 NSF 数据库文件，OAIMAGES 图形文件，CSS 样式表文件及 OAJS JavaScript 和 HTML 文件。其中后四者放置在服务器上供浏览器调用，不参与服务器程序的运行。"求迅办公自动化系统 2.0"软件由一张光盘和用户手册组成，光盘上的\OA 文件夹保存 NSF 数据库文件，\HTML 文件夹保存相关辅助文件。安装前先退出 Domino 服务器，以便进行数据库的更换。退出 Domino 服务器的方法是，在服务器运行的 DOS 窗口中输入 quit 命令再按 Enter 键。运行安装光盘中的 Setup.exe 程序，按屏幕的提示操作即可完成 OA 系统的安装。也可手动进行，下面介绍手动安装步骤，设 Domino 服务器数据文件的路径为 E:\Lotus\Domino\Data。

（1）将安装光盘\Data 文件夹下的邮件模板文件 mail6.ntf 与配置数据库文件 Domcfg.nsf 复制到 E:\Lotus\Domino\Data 文件夹中替换原来的同名文件。将安装光盘\Data\mail 文件夹下的数据库文件 admin.ntf 复制到 E:\Lotus\Domino\Data\mail 文件夹中替换原来的同名文件。

（2）将安装光盘\OA 文件夹中的所有 NSF 数据库文件，包括其中子文件夹 dbsy 都复制到 E:\Lotus\Domino\Data\oa 文件夹中。

（3）将安装光盘\HTML 文件夹中的 Word 控件程序包 WordxProj.cab，images 和 oaimages 图形文件夹，css 和 oacss 样式文件夹，js 和 oajs JavaScript 文件夹复制到 E:\Lotus\Domino\Data\domino\html 文件夹中。完成 OA 软件安装后，重新启动 Domino 服务器。

注意：start.ntf 是"求迅办公自动化系统 2.0"的启始数据库文件，必须复制到 E:\Lotus\Domino\data\oa 启始目录中，并设置为 Domino 服务器的主页文件。同时还需要设置 Domino 服务器的其他环境参数，并对 OA 系统的数据库进行签名后才能运行 OA 系统。

2. 设置 Web 主页

经过设置的 Domino 服务器启动后即提供 Web 服务，但默认的主页是一个帮助页面，要启动 OA 系统的主界面必须将 OA 系统的启始数据库文件作为 Web 的主页文件使用，这需要通过 Lotus Notes 的管理程序进行设置。

（1）选择"开始"|"所有程序"|"Lotus 应用程序"|Lotus Domino Administrator 命令，启动管理配置程序。首先打开 Lotus Notes 口令对话框，如图 2-1 所示。

图 2-1　Lotus Notes 口令对话框

（2）输入正确的口令后，单击【确定】按钮，程序与 Domino 服务器进行连接，连接成功后打开如图 2-2 所示的管理窗口。

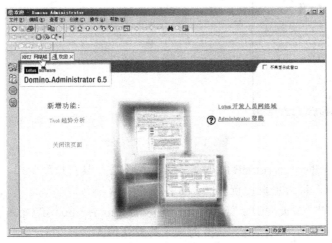

图 2-2　管理窗口

（3）选择图 2-2 中的"HBTJ 网络域"|"文件"选项卡，将显示 E:\Lotus\Domino\data 文件夹中的所有数据库文件，如图 2-3 所示。

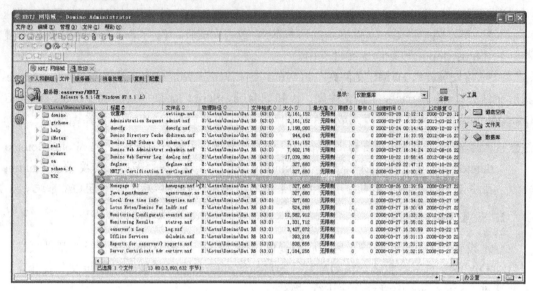

图 2-3　数据库文件列表

（4）双击其中的 names.nsf 文件，进入通信数据库文件管理窗口。选择窗口左边的"配置"|"服务器"|"所有服务器文档"菜单项。右边窗口中将显示网络域中的服务器列表，如图 2-4 所示。

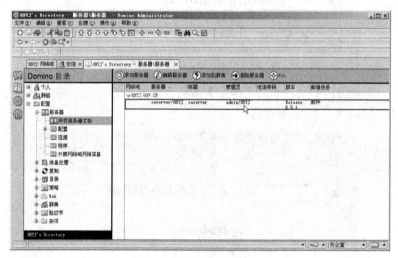

图 2-4　网络域中的服务器

（5）双击图中的 oaserver/HBTJ 服务器，进入该服务器的管理窗口，选择"Internet 协议"|HTTP 选项卡，进入主页设置界面，如图 2-5 所示。

在图 2-5 中双击"主页 URL:"项，将该栏原来的"/homepage.nsf?Open"改为"oa/start.nsf/firstpage?Openpage"，其他栏内容保持为原来的默认值。

图 2-5 主页 URL 设置

3. 设置 Web 引擎

在图 2-5 中选择"Internet 协议"|"Domino Web 引擎"选项卡，设置"会话验证"为"单服务器"，"空闲会话超时"为"30 分钟"（即用户过了 30 分钟没有对屏幕操作则需要重新登录），"每个视图页面的缺省行数"为 3000，"缺省搜索结果数"为 2500，其他栏内容保持为原来的默认值，如图 2-6 所示。

图 2-6 Web 引擎设置

4. 设置安全性

在图 2-5 中选择"安全性"选项卡，在该窗口"编程限制 谁可以-"中的所有文本框

中都输入 "*" 号，即打开所有用户的运行权限，如图 2-7 所示。

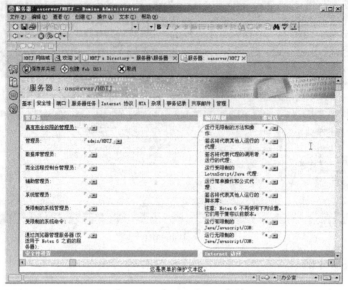

图 2-7 安全性设置

5. 为 OA 数据库签名

在图 2-3 中单击左边窗口的 oa 文件夹，右边窗口将显示 oa 文件夹中所有的数据库文件，单击其中任意一个文件，再按 Ctrl+A 组合键选中所有这些文件，如图 2-8 所示。单击鼠标右键，从弹出的快捷菜单中选择"签名"命令，Domino 服务器即开始对所选的数据库文件进行签名处理。

单击【保存并关闭】按钮，完成 OA 系统的设置。关闭 Lotus Domino Administrator 管理配置程序及 Domino 服务器，再次重启，OA 系统即可运行。

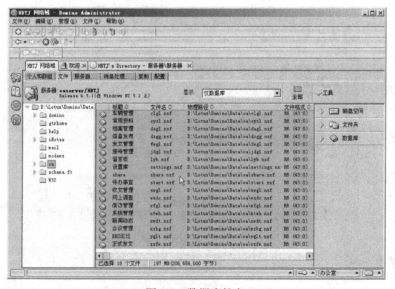

图 2-8 数据库签名

注意：① 客户端在进入 OA 系统并调用 Word 编辑模块时需要利用 FTP 服务器进行通信，由于 Lotus Domino 不提供文件传输服务，因此需要另外安装 FTP 服务器。为保证 OA 系统的正常运行，FTP 服务器必须建立用户账号 stones，密码设置为 stones，主目录设置为 C:\ftp，设置账号 stones 对 C:\ftp 文件夹具有下载、上传、修改、删除、创建等所有权限。同时，在 C 盘创建 C:\ftp\2004\docid 文件夹，里面存放 document.doc，该文件可以是空文档，用于 Word 模块编辑流程中的文档，文档编辑过程中产生的临时文件将存放于 C:\ftp\2004 文件夹中。

② 客户端通过 IE 浏览器访问 OA 系统时，常需要下载 OA 系统提供的控件运行，因此需要对 IE 进行设置，以便快速、准确地运行 OA 系统提供的控件。在客户端启动 IE，单击 IE 系统菜单的"工具"|"Internet 选项"，在弹出的"Internet 选项"对话框中选择"安全"选项卡，选中"本地 Intranet"，单击【自定义级别】按钮，打开"安全设置"对话框。设置所有的 ActiveX 控件和插件为"启用"状态即可。

2.2.2　OA 软件基本操作

OA 系统软件基本操作主要包括启动 OA 服务器及登录 OA 系统账号，进入用户主页面。

1. 启动 OA 服务器

只要启动 Lotus Domino 服务器就启动了 OA 服务器。启动 Lotus Domino 服务器前，要确保用作服务器的操作系统中没有启动其他 HTTP 和邮件服务。

选择"开始"|"所有程序"|Lotus Applications|Lotus Domino Server 命令，或双击桌面上已建立的 Lotus Domino 服务器快捷图标，将启动 Domino 服务器，并等待用户的访问。图 2-9 所示是 Lotus Domino 服务器正常启动的窗口，图中可见各种 Internet 服务包括邮件服务、HTTP 服务都已经启动。启动时，若窗口显示"HTTP Server Shutdown"信息，则表示之前已有一个 HTTP 服务在运行，应关闭该 HTTP 服务，重新启动 Domino 服务器。在该窗口的提示符下可运行各种 Domino 服务器命令，输入"help"后按 Enter 键将显示各种命令的帮助信息，输入"quit"按 Enter 键即可关闭 Domino 服务器。Domino 服务器工作时的各种响应信息也会在该窗口中显示。

2. 启动 FTP 服务器

双击桌面上已安装好的 FTP 服务器的快捷图标，将启动 FTP 服务器，并等待用户的访问。

3. 启动客户端

客户端开机进入 Windows 操作系统，启动浏览器，在浏览器地址栏中输入 OA 系统所在服务器的域名或 IP 地址，将出现登录界面，如图 2-10 所示。

"求迅办公自动化系统 2.0"是广东行政学院与广州求迅计算机科技有限公司共同开发的一款用于政府机关的 OA 系统，功能全面，界面清晰，操作简单。为了最有效地运行该系统，建议将计算机屏幕的分辨率设置为 1024×768，在运行过程中如果浏览器显示拦截信息，则应调低浏览器的安全级别，放行 OA 系统的 ActiveX 控件。

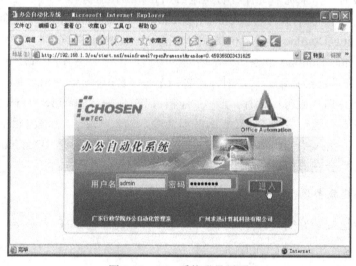

图 2-9　Lotus Domino 服务器启动窗口

图 2-10　OA 系统登录界面

4. 用户登录

在登录界面中，输入用户名和密码进行登录，下面以系统管理员 admin 登录为例进行介绍。当用户名与密码输入正确，单击【进入】按钮后将进入系统主界面，如图 2-11 所示。当用户名与密码输入错误时，系统将会提示用户密码错误，此时需重新登录。

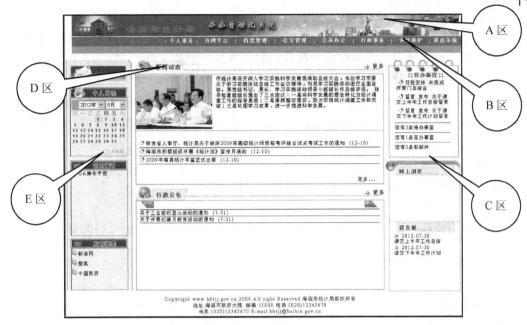

图 2-11　OA 系统主窗口

OA 系统主界面有五大区域，分别是 A、B、C、D、E 区。

（1）A 区：OA 系统的 LOGO 信息。

（2）B 区：OA 系统的主菜单。

主（导航）菜单里包含了 6 个功能模块，当鼠标移动到菜单上时，就会弹出一个相应的子菜单，用户通过选择进入相应的功能模块中进行工作。

- **个人事务**：主要描述个人需要自己办理的业务信息，包括我的工作、我的设置、我的事务、公务授权、个人资料、个人文档、密码设置、邮件系统和在线交流。
- **公文管理**：收文管理、发文管理、正式发文。
- **档案管理**：档案的分类、组卷、借阅申请。
- **公共办公**：电子公告、电子论坛、电子刊物、网上调查、公共信息、规章制度、新闻动态、留言板。
- **行政事务**：会议管理、接待管理、信访管理、车辆管理、固定资产管理。
- **系统维护**：系统设置、流程设置、档案库设置、领导信箱设置和菜单设置等。

（3）C 区：信息栏。

信息栏包括待办事宜、行政公告、网上调查和留言板。

- **待办事宜**：当用户登录后，待办事宜信息板上会显示当前用户所需办理的事宜以及最新的邮件情况。用户可以通过单击事宜标题或邮件标题来打开文件进行阅读、办理。
- **行政公告**：主要是用于单位发布公告、通知的地方。
- **网上调查**：用于在网上收集工作人员的意见，也可用作相关知识测验。
- **留言板**：当用户登录后，在该留言板面上会显示收到的最新留言，通过单击文档标题来打开文档，并进行处理。

（4）D区：新闻动态信息。

这是单位发布最新新闻的场所，包括三部分内容：单位要闻、系统动态和综合新闻。在用户界面上可直接观看首条新闻和首页新闻。首条新闻是指配有新闻图片和内容简介的第一条新闻，首页新闻是指显示在首条新闻之下的其他新闻。

用户可以通过选择单击新闻标题或新闻图片来打开文档，阅读新闻内容。若用户想查看更多新闻，可单击右上角的【更多】按钮，在打开的新闻视图中选择新闻打开阅读。

（5）E区：综合栏。

该区包括三部分内容：领导信箱、个人日程、常用资料。

● **领导信箱**：可直接从这里给单位领导写电子邮件。

● **个人日程**：显示当月每天的工作计划。

● **常用资料**：在常用资料板上可以通过单击资料标题进行相应资料的查阅。

2.2.3　系统管理与维护

Lotus Domino 服务器及 OA 系统软件安装与配置完成后，系统只注册了一个用户，即管理员账户 admin。接下来系统的管理与维护工作主要由管理员完成，包括部门、岗位及其人员的定义、群组定义、操作权限设置等。在实际应用中，这些定义是 OA 系统设计人员在对应用 OA 系统的单位进行设计调研时就要完成的一项基本工作。为方便后面的学习与操作，本书统一以南方省海滨市统计局作为模拟案例，该单位各部门的职能定义及详细模拟资料参见附录 B。

1. 部门定义

要让单位的工作人员使用 OA 系统，每个人员都必须拥有 OA 系统的一个账号，为便于管理，每个人应属于某个部门，具有一定的职位，所以系统管理员首先要按某种逻辑关系定义单位内的部门与职位。

（1）系统管理员以用户名 admin 登录到图 2-11 所示的 OA 系统主窗口，选择"系统维护"｜"系统设置"命令，进入系统管理与维护主窗口，如图 2-12 所示。

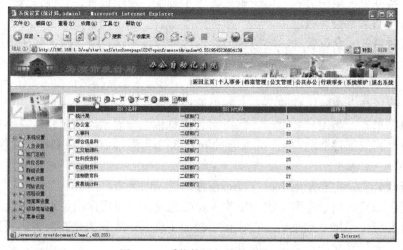

图 2-12　系统管理与维护主窗口

在本书模拟的案例中，海滨市统计局内设 8 个科室，正式编制 64 人，部门设置分为两级：第 1 级是统计局本身，第 2 级是下属科室，级别代码分别是 1 和 2。依据组织机构，结合办公自动化系统的数据结构确定部门信息一览表如表 2-1 所示。

表 2-1　部门信息一览表

序　号	部门简称	级　别	代　号	排序号	描　述
0	统计局	1	TJ	1	海滨统计局，局领导 4 人
1	办公室	2	TJ01	21	办公室，6 人
2	人事科	2	TJ02	22	人事劳资科，6 人
3	综合信息科	2	TJ03	23	财政金融审计科，8 人
4	工交能源科	2	TJ04	24	资产投资审计科，8 人
5	社科投资科	2	TJ05	25	社会科技投资科，8 人
6	农业财贸科	2	TJ06	26	农业财贸科，8 人
7	法制教育科	2	TJ07	27	法制教育科，8 人
8	贸易统计科	2	TJ08	28	贸易外经统计科，8 人

（2）单击图 2-12 左侧"系统设置"左边的"+"图标后即可展开系统设置（此时"+"图标变为"-"图标），单击"部门名称"，再单击【新建部门】按钮，弹出如图 2-13 所示的"部门名称设定"窗口。

（3）按表 2-1 中的内容输入一个部门后，单击【保存并新建】按钮，输入下一个部门。输入完成后，单击【关闭】按钮返回。

2. 岗位定义

选择图 2-12 左侧的"岗位名称"|"新建岗位名称"命令，弹出如图 2-14 所示的"岗位名称"窗口。按表 2-2 岗位信息一览表录入。

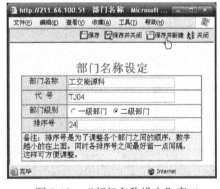

图 2-13　"部门名称设定"窗口

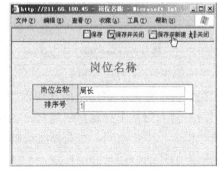

图 2-14　"岗位名称"窗口

表 2-2　岗位信息一览表

序　号	岗位名称	排序号	描　述
0	局长	1	负责全局工作
1	副局长	21	协助局长工作

续表

序　号	岗位名称	排序号	描　述
2	主任	22	部门主要负责人
3	副主任	23	协助主任工作
4	科长	24	部门主要负责人
5	副科长	25	协助科长工作
6	科员	26	一般工作人员
7	秘书	27	一般工作人员
8	打字员	28	负责资料录入
9	借用人员	29	完成临时性工作
10	系统管理员	30	Admin，管理 OA 系统

3. 人员定义

人员定义的方法有两种，一种是单个人员录入，另一种是批量人员录入。

（1）单个人员录入

单击图 2-12 左侧的"人员设置"，再单击【新建用户】按钮，弹出如图 2-15 所示的"用户注册"窗口。

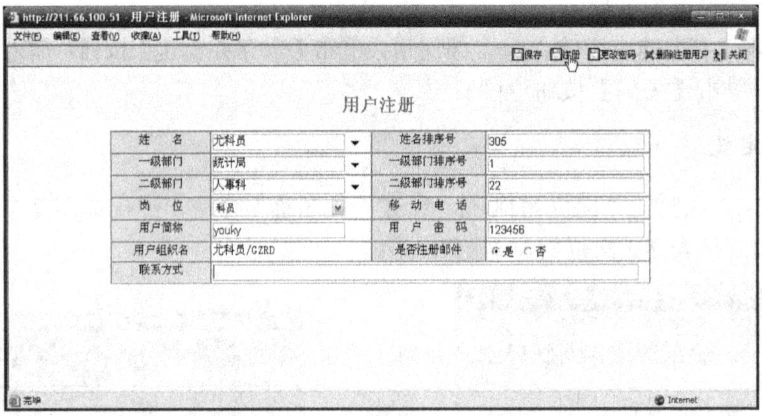

图 2-15　"用户注册"窗口

在"用户注册"窗口中依次输入用户姓名、人员所在的一级部门、二级部门名称，二级部门的输入可从下拉窗口中选择，如图 2-16 所示。按同样的方式输入岗位、用户简称、用户组织名、用户密码，并选择注册邮件。输入完成后，单击窗口右上方的【注册】按钮，完成用户的注册，用户必须在注册后才能登录 OA 系统。该方法录入简便，但每次注册要花费较长时间，故效率不高。

在"用户注册"窗口中，姓名用中文，用户简称可以用拼音，两者都可以在登录时使用，且共用一个登录密码，一旦注册成功，两者都不能修改，否则将不能正确登录。如果一定要改，则必须先删除，再重新注册。因此，人名与简称不可重复，系统管理员要事先对整个单位的人员作统一的规划，避免登录名的重复，保证每个人员都能正常登录 OA 系统。

图 2-16   "选择部门名称"窗口

（2）批量人员录入

OA 系统支持人员的批量注册。首先将各部门人员的信息录入至一个文本文件中，文件内容的格式为：人员姓名*人员姓名排序号*一级部门名称*一级部门排序号*二级部门名称*二级部门排序号*岗位名称*移动电话号码*人员简称*密码。

说明：文件的每一行对应一个登录账号，一行分为 10 个项目，各项目之间用"*"分开。
如果某项内容空缺，则在两个"*"之间输入一空格，如"* *"，一个账号的 10 个项目必须位于同一行。利用文本的复制功能可以快速建立多个账号，但同样要注意避免人员姓名与人员简称的重复，账号输入完成后以某个文件名保存到磁盘上备用。

单击图 2-12 左侧的"人员设置"，再单击【用户导入】按钮，弹出如图 2-17 所示的"用户导入"窗口。

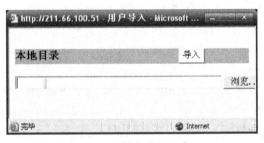

图 2-17   "用户导入"窗口

单击【浏览】按钮，选中已录入的用户账号文本文件，单击【导入】按扭，将完成批量用户的注册。

图 2-18 所示为已录入的统计局各部门人员名单。单击"+"图标可展开各部门名称，单击"-"图标可折叠显示。详细名单见附录 B 的工作人员列表。

4. 群组定义

人员定义完成后，可以按照工作任务、性质、职位等的不同建立不同的群组。群组的建立可以使人员的操作更具有灵活性，在个人电子邮件与工作流程中选择人员时使用群组非常方便。

单击图 2-12 左侧的"群组设置"，单击【新建群组】按钮，在弹出的"群组设置"窗口中输入群组名称，单击"选择"超链接，选择群组对象，如图 2-19 所示。表 2-3 是统计局的群组定义。

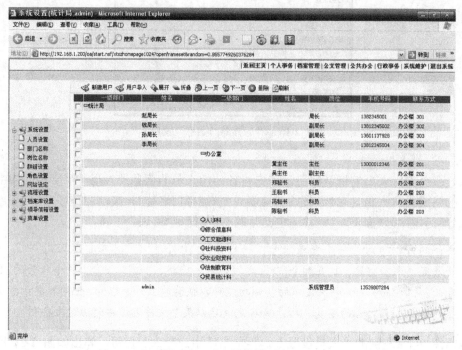

图 2-18　"人员设置"窗口

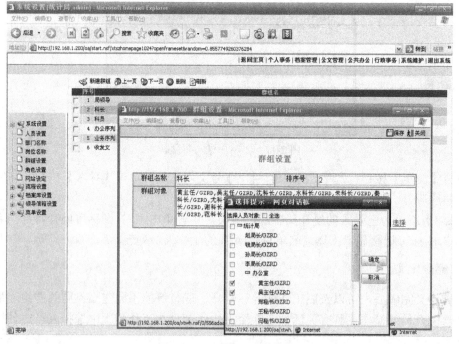

图 2-19　"群组设置"窗口

表 2-3 群组定义一览表

序号	群组名称	群组描述	群组成员
0	全体人员	统计局全体人员	（略）
1	局领导	全体局级领导	赵局长、钱局长、孙局长、李局长
2	科长	全体科级领导	黄主任、吴主任、诸科长、沈科长、朱科长、秦科长、尤科长、孔科长、曹科长、严科长、戚科长、谢科长、柏科长、水科长、窦科长、习科长、范科长、崔科长
3	科员	除局领导、科长之外人员	郑秘书、王秘书、冯秘书、陈秘书、卫科员、蒋科员、韩科员、杨科员、许科员、何科员、吕科员、施科员、张科员、华科员、金科员、魏科员、陶科员、姜科员、邹科员、俞科员、章科员、云科员、苏科员、潘科员、葛科员、彭科员、朗科员
4	办公序列	办公室、人事科	黄主任、吴主任、郑秘书、王秘书、冯秘书、陈秘书、沈科长、崔科长、韩科员、杨科员、尤科员、叶科员
5	业务序列	人事劳资科 综合信息科 工交能源科 社科投资科 农业财贸科 法制教育科 贸易统计科	各科室全体成员
6	收发文	参与收发文的人员，暂时包括局领导和办公序列	赵局长、钱局长、孙局长、李局长、黄主任、吴主任、郑秘书、王秘书、冯秘书、陈秘书、沈科长、崔科长、韩科员、杨科员、尤科员、叶科员

5. 角色设置

人员定义完成后，还可以按照工作需要设置不同的角色。角色的设置可以使不同人员具有不同的操作与管理权限，增强了 OA 系统的安全性与有序性。默认情况下，系统管理员具有最高的权限，而一般人员只具有阅读的权限，不能进行创建、删除等高权限的操作，通过角色设置，可以让部分人员拥有较多的权限，从而能完成相关的操作。

（1）单击图 2-12 左侧的"角色设置"显示角色设置视窗，如图 2-20 所示，窗口显示所有角色列表。例如，图中"模块管理员"栏第 3 条记录的"办公室"表示办公室的所有人员，对应"角色"栏内列有"收文管理"、"接待管理"、"发文管理"、"用车管理"、"档案管理"和"信访管理"，则表示办公室的所有人员具有启动和管理这些流程的权限。

（2）单击【新建角色】按扭，弹出"角色设置"窗口，如图 2-21 所示，在"角色"栏内单击选择角色管理的模块名称，在"模块管理员"栏内可直接输入人员名称。

（3）单击右侧的"选择"链接，弹出"选择人员对象"对话框，如图 2-22 所示，选择角色对象，单击【确定】按钮返回。在"角色设置"窗口中单击【保存】按扭，保存所作的设置，单击【关闭】按钮完成角色权限的设置。

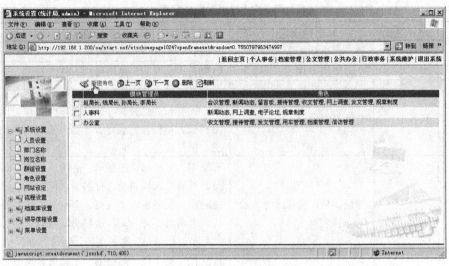

图 2-20　角色设置视窗

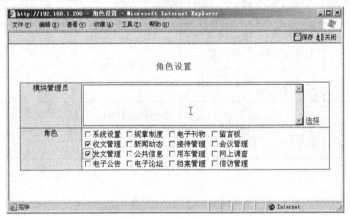

图 2-21　"角色设置"窗口

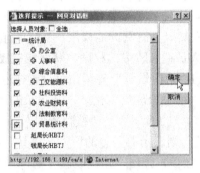

图 2-22　"选择人员对象"对话框

2.2.4　电子邮件

电子邮件系统实现整个办公自动化系统用户邮件的往来，负责管理邮件的起草、接收、转发、回复等功能。与外部邮件不同，内部邮件地址的选择分类包含 OA 系统地址和个人名片夹中的地址簿，一般情况下，内部电子邮件只能发送给系统内部人员。

"求迅办公自动化系统 2.0"电子邮件入口有两个。单击个人主页面的右边"您有 X 条新邮件"超链接将直接进入个人电子邮箱，也可以从导航栏菜单中选择"个人文档"|"我的邮件"命令进入个人电子邮箱，如图 2-23 所示。

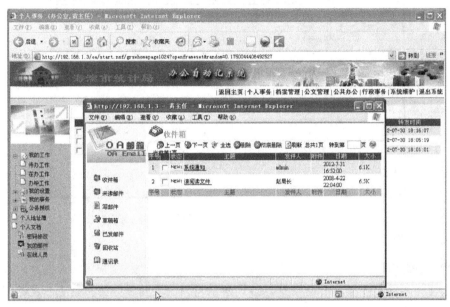

图 2-23　个人电子邮箱

电子邮件窗口的左侧依次是收件箱、未读邮件、写邮件、草稿箱、已发邮件、回收站、通讯录。

- **收件箱**：存放用户个人的所有邮件。
- **未读邮件**：存放用户个人收到的未读邮件。
- **写邮件**：进入邮件的起草与发送窗口。
- **草稿箱**：存放用户个人临时保存还未发送的邮件。
- **已发邮件**：存放用户个人已发送且保存的邮件。
- **回收站**：存放用户个人已删除的各种邮件，这些邮件可以恢复。
- **通讯录**：存放常用的通信资料，用于发送邮件时的地址选择。

1. 接收邮件

单击【收件箱】按钮，在收件箱中可以看到已经收到的电子邮件，包括邮件的主题、发件人、日期、附件等信息。收件箱每页显示 25 个邮件，当收到很多邮件时，单击【下一页】、【上一页】按钮可翻看其他邮件。

单击某个邮件的主题，进入邮件的阅读窗口，如图 2-24 所示。

在邮件阅读窗口中可以转交、回复、保存收到的邮件，单击【存为地址表】按钮，可将来件人的地址存放到通讯录中，单击附件中的文件名可以将该文件保存到本地磁盘上。

单击【回复】按钮，将在原来的主题前加上"Re:"字样，并将原邮件的发件人作为收件人，单击【转交】按钮，可将该邮件转发给其他人。单击附件栏内显示的文件名，可打开附件阅读，用鼠标右链单击该文件名，可选择保存附件到本机硬盘上。

图 2-24　邮件阅读窗口

2. 发送邮件

（1）起草邮件

单击【写邮件】按钮，出现如图 2-25 所示的窗口。下面以办公室黄主任发送邮件、赵局长接收邮件为例说明邮件的起草过程。

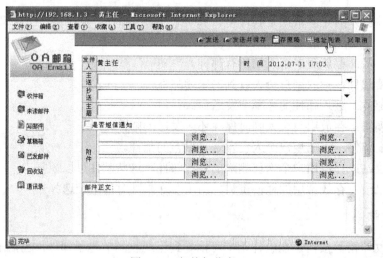

图 2-25　邮件起草窗口

一封邮件的主要构成包括收件人、主题、正文、附件。由于 OA 系统的收件人属于系统内部，故收件人邮件地址的选择可通过内部地址列表来完成。单击【地址列表】按钮，出现图 2-26 所示的地址选择窗口。

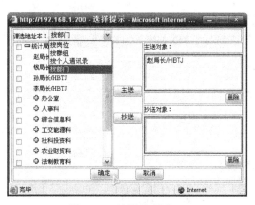

图 2-26　地址选择窗口

单击"请选地址本"下拉箭头，可选择"按部门"、"按岗位"、"按群组"、"按个人通迅录"来选择地址。在图 2-26 中选择了"按部门"，单击"统计局"展开各部门名称，选择赵局长，单击【主送】按钮，确定了赵局长为主送人。也可以继续选择其他人选，单击【主送】或【抄送】按钮，从而确定多个收件人。单击【确定】按钮返回邮件起草界面。

填写邮件主题十分重要，让收件人一眼即可了解邮件的基本内容，不要发送无主题的邮件。邮件的正文没有统一的格式要求，但应简单扼要、内容清楚，提高阅读效率。

根据需要，还可添加多个附件，上传的附件应尽可能小，必要时可使用压缩软件进行预处理。在起草窗口中单击"附件"区域中的【浏览】按钮，可以选择附件，如图 2-27 所示，本系统最多可以上传 8 个附件。

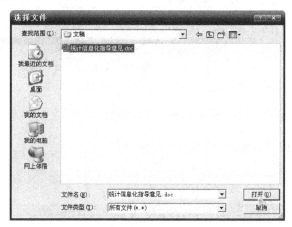

图 2-27　附件选择窗口

（2）发送邮件

当新邮件的各部分填写好后，单击【发送】按钮可立即发送。单击【存原稿】按钮，可将邮件保存到草稿箱中，可随时从草稿箱中调出邮件，待进一步修改确认无误后再发送。如图 2-28 所示为从草稿箱中调出的邮件。单击【发送并保存】按钮，可在发送邮件的同时，在"已发邮件"中保存一份副本。若邮件发送成功，将弹出图 2-29 所示的信息对话框，单击【确定】按钮完成邮件的发送。

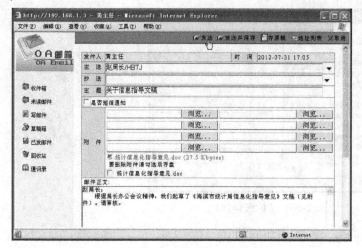

图 2-28　邮件发送窗口

图 2-29　发送完成对话框

3. 管理邮件

对收件箱、草稿箱、已发邮件箱中的邮件，选中后单击【删除】按钮，可将邮件从这些文件夹删除，同时移送到回收站中，若单击【彻底删除】按钮，则邮件从这些文件夹删除后不移送到回收站。

单击"回收站"可对回收站中的邮件进行操作，如图 2-30 所示。

图 2-30　回收站

单击某邮件的主题，可以阅读该邮件，选中某邮件后，单击【彻底删除】按钮可将该邮件真正删除。单击【刷新】按钮，可以看到最新移入回收站中的已删除邮件。

2.2.5　日常工作

个人日常办公工作主要涉及当前用户本身各种应用事务的模块，包括日程安排、个人文档管理、地址簿管理、公务授权及待办工作管理等。

1．日程安排

日程安排用于管理用户的时间，使日常工作清晰可控、有条不紊、重点突出。

"求迅办公自动化系统 2.0"提供个人工作日程安排功能，日程安排的内容包括日程视图、到期安排、未来安排和所有安排。

（1）新建日程安排

用户可以以日历方式、视图方式等多种方式设置自己的日程安排。新建日程安排，具体步骤如下。

① 直接单击个人主页左边"个人日程"区域中的某个日期，或从导航栏菜单中选择"个人事务"|"我的事务"|"日程安排"|"日历视图"命令可进入工作日程安排视窗，如图 2-31 所示。

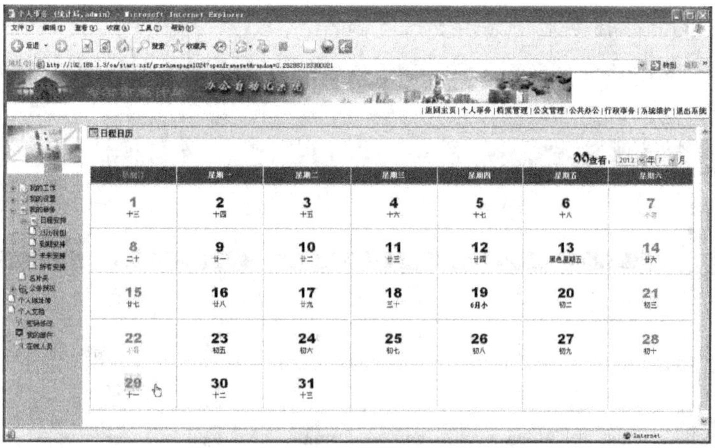

图 2-31　工作日程安排视窗

② 在工作日程安排界面中单击需要安排的某个日期，如 2012-7-29，进入"工作日程安排"窗口，如图 2-32 所示。日程安排的页面包括姓名（系统自动填写登录用户）、部门（系统自动填写登录用户）、开始时间、结束时间、状态、提醒时间、主题和内容。

图 2-32　"工作日程安排"窗口

③ 在"工作日程安排"窗口中，用户可以在"提醒时间"文本框中输入时间，当到达提醒时间时，在用户的"待办事宜"栏中会提醒用户当日的安排，如图2-33所示。

图 2-33 "待办事宜"栏

④ 当用户建立了工作安排后，可以从工作日程安排界面中进行浏览，如图2-34所示，将鼠标移到安排的开始日期上将显示安排的内容。

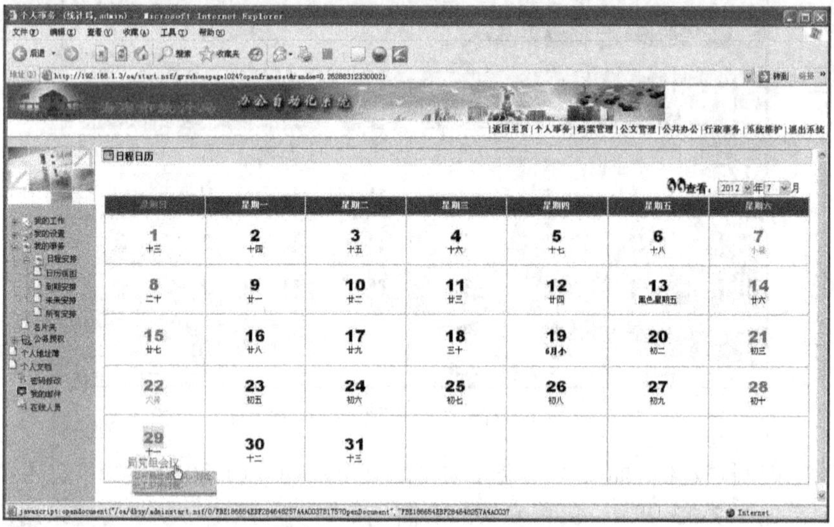

图 2-34 浏览工作安排

（2）到期安排

在窗口左则菜单栏中选择"我的事务"|"日程安排"|"到期安排"命令，将在窗口右边打开一个列表，显示所有的到期安排记录，如图2-35所示。记录内容包括开始时间、结束时间、提醒时间和主题等信息。

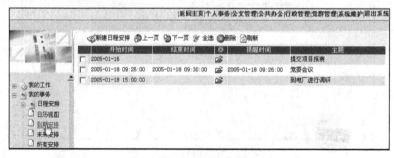

图 2-35 到期安排

双击某条记录就会打开相应的日程安排窗口，如图 2-36 所示，如需修改安排可单击【编辑】按钮，若工作已完成，可单击【完成】按钮。

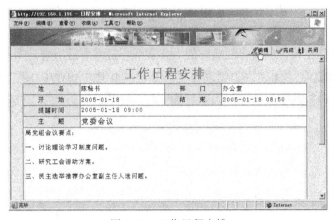

图 2-36　工作日程安排

在图 2-35 中单击【新建日程安排】按钮，也会打开一个与图 2-32 一样的"工作日程安排"窗口。

未来安排和所有安排的操作方法与到期安排的操作方法相同。值得注意的是，OA 系统的个人日程安排提供的是一种辅助管理方法，并不能取代人的主观能动性，要真正管理好自己的时间，除了制定计划之外，还要提高工作效率，加强计划的执行力度，在实际工作中还要注意计划性与灵活相结合，确保重要紧急的工作任务按时完成，达到事半功倍的效果。

2. 个人文档管理

OA 系统中的个人文档相当于一个电子记事本或备忘录，用于记载个人的工作任务、工作总结等日常事务，以便随时查阅。其管理功能包括创建、修改、删除、查阅等操作。

（1）选择"个人事务"|"个人文档"命令，进入个人文档管理视窗。如果原来已建文档，则将在窗口显示各文档标题与创建时间，如图 2-37 所示。

图 2-37　个人文档管理视窗

（2）单击【新建文档】按钮，弹出如图 2-38 所示的"个人文档"窗口。可以看到，个人文档信息包括作者、创建时间、标题、文档内容和附件等。其中标题、创建时间为必填项。标题应选择简明的词语表达个人文档的中心内容；主体信息应详细记录在个人文档中，并可以插入相关图片，对文档还可以进行排版，根据需要还可以为文档添加附件。作者即为当前操作人，由系统自动生成，单击"创建时间"文本框，将弹出日历表，由用户选择时间填入。

图 2-38　新建个人文档

（3）单击【保存并关闭】按钮，将当前文档保存并返回到个人文档管理视窗。对已存在的个人文档管理包括查询、删除、阅读等。

3. 地址簿管理

地址簿管理是一种管理个人通讯录的方式，主要用来对个人私有的通讯录信息进行存储、修改、删除等操作。

（1）选择"个人事务"|"个人地址簿"命令，进入地址簿管理视窗，如图 2-39 所示，窗口右侧列出了已建立的个人资料记录。记录内容包括姓名、性别、单位、职务、电话、手机和邮件地址等信息。

图 2-39　地址簿管理视窗

（2）双击某条记录可以打开相应的"个人资料信息"窗口，显示记录的详细内容，如图 2-40 所示。单击【编辑】按钮，进入其编辑状态，如图 2-41 所示。

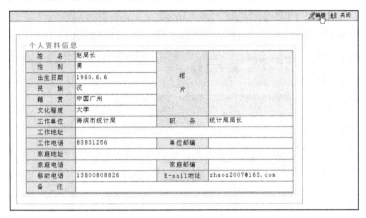

图 2-40　"个人资料信息"窗口

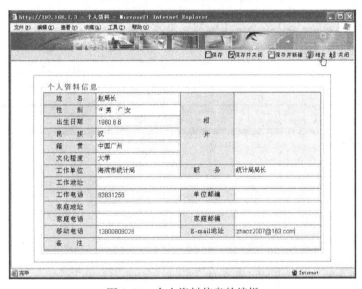

图 2-41　个人资料信息的编辑

（3）单击【相片】按钮进入添加附属文件窗口，如图 2-42 所示。选择相片文件的步骤如下。

① 单击【浏览】按钮，选择一个相片文件。

② 选定好文件后单击【粘贴】按钮。

③ 若需添加更多附件（最多粘贴 12 个文件），可重复步骤①和步骤②。

④ 单击【提交】按钮即可完成附件上传工作。

（4）相片文件上传后，在相片位置显示一个文件名，并注明"未保存"，此时单击【保存】按钮，相片将显示出来，并在下方显示"要删除相片请勾选后存盘"选项。

（5）单击图 2-39 中的【新建个人资料】按钮，打开图 2-40 所示的"个人资料信息"窗口，编辑完毕后单击【保存并新建】按钮，可继续编辑新的资料。

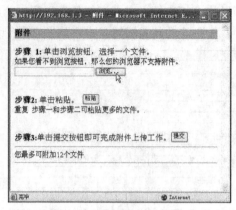

图 2-42　添加附属文件窗口

4. 公务授权

公务授权是当用户因出差、休假或其他原因无法进行正常工作时，用户将自己的管理权限授权给其他人，让其他在岗人员帮助处理事务的操作。

（1）创建公务授权

① 选择"个人事务"|"公务授权"|"公务授权"命令，显示公务授权视图，如图 2-43 所示。

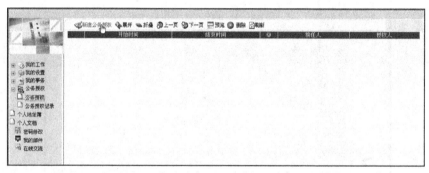

图 2-43　公务授权视图

② 单击【新建公务授权】按钮，可打开"公务授权"窗口，如图 2-44 所示。

图 2-44　"公务授权"窗口

单击“接任人”文本框，从弹出的提示对话框中选择部门、接任人；用户可以根据自己外出时间填写“开始时间”与“结束时间”。

当用户进行公务授权时，可在“状态”下拉列表框中选择“起用”选项，在公务授权期间，如果有人向外出人员（如黄主任）提交工作，则系统向提交人发出代办提示信息，确认后，提交的工作将流转到接任人手中。

③ 单击【保存并关闭】按钮，公务授权正式启用。

（2）取消公务授权

当到了结束时间以后，授权将自动停用，工作流重新流向工作者本人。当结束时间未到但需提前结束授权时，则需要在公务授权视图中选择所设的授权项，双击该项打开“公务授权”窗口，单击右上角的【编辑】按钮，再次进入图 2-44 中，在“状态”下拉列表框中选择“停用”选项。

单击【保存并关闭】按钮，公务授权被取消。

5. 待办工作管理

待办工作管理是 OA 系统的一种重要运作机制，用于集中管理通过工作流引擎流转到本人所在岗位的工作，对个人办公起到提醒作用，同时也是个人进入日常工作流程的入口。

待办工作包括未办工作、在办工作和已办工作三种状态。未办工作指尚未签收的工作，在办工作指已打开正在办理但未提交的工作，已办工作指已提交的工作。

OA 系统会列出所有转送给当前用户或该用户担当的角色处理而尚未签收承办的工作，在用户签收后，工作便会即时从“未办工作”转为“在办工作”，直至用户提交前，该工作都将处在“在办”状态。

（1）未办工作。进入用户个人主页后，若有待办工作，则 OA 系统将在右上角的“待办事宜”栏内滚动显示各条待办工作信息，如图 2-45 所示。单击某条待办工作，将直接进入处理该工作的窗口。

图 2-45　待办工作通知窗口

也可以通过选择“个人事务”|“我的工作”|“待办工作”命令来显示未办的工作。双击某个未办工作的标题，可进入相应的工作流程节点，再单击【签收】按钮，则该工作结束“未办”状态，转入“在办”状态。

（2）在办工作。选择“个人事务”|“我的工作”|“在办工作”命令显示正在办理的各项工作。双击某个在办工作的标题，可进入相应的工作流程办理节点。办理完毕后，单击【提交】按钮，则该工作结束“在办”状态，转入“已办”状态。

（3）已办工作。选择"个人事务"|"我的工作"|"办毕工作"命令，显示已办的各项工作列表。双击某个已办工作的标题，可查看该工作的办理情况，若该工作的下一个节点还未"签收"，则根据需要可将该工作"回收"，也可以进行"流程跟踪"等操作。相关的这些操作方法将在公文流程管理中作详细的介绍。

2.2.6 个人设置

个人设置用来设置个人办公的环境，以适应不同岗位用户的操作需要。个人设置包括常用意见、菜单设置、密码修改等。

1. 常用意见

在办公流程中，根据岗位的不同，用户往往需要签署不同的意见来表达对某些事务处理的看法和态度，而对一些固定的流程来说，这些处理意见又往往相同。"常用意见"就是事先把一些意见写好，在填写处理意见时，只需选择即可。

添加"常用意见"的操作如下：

（1）选择"个人事务"|"我的设置"|"常用意见"命令，进入常用意见视窗，如图 2-46 所示，窗口显示已设置好的常用意见列表。

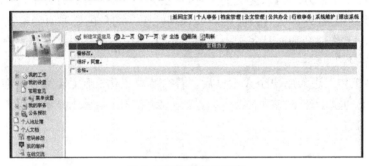

图 2-46　常用意见视窗

（2）选择某条记录，单击【删除】按钮可删除该记录。双击某条常用意见记录，即可打开该条记录，如图 2-47 所示。单击【编辑】按钮即转换到编辑状态，如图 2-48 所示，对处理意见框中的文字可进行添加、修改等操作。

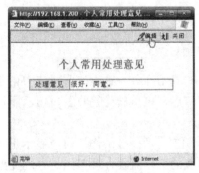

图 2-47　个人处理意见

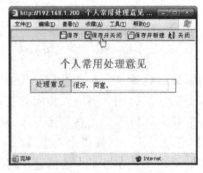

图 2-48　编辑处理意见

（3）单击图 2-46 中的【新建常用意见】按钮，同样会打开一个如图 2-47 所示的窗口，可新建处理意见。单击【保存并关闭】按钮结束编辑，单击【保存并新建】按钮可继续编写新的处理意见。

2．菜单设置

用户进入 OA 系统的办公窗口后，会看到一个导航菜单，用户可通过该菜单进行各种事务处理操作。用户所看到的导航菜单是系统预设置的菜单，可以满足绝大多数用户的需要，一般不需要修改。对一些特殊要求的用户，则可以自己设定导航菜单，以满足个人的需要。

菜单设置包括导航名称设定和导航栏设定两个步骤。一般用户设置菜单后，该用户的导航栏将发生变化，但不影响其他用户的导航栏。系统管理员对菜单进行的设置将改变所有用户导航栏，因此，系统管理员不要随意设置导航栏菜单。

（1）导航名称设定。

导航名称设定是指设定用户窗口导航栏上各个导航项的名称，亦即主菜单中的各菜单项的名称，操作步骤如下：

① 选择"个人事务"|"我的设置"|"菜单设置"|"导航名称设定"命令，进入菜单设置视窗，如图 2-49 所示。

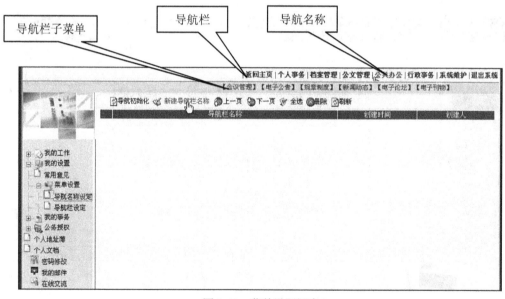

图 2-49　菜单设置视窗

② 单击【新建导航栏名称】按钮，会弹出提示对话框，如图 2-50 所示，此时需要进行导航初始化。

③ 单击【确定】按钮，进入"导航栏名称定义"窗口。导航栏名称可以自己拟定，但不要重名，而且"个人事务"已作为固定名称使用，"序号"是指在导航栏中导航名称从右到左的排列顺序。设定导航栏名称和序号，如图 2-51 所示。

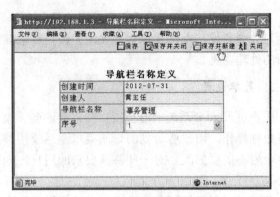

图 2-50 提示对话框

图 2-51 "导航栏名称定义"窗口

④ 单击【保存并关闭】按钮返回，这时新设好的"事务管理"将成为导航栏中紧跟"退出系统"的第一个自定义名称。通过此方式可在导航栏中设定多个导航名称。

（2）导航栏设定。导航栏设定是指设定导航栏各菜单项的子菜单。

① 在图 2-49 所示的菜单设置视窗中选择"导航栏设定"命令，并单击【新建子菜单】按钮，弹出"子菜单定义"窗口，如图 2-52 所示。

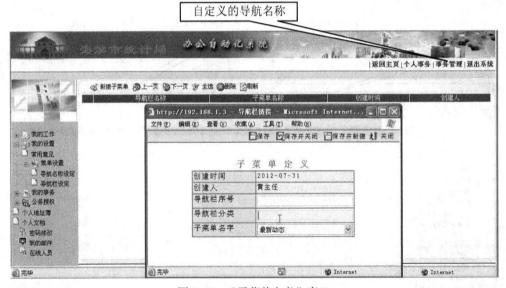

图 2-52 "子菜单定义"窗口

② 在"子菜单定义"窗口中单击"导航栏分类"右边的空白框，将弹出已定义的导航栏名称，如图 2-53 所示，从中选择某个名称，如"事务管理"，单击【确定】按钮返回，导航栏序号将自动填入。

③ 在"子菜单名字"下拉列表框中可选择所要的子菜单名，如"自动化设备管理"，如图 2-54 所示，所选的"自动化设备管理"子菜单将成为导航栏菜单项"事务管理"的一个子菜单。通过此方式可以为一个菜单项设定多个子菜单。

图 2-53　选择导航栏名称

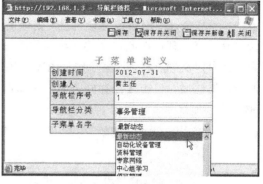

图 2-54　选择子菜单名称

注意： 子菜单名不能由用户随意取，只能从系统提供的子菜单名称中选择。

④ 单击【保存】或【保存并关闭】按钮后，子菜单设定完毕。在导航栏视图中将会显示出全部自定义的导航栏菜单项名称，如图 2-55 所示。

若要删除自定义的导航栏或子菜单，可选中要删除的栏目前的复选框，再单击【删除】按钮即可。

若删除所有的自定义导航栏菜单，则系统将恢复系统预设置的导航栏菜单。

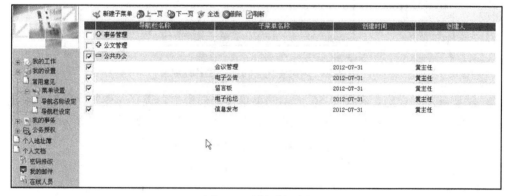

图 2-55　导航栏视图

（3）系统预设置菜单。系统预设置菜单是指系统管理员为所有用户设置的默认导航栏菜单，也分为设置导航栏名称和创建子菜单两个步骤。该操作必须由系统管理员（admin）或具有管理员权限的人员进行，从系统安全出发，不要让一般人员进行该操作，而系统默认菜单的设置也要慎重考虑，不可随意改动。

① 默认导航名称设定。

系统管理员登录 OA 后，选择"系统维护"|"系统设置"|"菜单设置"|"导航名称设定"命令，进入菜单设置视窗，单击【新建导航栏名称】按钮，弹出"导航栏名称定义"窗口，如图 2-56 所示。

图 2-56 与一般用户个人菜单设置窗口的区别是没有【导航初始化】按钮，所打开的"导航栏名称定义"窗口中，增加了"导航属性"一栏，包括"缺省"与"必备"两个单选按

钮。"缺省"的含义是系统管理员在此定义的导航名称将作为默认项出现在一般用户的导航栏中，一旦个人用户自定义导航栏，则该菜单项就不出现在该用户的导航栏中；"必备"的含义是系统管理员在此定义的导航名称将作为必有项出现在一般用户的导航栏中，个人用户即使自定义导航栏，该菜单项仍出现在该用户的导航栏中。设定好导航栏名称和序号，选好导航属性后，单击【保存并关闭】按钮返回，通过此方式可在导航栏中设定多个"缺省/必备"导航名称。

图 2-56 系统管理员的导航栏名称定义

② 默认导航栏设定。在图 2-56 所示的菜单设置视窗中，选择左侧的"导航栏设定"命令，并单击【新建子菜单】按钮，弹出"子菜单定义"窗口，如图 2-57 所示。

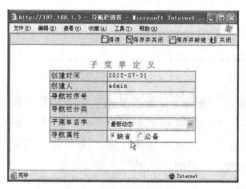

图 2-57 系统管理员的子菜单定义

图 2-57 与一般用户个人子菜单设置窗口的区别是增加了"导航属性"一栏，包括"缺省"与"必备"两个单选按钮，其含义与导航栏名称定义中导航属性相同。该对话框的操作与个人子菜单设置操作相同，选择导航栏分类与子菜单名称，选好导航属性后，单击【保存并关闭】按钮返回，通过此方式可以为一个菜单项设定多个"缺省/必备"子菜单。

3. 密码修改

系统管理员在定义 OA 系统的人员时，一般都为用户设定了简单的登录密码，为安全起见，用户第一次登录成功后应立即对密码进行修改。

（1）选择"个人事务"|"密码修改"命令，弹出"密码修改"窗口，在指定的文本框中输入用户名和原密码，单击【确定】按钮，如图 2-58 所示。

（2）弹出新对话框，填好新密码，并再输入一次，单击【确定】按钮，如图 2-59 所示。

图 2-58　修改密码 1　　　　　　　图 2-59　修改密码 2

2.2.7　电子公告

公共信息是指能通过合法渠道方便地取得的信息。在 OA 系统中，公共信息以电子文档的形式出现，是电子化了的信息，因此也叫电子公共信息。公共信息的内容包括行政信息和一般信息，这些信息是在具体办公过程中产生并同步进行管理，在 OA 系统中，这些信息在计算机局域网上传递，在各个节点进行处理和加工。

电子公告是指将公共信息以公告的形式在 OA 系统上展示出来，它是最常见的公共信息之一。它用于发布新闻、通知和公告，是 OA 系统人员共享电子信息的基本手段。

● 发布范围：OA 系统。

● 使用权限：所有能登录 OA 系统的人员都能发布和阅读电子公告，但只能修改和删除自己发布的电子公告。系统管理员具有删除电子公告权限。

当用户以个人身份登录进入系统主界面后，首先应搜索"电子公告"操作被置于导航栏哪个菜单项的子菜单中，在用户没有修改导航栏的缺省情况下，"电子公告"是导航菜单项"公共办公"的子菜单。

1. 阅读操作

（1）选择"公共办公"|"电子公告"|"已发布"命令，进入电子公告列表窗口。选中一条公告，单击【预览】按钮，可浏览公告内容，如图 2-60 所示。

（2）双击选中的公告，将进入全屏阅读窗口，如图 2-61 所示。

2. 发布操作

（1）选择"公共办公"|"电子公告"|"草稿箱"|"新建公告"命令，进入"公告"窗口。撰写内容包括标题、正文和附件，如图 2-62 所示。

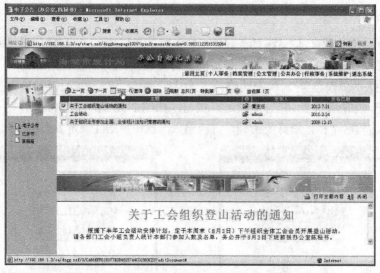

图 2-60　电子公告列表

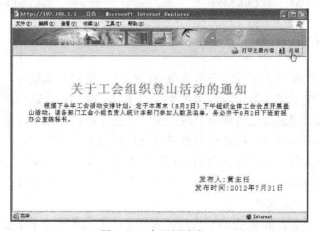

图 2-61　全屏阅读窗口

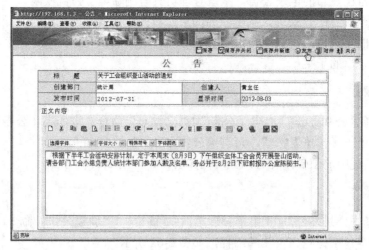

图 2-62　"公告"窗口

① 发布时间：单击"显示时间"文本框，可从弹出的日期中选择公告发布至哪一天结束，结束日期到达前，将在个人主页的"行政公告"内显示该公告的标题，结束日期到达后将不再在个人主页的"行政公告"内显示，但仍可在电子公告的管理窗口内查阅。

② 正文编辑：对输入的公告内容可进行各个排版操作，包括选择字体、字型、大小、颜色及段落排版，内容较多时单击 🅆 按钮，可进入 Word 软件对公告内容进行复杂的编辑。

（2）单击【保存】按钮可临时保存公告的内容，单击【发布】按钮将当前公告发布到 OA 系统上。图 2-63 列出了新发布的公告主题。

图 2-63　新发布的公告

2.2.8　新闻动态

新闻动态信息是单位发布最新消息的场所，通过新闻动态可以让单位的每一位员工及时了解单位的各种信息，增加单位管理的透明度，提高信息公开的程度，增强全体员工参与单位事务管理的信心。

● 发布范围：OA 系统。

● 权限：所有能登录 OA 系统的人员都能阅读新闻动态，但可以只授权某些用户阅读新闻。系统管理员及授权用户具有发布和删除权限。

1．阅读操作

用户登录 OA 系统后，其主页的主要部分就显示出新闻动态的首条新闻内容及相关的新闻图片，除此之外，页面还显示出多条新闻列表，如图 2-64 所示。主页的这种设置，给人一种在互联网上冲浪的感觉，提高了系统主页的吸引力。

图 2-64　主页中的新闻动态

用户可以通过选择单击新闻标题或新闻图片来打开文档，阅读新闻内容。若想查看更多新闻可单击右上角的【更多】按钮，就会打开一个新闻视窗，用户可以在新闻视图中选择新闻打开阅读。

也可以通过选择"公共办公"｜"新闻动态"命令进入新闻动态视窗（见图 2-65），可见新闻动态菜单下包括单位新闻、系统动态和综合新闻 3 个子菜单项。单位新闻发布本单位内部的新闻信息，系统动态发布本系统内从国家到各级地方统计局系统的要闻，综合新闻则发布各种相关的新闻信息。

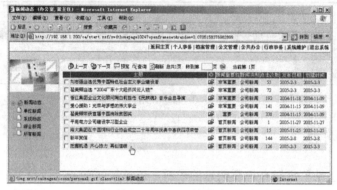

图 2-65 新闻动态视窗

单击视窗左侧的不同菜单项，可分别显示不同分类的新闻列表。单击【上一页】、【下一页】按钮，可实现上下翻页；单击【预览】按钮，可在当前窗口下半部分阅读选中的新闻；单击【查询】按钮，可按主题或作者查找感兴趣的新闻；双击选中的新闻主题，将全屏阅读新闻内容。

2. 发布新闻

一般用户只阅读新闻动态，OA 系统管理员和授权的用户可以发布新闻。

（1）以系统管理员进入新闻动态视窗时，其显示界面如图 2-66 所示。与一般用户视窗相比，左侧菜单树中增加了"草稿箱"与"管理员设置"两个菜单项，右侧窗口工具条上增加了【新建新闻】按钮。

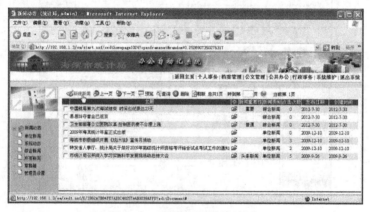

图 2-66 系统管理员新闻视窗

（2）单击【新建新闻】按钮，显示"新建新闻"窗口，如图 2-67 所示。新闻的属性包括新闻主题、副标题、作者、创建时间、新闻类别、信息来源、关键词、正文、新闻重要性和阅读范围。其中，作者、创建时间由系统自动填写，新闻类别、信息来源可从右侧下拉列表中选择，新闻重要性有"普通"、"重要"、"首页新闻"、"头条新闻"四个单选项供选择，阅读范围可单击右侧的【选择】按钮从弹出的对话框中选择；新闻主题、副标题、关键词与正文由作者填写。正文的编写支持各种排版操作，可插入图片，并可添加附件。需要注意的是，若选择"头条新闻"，则必须附上一幅新闻图片，并填写内容简介，该新闻将显示在个人主页中的显著位置。

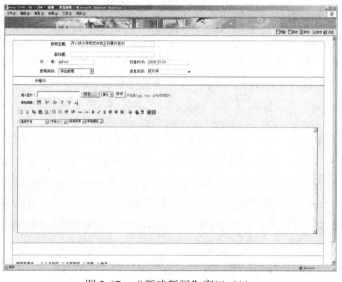

图 2-67 "新建新闻"窗口（1）

（3）如图 2-68 所示为一新建的新闻。单击【保存】按钮，可将当前内容保存起来；单击【发布】按钮，新闻将发布到指定的显示区域。

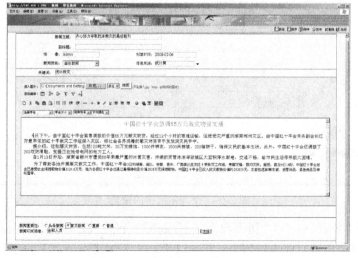

图 2-68 "新建新闻"窗口（2）

2.2.9 留言板

留言板是一种有针对性地发布信息的场所，用户可以在此留言，留言内容将直接传送给留言对象。留言板与电子公告的区别是：留言板的时效性比电子公告强；与电子邮件的区别是：留言板一般要求接收者及时处理，不能拖延；与电子公文的区别是：留言板不是一种正规的公文，留言格式不受任何限制。留言板与其他所有电子信息方式的最大区别是：留言板将建立起接收人的一个待办事宜，在被接收人阅读前，留言板内容将作为个人事务的未办工作等待用户处理。

- **发布范围**：OA 系统。
- **使用权限**：所有能登录 OA 系统的人员都能创建和阅读留言，但只能删除自己发布的留言。系统管理员具有删除所有留言的权限。

1. 阅读操作

（1）当用户接收到留言时，其登录的个人主页右侧"待办事宜"栏以及"留言板"将滚动显示留言内容，单击"待办事宜"栏显示的留言内容，将进入留言板阅读窗口，阅读后，"待办事宜"栏的留言将消失，但留言板中的内容仍保留，直到被删除为止。如图 2-69 所示，"待办事宜"栏显示两个留言，留言板中显示三个留言，表明有一个留言已被处理。

图 2-69　个人主页中的留言

（2）选择"公共办公"|"留言板"|"已发布"命令，进入留言板视窗，如图 2-70 所示，右侧窗口显示出留言板主题列表。单击【上一页】、【下一页】按钮，可上下翻页；单击【预览】按钮，可在当前窗口下半部分阅读选中的留言；单击【查询】按钮，可按主

题或作者查找留言。双击选中的留言板主题，将全屏阅读留言板内容。

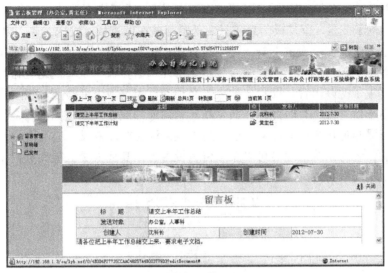

图 2-70　留言板视窗

2. 新建留言板

（1）选择"公共办公"|"留言板"|"草稿箱"命令，进入留言板视窗。单击【新建留言板】按钮，弹出"留言板"窗口，如图 2-71 所示。留言板的属性包括标题、发送对象、创建人、创建时间和正文。其中，创建人、创建时间由系统自动填写，发送对象可从弹出的列表中选择整个单位、某个部门或某些人员，标题与正文由作者填写。正文的编写支持各种排版操作，可插入图片，并可添加附件。

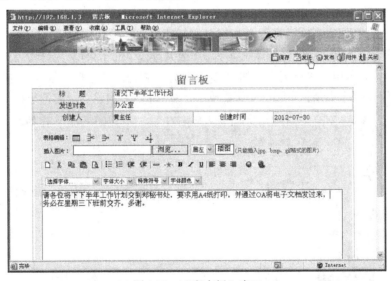

图 2-71　"留言板"窗口

（2）在图 2-71 中单击【保存】按钮，可将当前内容临时保存起来，以备往后重新修改发布。

单击【发布】按钮，留言板信息将在整个 OA 系统上发布，所有登录 OA 系统的人员都可以在个人主页的"留言板"栏中看到这些留言板主题。留言板的发布不产生任何待办事宜。

单击【发送】按钮，留言板信息将只发送给那些在留言板"发送对象"中指定的人员，这些人员登录系统后，个人主页的"待办事宜"栏以及"留言板"栏将显示留言板主题，其他人员则看不到任何信息，但系统管理员仍可在"留言板"栏看到这些留言板主题。留言板的发送产生了待办事宜，即指定的人员必须阅读留言板，并按留言板要求进行操作，不得有误。由于留言板具有时效性，故常用作紧急通知或涉及面较大的重要信息的发布，它不需像流程那样走几个环节，但可以收到类似流程的办理效果。

留言板的作者与系统管理员可以删除留言板内容，其他人员只能阅读，不能删除，否则系统将弹出相关出错信息，如图 2-72 所示。

图 2-72　出错信息

2.2.10　电子论坛

电子论坛是在 OA 上实现的一个动态的、即时的公共交流园地。OA 用户可以在论坛上实时地就某个问题进行沟通与讨论，亦相当于互联网的 BBS。

- **使用范围**：OA 系统内部。
- **使用权限**：所有能登录 OA 系统的人员都能发起一个新论坛和加入到一个论坛的讨论。

电子论坛的主要功能包括设置个人信息、新建论坛主题和回复。

默认情况下，"电子论坛"是导航菜单项"公共办公"的子菜单。选择"公共办公"|"电子论坛"命令，进入电子论坛视窗，如图 2-73 所示，视窗左侧包括"行政管理"、"生活频道"、"草稿"和"个人信息"四个操作菜单，分别用于参与讨论、发起论坛和设置个人信息。

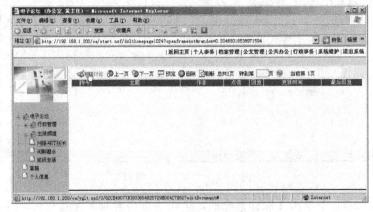

图 2-73　电子论坛视窗

1. 设置个人信息

（1）选择"个人信息"命令，弹出"个人信息设定"窗口，如图 2-74（a）所示。其中，用户昵称、部门、岗位、签名档可根据个人爱好进行填写，单击【附件】按钮，通过"浏览"、"粘贴"、"上传"三个步骤，再单击【保存】按钮，可将个人照片加入到个人信息中，如图 2-74（b）所示。

　　（a）个人信息设定之一　　　　　　　　　（b）个人信息设定之二

图 2-74　"个人信息设定"窗口

（2）单击【关闭】按钮，返回到电子论坛视窗，单击【刷新】按钮，屏幕列出新录入的信息，如图 2-75 所示。这些个人信息将在发布的论坛窗中显现出来。

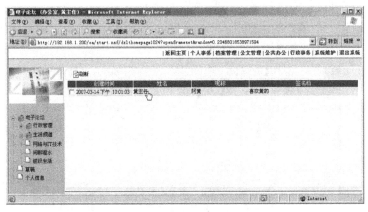

图 2-75　个人信息列表

2. 新建论坛

新建论坛就是在论坛的某个分类中新建一个讨论主题，也称为发新帖，新建主题的作者被称为"楼主"。

选择视窗左侧的"草稿"命令，再单击新窗口中的【新建讨论】按钮，弹出内部论坛视窗，如图 2-76 所示。

一条论坛包括的属性有主题、所属版块、正文、图片、附件、心情图案、作者和创建时间等。其中，作者和创建时间由系统自动生成；主题、所属版块、正文、图片、附件、心情图案则根据需要选择填写，一般情况下主题、所属版块、正文都应该填写。

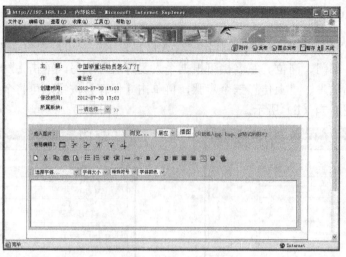

图 2-76　内部论坛视窗

- **主题**：主题的命名应简明扼要，富有吸引力。
- **所属版块**：论坛频道和分类名称是 OA 系统在设计时已设置好的内容，不能由用户修改。但用户可以选择合适的论坛频道和恰当的话题分类，使主题的讨论更快速传播。
- **正文**：正文是作者主要观点的表达，用词造句应有理、有节，表现出作者的综合素养。可以对正文进行各种排版操作。

图 2-77 所示为一个填好的主题帖，单击【发布】按钮，将以真实作者名发布；单击【匿名发布】按钮，论坛将隐去作者个人信息。

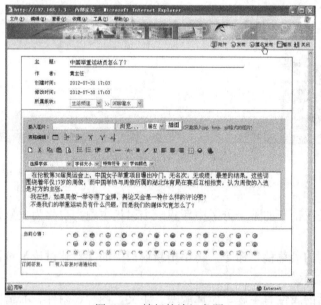

图 2-77　填好的论坛主题

图 2-78 所示为匿名发布一条新主题帖后窗口的显示。

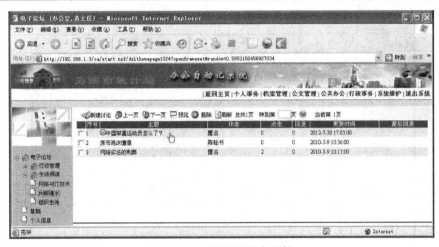

图 2-78　已发布的新主题帖

3. 参与论坛

参与论坛就是选择一个讨论主题，通过阅读，发表对这一主题的见解或对其他意见的评论，这一过程也叫做跟帖。

在论坛视窗中，单击所选的频道和分类，右侧窗口将分页显示论坛里的帖子，每页最多显示 25 条，单击【上一页】、【下一页】按钮可以上下翻页，在"转到第"文本框中输入页码数字，再单击 GO 按钮，可直接跳转到想要到的页面。

如图 2-78 所示，选择了"生活频道"的"闲聊灌水"分类，双击主题"中国举重运动员怎么了？"，弹出如图 2-79 所示的主帖窗口，其中可见发表人信息和主题原文。

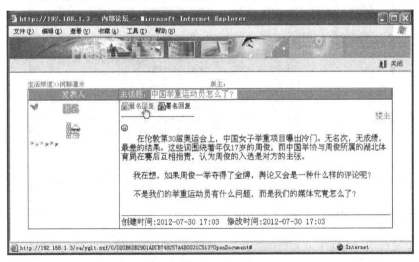

图 2-79　阅读主帖

在图 2-79 中单击【匿名回复】按钮，弹出如图 2-80 所示的回复窗口。在正文框内写上自己的见解，选择一个心情图案，单击【发布】按钮，即完成回帖。

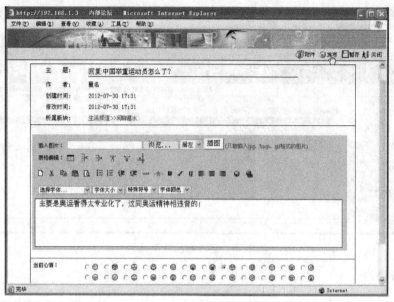

图 2-80　回复窗口

图 2-81 所示是主帖与两个跟帖的内容。值得注意的是，对于已发布的论坛主题，只有作者本人可以将其删除，其他用户只能阅读和跟帖，不能将其删除。

图 2-81　主帖与跟帖

电子论坛是 OA 系统上的公共舆论交流场所，在电子论坛上发表意见时不受任意限制，因此，每一个进入电子论坛的用户都必须对自己的言论负责，要互敬互重，不要发表侮辱、伤害他人的言辞，更不能散布对部门、单位、社会不利的信息。

2.3 项 目 实 施

本项目的实施由三个实训任务组成，任务 1 在模拟的 OA 系统平台上完成 OA 系统管理与维护工作，任务 2 在模拟的 OA 系统平台上熟悉 OA 的个人电子办公工作，任务 3 在模拟的 OA 系统平台上完成 OA 系统的电子信息共享各项发布工作。

2.3.1 任务 1 OA 系统管理

1. 实训要求

本实训任务的目的是通过操作模拟 OA 系统平台"海滨市统计局办公自动化系统"了解并掌握政府 OA 系统的内部管理工作。

2. 实训步骤

（1）分配角色，全班同学每人与海滨市统计局的一位公务员对应，海滨市统计局的部门定义与人员定义见附录 B，角色分配后，每个角色都要熟悉自己所在部门的职责及部门的所有人员。向 OA 系统管理人员取得各个角色的登录密码。

（2）以所担任角色的个人身份登录 OA 系统，熟悉 OA 系统的五大区域。

- A 区：OA 系统的 LOGO 信息。
- B 区：OA 系统的主菜单。
- C 区：信息栏。
- D 区：新闻动态信息。
- E 区：综合栏。

（3）以海滨市统计局 OA 系统管理员 admin 身份登录 OA 系统窗口。

（4）完成定义"科长"群组、"科员"群组和"全体人员"群组等操作。

（5）设置办公室主任与副主任具有"系统设置"、"会议管理"、"新闻动态"发布的权限。

（6）查看系统设置的其他功能，完成"网站设置"及"领导信箱设置"。

（7）通过"菜单设置"功能改变所有用户公共菜单的设置。

（8）从网上搜索下载 FTP 服务器，并进行安装，熟悉该 FTP 服务器用户的设置，设置一个匿名用户。启动 FTP 服务器，并以匿名用户登录该服务器。

（9）以 Windows Server 2003 IIS 的 FTP 服务器作为 OA 系统的文件服务器，应怎样进行设置？如何启动该服务？

2.3.2 任务 2 个人电子办公

1. 实训要求

本实训任务的目的是通过操作模拟 OA 系统平台——"海滨市统计局办公自动化系统"

了解并掌握政府 OA 系统的个人电子办公操作。

2. 实训步骤

（1）以海滨市统计局某部门工作人员身份登录 OA 系统窗口，熟悉 OA 系统主界面的五大区域。

（2）修改个人的登录密码并重新登录。

（3）起草一份电子邮件，主题与内容自定，发给本课程实训指导老师并抄送给本部门的所有成员。要求附上一个不大的附件。

（4）根据自己的实际情况，制作一个星期的日程安排。

（5）与本部门的成员合作，建立公务授权关系，授权一个星期。

（6）创建包含本部门人员信息的地址簿。

（7）根据需要设置个人的导航栏菜单，每个导航栏至少设置两个子菜单。

2.3.3　任务3　电子信息共享

1. 实训要求

本实训任务的目的是通过操作模拟 OA 系统平台——"海滨市统计局办公自动化系统"了解并掌握政府 OA 系统的内部信息发布操作。

2. 实训步骤

（1）以海滨市统计局某部门工作人员身份登录 OA 系统窗口。

（2）撰写一份关于放假通知的公告，并在 OA 系统上发布。

（3）发布一条"新闻动态"，要求是首页新闻，配新闻图片。

（4）在电子论坛的生活频道发布一份论坛主题，并以署名方式回复一封其他同事的主题。

（5）写一份留言发给你自己所在的部门其他人员，也发给 admin/HBTJ，注明你的班次与学号。要求以"发送"与"发布"两种方式进行，比较操作结果的区别。

（6）撰写一篇文章发表在"工作简报"上，题材自定。

（7）为所在部门撰写一份规章制度并发布。

2.4　项　目　小　结

本项目以南方省海滨市统计局的电子政务内网——办公自动化系统作为应用案例，介绍了 Lotus Notes 开发平台，及基于此平台的"求迅办公自动化系统 2.0"软件的安装、配置与基本使用方法。

OA 系统软件相对于其他管理软件更为复杂、多变，通用性较差，个性较突出。目前，政府部门使用的 OA 系统软件没有统一的版本，软件的风格也因开发商采用开发工具与平台的不同而差别较大。OA 软件主要有三大类：基于 Lotus Notes 的 OA、基于 J2EE 的 OA 及基于 ASP.NET 的 OA。

　　电子公共信息就是指公共信息以电子文档的形式出现，是电子化了的信息，公共信息的内容包括行政信息和一般信息。电子信息的发布、共享与管理是 OA 系统软件的主要功能，也是重要功能之一。

　　对 OA 系统管理员来说，除了掌握系统安装及系统管理与维护包括部门、岗位及其人员的定义、群组定义、角色定义、操作权限设置等诸如此类基本操作及日常管理工作外，还要担负着推动本单位办公自动化应用向高层次、纵深发展的责任，要做好宣传尤其是单位主要领导的宣传工作，使单位的信息化得到领导重视，及时解决出现的问题，从而推动信息不断发展。

　　对 OA 系统的普通用户，也就是单位的工作人员，首先要认识办公自动化在政府信息化过程中的重要性，自觉地在日常工作中使用办公自动化系统，掌握办公自动化系统的各种操作要求和使用技巧。真正掌握个人电子办公和电子信息共享操作，包括内部电子邮件、日程安排、个人文档、地址簿管理、待办工作、个人设置，电子公告、电子论坛、新闻动态、留言板等基本内容。

习　题

一、选择题

1. 个人电子办公主要包括电子邮件、日程安排、个人设置及_____。
　　A. 事务处理　　　　　　　　　　B. 发文操作
　　C. 待办工作处理　　　　　　　　D. 电子档案操作
2. 办公自动化系统所依赖的基本操作系统软件是_____。
　　A. Office 2003　　　　　　　　B. Foxpro
　　C. Windows、Linux　　　　　　D. VB、VC
3. 内部邮件与外部邮件不同之处表现在_____。
　　A. 收件箱不同　　　　　　　　　B. 写邮件界面不同
　　C. 内部邮件只能发送给系统内部人员　　D. 未读邮件不同
4. 下面关于求迅 OA 系统 2.0 "写邮件"操作中不正确的说法是_____。
　　A. 附件最多可以添加 8 个
　　B. 可通过【地址列表】按钮选择主送人
　　C. 邮件可发送到新浪网的免费邮箱
　　D. 可在"主送"栏直接输入系统内的收件人
5. 下面关于公务授权操作中不正确的说法是_____。
　　A. 用户可以将自己的管理权限临时授权给其他人
　　B. 公务授权操作后，流程中与授权人相关的节点将由被授权人进行处理
　　C. 授权人只能在授权时间结束后才能取消授权操作
　　D. 授权人可随时取消授权操作
6. 下面关于待办工作中不正确的说法是_____。
　　A. 待办工作包括未办工作、在办工作和已办工作三种状态

    B．用户签收后，工作便会即时从"未办工作"转为"在办工作"

    C．用户提交后，工作便会即时从"在办工作"转为"已办工作"

    D．"未办工作"可自动转为"在办工作"

7．下面关于菜单设置操作中不正确的说法是_____。

    A．导航名称中"返回主页"、"个人事务"、"系统维护"、"退出系统"四项
       不能改变

    B．导航栏中导航名称可由用户改变

    C．导航栏中子菜单名称可由用户改变

    D．导航栏中用户只能从系统提供的名称中选取子菜单名称

8．下面关于日程安排操作中不正确的说法是_____。

    A．日程安排中的内容在"结束时间"前都会在日历视图中显示

    B．日程安排中的主题在"结束时间"前都会在日历视图中显示

    C．日程安排包括"到期安排"和"未来安排"两类

    D．日程安排中"提醒时间"不能在"结束时间"之后

9．下面关于新闻动态操作中不正确的说法是_____。

    A．能阅读新闻动态的用户就可以创建新闻动态

    B．管理员 admin 可以创建新闻动态

    C．首条新闻动态需要有内容简介

    D．首条新闻动态需要有图片

10．下面关于留言板操作中不正确的说法是_____。

    A．新建留言板发送后系统中所有用户就可以阅读

    B．新建留言板发送后系统中只有被指定用户可以阅读

    C．新建留言板发布后系统中所有用户就可以阅读

    D．新建留言板发布后系统中只有被指定用户可以阅读

二、问答题

1．求迅办公自动化系统主要有哪些管理功能？

2．求迅办公自动化系统的主页可以分为哪些区域？各显示什么内容？

3．以普通用户身份和系统管理员身份登录 OA 系统的区别在哪里？

4．能否用域名方式进入 OA 系统的登录界面？如果不行的话是什么原因？

5．OA 系统的电子邮件有哪些主要功能？它与外部邮件系统有何区别？

6．日程安排包括哪些属性？

7．公务授权的功能是什么？如何进行公务授权？

8．简述自定义导航菜单项及其子菜单的步骤。

9．电子公告的属性有哪些？

10．简述发布电子论坛的步骤。

11．新闻动态的属性有哪些？

12．如何创建一个留言板？留言板与其他公共信息有什么区别？

项目 3　电子公文管理

3.1　项　目　分　析

典型案例

电子公文与传统纸质公文相比，来无影去无踪，对它的处理人们期待更高的可靠性。首先，要达到痕迹保留的技术要求，计算机对进入公文处理自动化系统进行操作的所有人员的工作日期、对象和操作过程、拟稿和修改的内容进行全过程的跟踪和记录，并自动记录其修改痕迹。其次，要达到全程监控的技术要求，上级领导和有关人员通过计算机可以随时掌握流程中文秘人员的工作时间、修改内容，进行全过程监控和查询。再者，要达到安全保密的技术要求，电子公文处理系统应充分利用 Lotus Domino/Notes 平台提供的双密钥加密和多层权限控制，建立相对安全可靠的加密机制和权限控制。

海滨市统计局采用的"求迅办公自动化系统 2.0"软件满足对电子公文处理的可靠性要求。软件同时具有较强的流程自定义功能，支持对各种流程的待办名称定义、流程名称定义、流程步骤定义功能，尤其在电子公文管理流程中支持公文发文的套文模板定义，满足了政府电子公文内部流转的要求。

教学目标

本项目通过对"求迅办公自动化系统 2.0"软件的学习，掌握电子公文的管理操作，包括电子公文概念、公文管理流程、电子发文管理、发文流程实例、电子收文管理及电子档案管理。

3.2　相　关　知　识

电子公文（Electronic Official Document）是指电子化的正式公文。2003 年，国家档案局在颁布的《电子公文归档管理暂行办法》中指出：该办法所适用的电子公文系指"各地区、各部门通过由国务院办公厅统一配置的电子公文传输系统处理后形成的具有规范格式的公文的电子数据"。因此，电子公文是政府部门运用现代信息管理技术制发的、用以替代传统纸质公文的、数字形式的、具有规范格式的公文的电子数据，其目的是在政令传达过程中以电子公文取代纸质公文。

电子公文处理系统的设计要坚持高技术、智能化和便捷式的原则。就是电子公文处理系统设计应采用当代先进、适用的软件编辑技术和流程，并要充分考虑与计算机硬件系统的匹配、与电子政务其他运行系统的兼容；要实现材料采集、文字图像输入、格式生成、审核流程、传递发送、审批签名、整理归档、限时办理、来文提示、退文警示多节点、全过程的自动化；要本着电脑为人服务的思想来设计公文处理流程和操作方式。

3.2.1 电子公文概述

1. 电子公文定义

电子公文的概念，从不同的角度有多种表述。国家标准 GB/T 19667.1—2005《基于 XML 的电子公文格式规范》第 1 部分《总则》对电子公文的定义是："以数字形式存储于磁带、磁盘、光盘等载体，依赖计算机系统阅读、处理并可在通信网络上传输的公文。"这是一种比较通用的定义，是国家电子政务标准化组织为解决各电子政务系统之间互联互通、信息共享、业务协同等问题而制定的，注重的是信息系统之间的可交换性。

《电子公文文档一体化业务流程管理规范》对电子公文所包含元素的格式作了如表 3-1 所示的规定。电子公文的 XML 描述遵守国家标准化管理委员会制订的《基于 XML 的电子公文格式规范》。

表 3-1 电子公文基本描述信息

元　素	数据类型	说　明
发文字号	字符型（长度≤100）	公文的发文字号，应严格按照国标规定的形式进行记录
文件标题	字符型（长度≤192）	文件标题信息，应能准确反映公文内容
文种	字符型（长度≤10）	党政机关或其他机关公文的种类名称
主题词	字符型（长度≤100）	公文的主题词
发文机关（责任者）	字符型（长度≤100）	公文制发机关的规范性全称。联合行文时，包括主办机关和协办单位
主送机关	字符型（长度≤100）	公文的主送机关信息
抄送机关	字符型（长度≤100）	公文的抄送机关信息
签发人	字符型（长度≤20）	公文签发人
签发时间	字符型（长度≤20）	公文签发时间
公文密级	字符型	公文密级信息，公文的密级包括普通、绝密、机密
紧急程度	字符型	公文的紧急程度信息，公文的紧急程度包括特急、加急、急件、平件
保密期限	字符型	公文的保密期限信息
附件名称	字符型（长度≤260）	公文附件的名称信息
内容描述	字符型（长度≤500）	对公文内容的简要描述信息
页数	字符型	公文页数
控制标识	字符型	公文允许上因特网的控制标识

上述电子公文的基本描述规则在各级政府的各种正式行文中应得到遵守。

2. 电子公文管理

电子公文管理，遵循电子政务活动中产生的有价值的电子公文应归档的原则和归档电子公文应规范的原则，遵循电子公文全程管理和文档一体化管理原则，确保和有效维护电子公文的真实性、完整性、安全性和可识别性，确保归档电子公文得到科学保管和有效利用。

电子公文文档一体化要求电子公文形成、办理到归档、保管、利用等管理过程是连续的、不间断的，对电子公文的管理过程及其控制是全程的、预知的、可控的。

文档一体化管理保证电子公文内容的完整性、元数据等数据结构的一致性，保证从文书部门到档案部门的数据流畅通、完整。元数据（metadata）则是指描述电子公文数据属性的数据，包括文件的格式、编排结构、硬件和软件环境、文件处理软件、字处理和图形工具软件、字符集等数据。

电子公文文档一体化业务流程包括形成、办理、归档、保管、利用或销毁五大部分，形成发文管理、收文管理和档案管理三大块。图 3-1 所示是电子公文文档一体化业务流程简图。

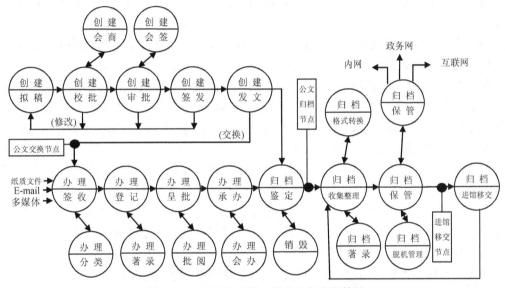

图 3-1　电子公文文档一体化业务流程简图

由图 3-1 可以看出，公文交换节点、公文归档节点和进馆移交节点是电子公文管理的三个关键点，涉及不同的办公系统（OA）之间、办公系统和档案室档案管理系统之间、档案室档案管理系统和档案馆档案管理系统之间的数据交换，直接影响电子公文全程管理的业务数据流是否畅通。发文管理经公文交换节点进入收文管理，收文管理经公文归档节点进入档案室档案管理。

电子公文管理中另一个重要问题就是公文留痕信息的管理。对于电子公文留痕信息的保留有两种类型，一种为保留电子公文的具体修改内容，即修改内容留痕；另一种为保留修改痕迹，即为留真信息。电子公文日志和留痕信息应做到真实、准确，便于核实。

OA 系统主要解决电子公文的发文管理、收文管理和档案管理，交换则以独立的交换系统完成。

3.2.2　公文管理流程

公文管理无论是对传统的纸介质还是 OA 中的电子公文都存在一定的操作规程，这些操作规程以工作流程的形式体现出来。

1.　工作流程概述

在 OA 系统中，发文管理、收文管理和档案管理等都以工作流程的方式进行。工作流程是指一个有始有终、工作状态存在多个环节、各环节可来回往复进行的全部过程。工作流程分固定流程与可变流程两类。

固定流程的特点是流程简单、确定，涉及人员较少，流程的各节点固定。对处理的对象有事先定义的、明确的处理程序，对象的处理必须经过这样的处理程序才能生效或合法，典型应用如各种申请的审批流程。

可变流程的特点是流程复杂、多变，涉及人员较多，流程的流向、各节点都可以发生变化，因此可变流程往往需要自行定义，也称为自定义流程。可变流程所涉及事务的处理程序事先不能或不能完全设定，必须在处理过程中根据处理对象的某些属性或其他因素来决定处理的流向，典型应用如收发文处理。

从工作流程的定义可以看出，一个流程的运转需要多人参与，共同协作才能完成整个工作任务。公文管理过程也同样具有这种特点，因此，公文管理适合以流程的方式在 OA 系统上进行。公文管理流程定义就是确定公文流转的各个环节，每个环节参与的人员，每人在相应环节的权限、责任与具体操作。

公文管理流程分发文流程和收文流程两种，一般都是自定义流程。传统的公文管理也是以流程的方式进行的，但传播工作流程的介质是可见的纸介质，而 OA 系统上的公文管理中，其传播工作流程的介质是不可见的电子信息，操作手段、方法与效果发生了根本的变化。公文管理流程的电子化优点非常明确，就是提高了公文处理效率，强化了公文处理标准，节约了公文处理成本；但电子化公文管理也提出了新的问题，如公文流转的安全问题，公文留痕信息的管理问题，这些问题在 OA 系统中正逐渐得到解决。

无论是公文管理流程还是其他可变的事务管理流程，在流程流转前都必须通过流程定义。在求迅办公自动化系统 2.0 中，这些定义都必须以系统管理员的身份登录才能完成。

2.　流程名称定义

流程名称定义用于定义主流程名称。

（1）系统管理员登录 OA 系统后，选择"系统维护"|"系统设置"|"流程设置"|"流程名称"命令，进入流程名称视窗，如图 3-2 所示。窗口右边显示已建立的流程名称列表，内容包括流程名称、创建时间。

（2）单击【新建流程名称】按钮，打开"流程名称表单"窗口，如图 3-3 所示。

（3）在"流程类型"文本框中输入"发文"，单击【保存并关闭】按钮返回。通过此方法可建立各种主流程的名称。

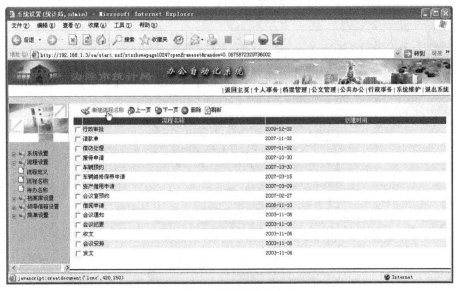

图 3-2　流程名称视窗

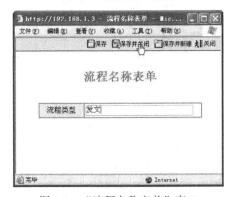

图 3-3　"流程名称表单"窗口

图 3-2 中列出了 12 个已定义好的流程名称,双击某个流程名称可以对其进行修改。选中某个流程名称,单击【删除】按钮可以删除选中的流程名称,单击【刷新】按钮则可以更新屏幕显示内容,及时将新建的流程名称显示出来。

3. 待办名称定义

待办名称在个人首页的"待办事宜"栏中滚动显示。

(1)系统管理员登录 OA 系统后,选择"系统维护"|"系统设置"|"流程设置"|"待办名称"命令,进入待办名称视窗,显示与图 3-2 相似的待办名称列表。单击【新建待办名称】按钮,打开"待办事宜域名对应表单"窗口,如图 3-4 所示。

(2)在"请选择类型"下拉列表框中输入主流程名称"发文",或者单击右边的下拉箭头,在弹出的"选择流程名称"对话框中选中"发文"单选按钮,如图 3-5 所示。

图 3-4 "待办事宜域名对应表单"窗口

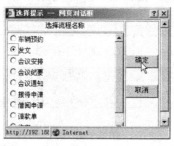

图 3-5 "选择流程名称"对话框

"待办事宜域名对应表单"窗口中还有下列属性：数据库路径、服务器名称、主题、拟稿单位、状态、编号、处理意见和预定时间。它们的含义介绍如下。

● **数据库路径**：表示数据库的库名，对应域名 db。
● **服务器名称**：表示当前 OA 系统服务器的名称，对应域名 server_name。
● **主题**：表示流程表单里主题的名称，发文表单里的发文主题对应域名 wjbt。
● **拟稿单位**：表示流程审批的拟稿单位，发文表单里的拟稿单位对应域名 ngdw。
● **状态**：表示审批流程的状态，对应域名 state。
● **编号、处理意见和预定时间**：一般情况为空。

上述属性中需要填写的是主题和拟稿单位，不同的主流程名其域名内容有所不同，如发文流程的主题域名为 wjbt，拟稿单位域名为 ngdw。其他属性一般情况下不用填写，默认状态即可。

在图 3-4 中填好各种属性，单击【保存并关闭】按钮返回，通过此方法可建立各种流程的待办名称。在待办名称视窗中同样可以对已建好的待办名称进行修改、删除等操作。

4. 套文模板定义

套文模板是指发文流程中公文最后成文时所套用的版式。套文模板在排版格式上应符合 GB/T 9704-1999 要求。套文模板定义的操作步骤说明如下：

（1）以系统管理员身份登录 OA 系统，选择"公文管理"|"发文管理"|"套文模板"命令，进入套文模板视窗。单击【新建套文模板】按钮，弹出"套文模板"窗口，如图 3-6 所示。

图 3-6　"套文模板"窗口

在套文模板的众多属性中，需要填写套文模板名称、序号、套文文件头和印发机构头四项，其他项目都已按国家标准要求设置好，没有特别需要则不要随意改动，以免影响发文格式的标准化。套文模板名称供流程中选择时使用。

（2）将可填的四项内容分别填写为"统计局发文"、"1"、"海滨市统计局文件"和"海滨市统计局"。单击【预览】按钮，在窗口下方显示套文预览结果，图中的"预览用标题名"、"正文内容"、"预览用主题词"、"预览用抄送名"及印发日期都将在套文操作时根据具体内容填入。单击【保存】按钮，系统保存该新建的模板，单击【关闭】按钮返回。

通过此方法可建立各种需要的套文模板。在套文模板视窗中，可以对已建好的套文模板进行修改、删除等操作。

3.2.3　发文流程定义

发文流程由许多步骤组成，一般包括拟稿、部门领导审稿、部门之间会签、秘书核稿、单位领导签发、办公室文件制作和归档等，这些步骤在流程中以节点的形式出现。发文系统要能做到审批痕迹保留、整稿、套红、电子盖章，并能提供办理日志等监控和查询功能。发文过程中，应允许从某一环节直接跳转到另外一个环节；发文系统应能满足多种类型的发文，每种类型可以定义统一的流程，也可以定义单独的流程；发文系统应无缝集成 Word

或 WPS Office，文件通过 Word 或 WPS Office 来拟稿和修改，最后定稿时，系统提供众多的 Word 或 WPS Office 模板来排版文件。

发文流程定义是指定义流程中的每个节点名称、流向、参加人员的部门和岗位、职责等，它是公文流程管理中最重要的内容，流程定义得合不合理直接关系到流程运行结果，从而影响整个单位的工作效率。下面介绍的"求迅办公自动化系统 2.0"发文流程定义操作也适合于收文流程和其他可变的事务性流程定义。

系统管理员登录 OA 系统后，选择"系统维护"|"系统设置"|"流程设置"|"流程定义"命令，进入流程定义视窗，如图 3-7 所示。

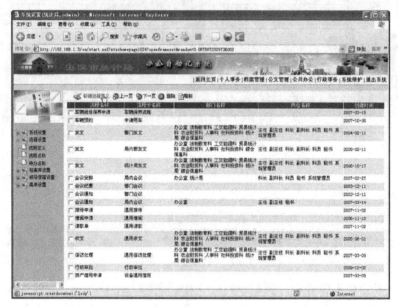

图 3-7　流程定义视窗

单击【新建流程定义】按钮，打开"流程定义"窗口，如图 3-8 所示。流程定义包括三部分：基本设置、流程设置和流程帮助。下面详细介绍这三部分操作。

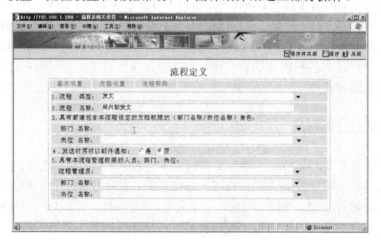

图 3-8　"流程定义"窗口

1. 基本设置

流程的基本设置包括流程类型、流程名称、具有新建包含本流程设定的文档权限的角色、发送时是否同时以邮件通知、具有本流程管理权限的角色等内容。

（1）流程类型

流程类型是指主流程名称。在流程类型中输入"发文"，或者单击右侧下拉箭头，从弹出的"选择流程名称"对话框中选中"发文"单选按钮。需要注意的是，所输入的名称一定要与选择对话框中列出的名称一致。

（2）流程名称

流程名称在此是指子流程名称。在"流程名称"文本框中输入一个子流程名称，如"局内部发文"。如果用户想在同一个流程中进行不同子流程审批，则只要选择子流程名称即可。例如，发文流程中定义有两个子流程：部门发文和局内部发文，新建发文时，界面会出现"发文流程"窗口，如图 3-9 所示，当用户选择好子流程名称，流程审批会自动走相应的路线。

图 3-9　"发文流程"窗口

（3）具有新建包含本流程设定的文档权限的角色

新建权限角色是指哪些部门及哪些岗位能够新建本流程。单击部门名称右侧下拉箭头，从弹出的对话框中选择一个部门或多个部门，单击岗位名称右侧的下拉箭头，从弹出的对话框中选择一个岗位或多个岗位，如图 3-10 和图 3-11 所示。若没有输入或选择就表示单位内所有部门都可新建该流程。如果同一流程中，流程需要分岗位角色进行审批，各用户在部门中担当不同的岗位角色。例如，两个定义好的发文流程，流程名称相同，部门名称也是相同的，只是岗位角色一个是部门领导，一个是普通干部，若用户是普通干部，该用户进行的发文流程系统就会自动选择普通干部的发文流程，岗位角色为部门领导的系统就会自动选择部门领导的发文流程。

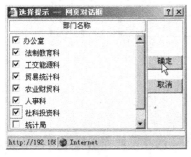

图 3-10　选择部门

图 3-11　选择岗位

（4）发送时是否同时以邮件通知

该栏是指如果流程需要在发送给用户审批的同时以邮件通知用户，则选中"是"单选按钮，反之选中"否"单选按钮。

（5）具有本流程管理权限的角色

管理权限角色是指哪些部门、哪些岗位、哪些人员能够管理本流程。若没有输入或选择就表示只有新建该流程的人员可以管理该流程；否则，应在具有本流程管理权限的人员、部门、岗位中选择相应的人员、部门及岗位，操作方法与（3）相同。图 3-12 所示是已填好的流程基本设置。

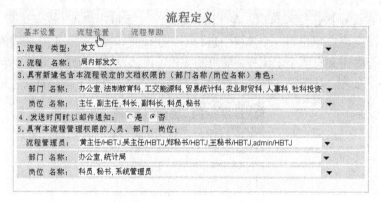

图 3-12 流程基本设置

2. 流程设置

流程设置是流程定义的核心部分。流程设置包括流程、人员、发送、控制、信息和权限六个部分。单击"流程定义"窗口中的【流程设置】按钮，进入如图 3-13 所示的"流程定义"窗口。

流程定义

图 3-13 "流程定义"窗口

（1）流程

流程中需要确定流程节点数、节点名称、后续节点及可操作选项内容，从而表示出流程审批的具体步骤。管理员可根据具体情况来定义流程的上述内容，例如流程只需要三个步骤就可以完成，那么节点数应定为 3。

下面预定义局内部发文流程的各流程步骤分别为起草、审核、签发、校对、套文、分发和存档，共七个步骤，该流程的节点数为 7，流程最后处理节点的后续节点为空或选择"结束"，如图 3-14 所示。

图 3-14　流程设置-流程

首先，按顺序输入完各节点名称；其次，根据具体情况选择它的后续节点，单击右侧下拉箭头，弹出如图 3-15 所示的"选择后续节点"，选择后续节点时可根据流程选择多个节点。最后，选中"可自循环"、"可写意见"、"可收回"及"可退回"栏中的单选按钮。

图 3-15　流程设置-流程-选择后续节点

图 3-14 中，"签发"节点设置了两个后续节点，分别为"起草"与"校对"。流程审批时，当"签发"步骤完成后，系统会出现选择流程后续节点的对话框，选择"起草"则表示文档签发不成功，被退回到第一节点，需要重新修改；选择"校对"则表示文档签发成功，所发文档进入"校对"节点。"可自循环"表示某节点的后续节点可以是该节点本身，该选项一般选中"否"单选按钮；"可写意见"表示该节点的操作人在提交时可以写上意见，该选项一般选中"是"单选按钮；"可收回"表示该节点提交后，该节点操作人

员可以在后续节点签收前，将本节点提交的文档收回，该选项一般选中"是"单选按钮；"可退回"表示本节点提交后可被后续节点退回，该选项一般选中"是"单选按钮。

（2）人员

人员设置是针对流程审批过程中，需要指定处理人而设计的。该设置需要确定某节点是否需要指定处理人，若不指定处理人则该节点的处理人由前一个节点操作人员提交时动态选择，若指定处理人则该节点只能由指定的人员处理，若指定处理人则还要确定是否单人处理。需要注意的是，流程的第一个步骤是不需要指定处理人的，因为新建流程文档为流程的第一个步骤，除了第一步，其他步骤都可指定处理人。单击"流程设置"界面中的【人员】按钮，进入"人员"设置操作界面，如图3-16所示。

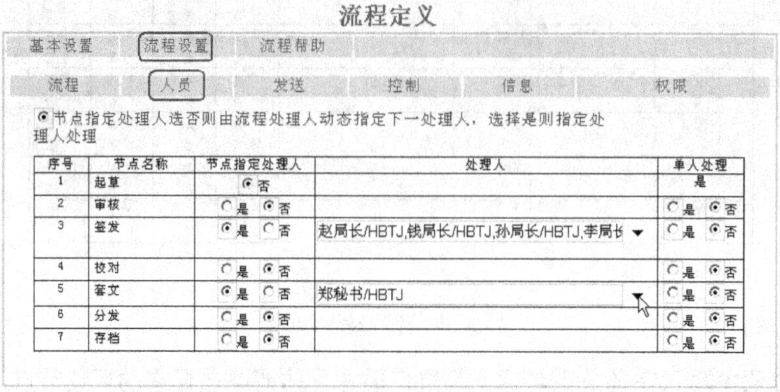

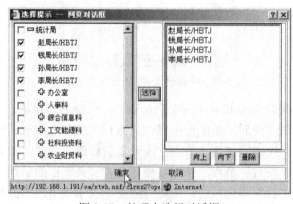

图3-16　流程设置-人员

在图3-16中，当选择"节点指定处理人"为"是"时，出现"处理人"文本框。单击右侧的下拉箭头后，弹出处理人选择对话框，如图3-17所示，当选择好处理人，单击【选择】按钮后处理人的名称会自动发送到对话框的右侧空白框中。功能条 [向上] [向下] [删除] 可对处理人的名称进行排序，根据多个处理人，而选择流程谁先谁后而制定的，处理人的文本框中，谁的名称在前，谁先审批，依此类推。对于"单人处理"选项，如果是多个指定处理人，则应选中"否"单选按钮。

图3-17　处理人选择对话框

（3）发送

发送设置是针对流程审批过程中，需要指定发送对象与方式而设计的。该设置需要确定某节点"下一流程发送方式"、发送"条件"、"处理意见"、"主送"对象和"抄送"对象。单击"流程设置"界面中的【发送】按钮，进入"发送"设置操作界面，如图 3-18 所示。

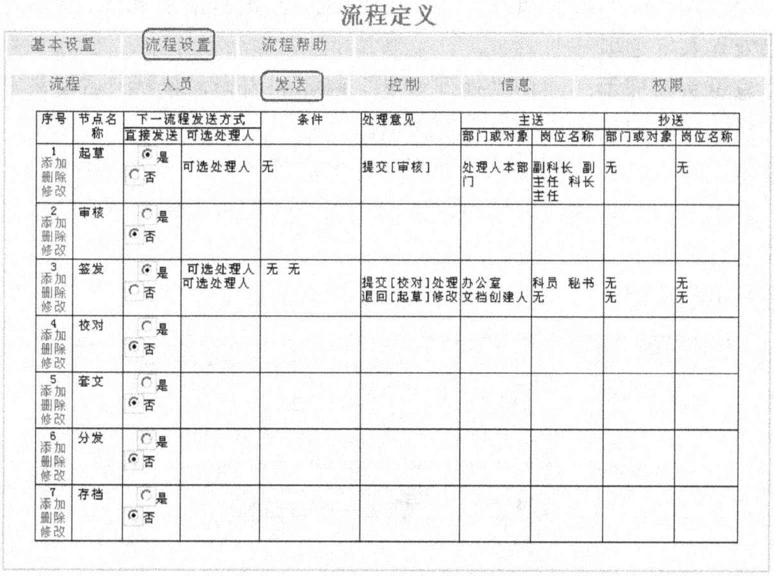

图 3-18　流程设置-发送

图 3-18 中每一节点序号下方都有三个功能按钮，分别为"添加"、"删除"和"修改"。流程审批过程中，当需要指定某一节点的发送方式时，可单击该节点序号下方的"添加"按钮，界面弹出"添加环节"窗口，如图 3-19 所示。单击【删除】按钮则可以删除"添加"的发送方式；单击【修改】按钮则可以修改"添加"的发送方式。

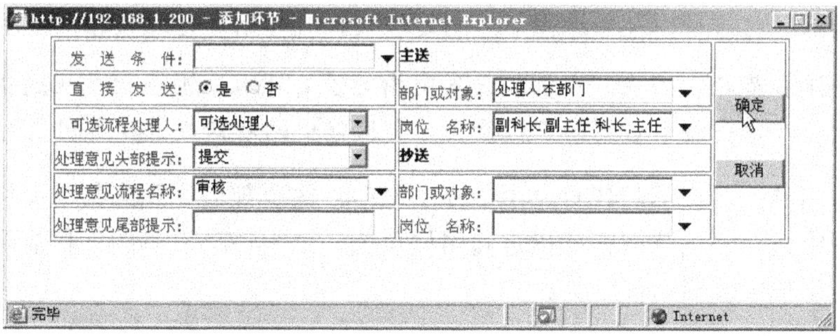

图 3-19　流程设置-发送-添加环节

添加环节窗口操作分为三部分："基本"、"主送"和"抄送"。

① "基本"项

"基本"项包括"发送条件"、"直接发送"、"可选流程处理人"、"处理意见头部提示"、"处理意见流程名称"和"处理意见尾部提示"等 6 项内容。

- **发送条件**：提供管理员选择发送的具体条件，单击该项右侧的下拉箭头，弹出"发送"窗口，如图 3-20 所示。
- **直接发送**：选择流程是否直接发送给处理对象，选择"是"将不用选择发送对象。
- **可选流程处理人**：包括"可选处理人"和"不可选处理人"两个选择。在流程审批中存在多个处理人时，应选择"可选处理人"选项；若在某一流程步骤指定了单一处理人，而"发送"时，选择发送的流程与流程的步骤名称相同就应选择"不可选处理人"选项。
- **处理意见头部提示**：加在"处理意见"前面的内容，包括"提交"与"退回"两个选择，一般默认选择"提交"选项。
- **处理意见流程名称**：处理意见中所选择的流程节点名称，单击该项右侧的下拉箭头，弹出节点名称选择对话框，根据从当前流程节点发送到哪一流程节点，选择相应的目标节点名称。
- **处理意见尾部提示**：加在"处理意见"后面的提示信息。

图 3-20　发送条件

② "主送"项

主送表示在流程过程中，用户能够对其收到的流程文档进行签收和处理。"主送"项包括"部门或对象"和"岗位名称"，应根据实际要求选择此项。

- **部门或对象**：部门是指文档创建人部门、处理人本部门、所有部门及单位某一部门名称；对象是指某一流程节点的处理人、流程指定处理人和上一流程处理人。

注意：对同一流程节点，若在"人员"设置中指定了处理人，则在此就应选择流程指定的处理人选。单击该项右侧的下拉箭头，可从弹出的对话框选择部门或对象。

- **岗位名称**：若在部门或对象中选择了部门，需要部门中担当某一岗位的角色进行流程审批，那么就应在此指定其岗位角色。单击该项右侧的下拉箭头，可从弹出的对话框中选择岗位名称。

③ "抄送"项

抄送表示用户收到的流程文档只能供其阅读查看，没有处理功能。"抄送"与"主送"的选择项目相同，操作方法一样。

（4）控制

控制设置主要针对发送方式的范围、形式和处理时间的控制处理。该设置需要确定某节点的"处理人员范围"、"并行或串行"、"多人处理时何时向下流转"、"限办时间"

等四项内容。单击"流程设置"界面中的【控制】按钮，进入"控制"设置操作界面，如图 3-21 所示。

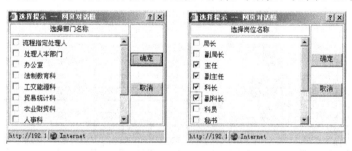

图 3-21 流程设置-控制

① 处理人员范围

处理人员范围由两部分组成，分别为部门和岗位。单击某节点对应的"部门"或"岗位"项右侧的下拉箭头，会出现选择部门对话框或岗位对话框，如图 3-22 所示。

图 3-22 部门及岗位选择对话框

部门对话框选项中主要由三大选项组成，分别为流程指定处理人、处理人本部门和单位各部门名称。流程指定处理人就是在"人员"中已经选择好的处理人；处理人本部门表示处理人所在的部门，该部门的所有人员都在选择下一流程节点的选择处理人对话框中出现供其选择；而各部门名称表示所在这些部门的人员都可成为处理人，如选择"办公室"就表示将属于"办公室"的人员变成处理人的选择名单。

岗位主要设置流程的岗位角色范围，表示该流程节点需要哪些岗位角色来处理，如果在同一流程节点的部门与岗位都选择好，那么选择的"部门"、"岗位"之间是"与"的关系。例如，在"部门"中选择"办公室"，在"岗位"中选择"主任"和"副主任"，那么就表示 "办公室"的"主任"和"副主任"成为节点处理人的选择名单。

② 并行或串行

"并行"表示处理顺序没有设定先后，谁先进入谁先处理；"串行"表示处理顺序有先后区别。若要求流程在某一流程节点，同一个部门中不分岗位角色的高低，可同时进行审批，则选择"并行"流转方式。若以"发文"流程中"签发"节点为例，"处理人范围"的部门设为"统计局"，岗位设为"局长"、"副局长"，为保证统计局的局长和副局长可同时不分先后进行签发处理，"签发"节点的流转方式应选择并行。

③ 多人处理时何时向下流转

顾名思义，该项设置是指当多个处理人处理同一个流程节点时，需要确定在什么时候流转到一个节点处理。它有两个选项："全部完成"和"一人完成"，"全部完成"是指所有处理人都提交后流程才往下流转，"一人完成"是指处理人当中只要有一人提交流程就流转到下一个节点。

④ 限办时限

该项设置规定节点处理时限，两个基本选择项是"小时"或"天数"。"时限"是指流程文档发送给用户处理，用户在他的待办事宜中未对该流程文档进行"签收处理"的最长时间，超过该时间，文档将不再在待办事宜中出现。

（5）信息

信息是指处理人看到的与节点相关的信息，包括四部分内容："节点帮助说明"、"意见栏名称"、"采用电子签名"和"意见栏位置"。单击"流程设置"界面中的【信息】按钮，进入"信息"设置操作界面，如图 3-23 所示。

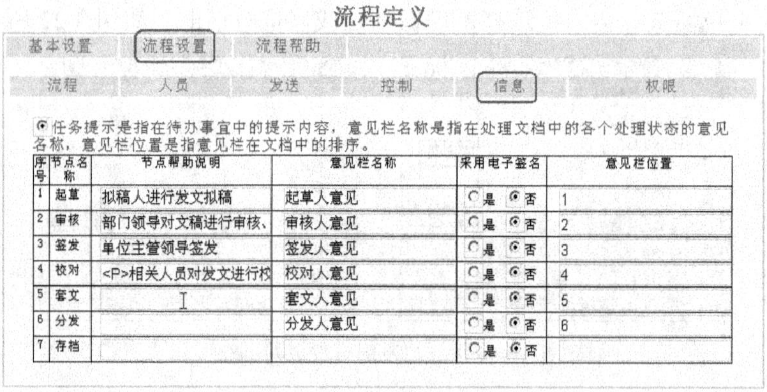

流程定义

图 3-23　流程设置-信息

① 节点帮助说明

节点帮助说明是指每个环节处理时的帮助说明提示。

② 意见栏名称

意见栏名称是指在处理流程中，各处理人提交时所填处理意见的栏目名称。该名称一般与节点名称相关，例如，对于"起草"节点，意见栏名称可取为"起草人意见"，依此类推。

③ 采用电子签名

采用电子签名是指是否需要在填写完处理意见后加上处理人自己的电子签名，对于一般的处理流程，此项可选中"否"单选按钮，若流程非常重要，各节点的操作保密要求高，则可选中"是"单选按钮。

④ 意见栏位置

意见栏位置是指意见栏在文档中的排列顺序。

注意：当填写完意见栏名称后，必须填写意见栏位置。

（6）权限

① 单击"流程设置"界面中的【权限】按钮，进入"权限"设置操作界面。该设置包括短信通知、打印控制、取消任务、指定工作暂停、工作重送、动态用户授权、禁止代理工作和编辑权限等 8 项，各项的含义明确。一般情况下，这些选项都采用系统的默认设置，对"编辑权限"则可以作适当的调整。

② 对"起草"、"审核"、"签发"、"校对"4 个节点设置了编辑权限，其他则没有设置编辑权限，如图 3-24 所示。

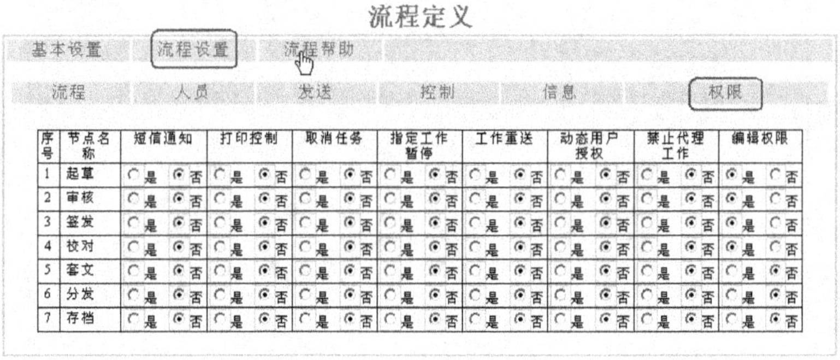

图 3-24　流程设置-权限

3．流程帮助

该功能是管理员设置完流程后编写的帮助文档，用户在进行流程处理时可参考帮助了解流程详细的操作方法。

（1）单击"流程定义"窗口中的【流程帮助】按钮，进入如图 3-25 所示的"流程帮助"界面，在文本框中即可输入相关的帮助信息。可插入图片，可对文本框中的内容进行各种排版操作。

（2）单击Ⓦ按钮，可进入 Word 软件对帮助文本进行复杂的编辑。单击右上角的【保存】按钮可临时保存编辑的内容，单击【保存并关闭】按钮返回到图 3-7 所示的流程定义视窗。至此，发文流程定义操作全部结束。

图 3-7 所示的流程定义视窗中列出了各种流程，双击某个流程名称可重新打开"流程定义"窗口，如图 3-26 所示，单击【编辑】按钮可以对流程定义的内容进行修改。选中某个流程名称，单击【删除】按钮可以删除选中的流程定义，单击【刷新】按钮则可以更新屏幕显示内容，及时将新建的流程定义显示出来。

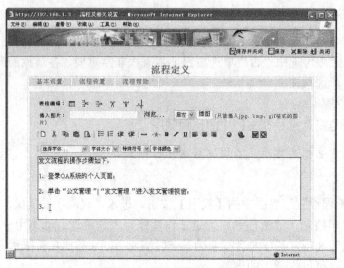

图 3-25 "流程帮助"界面

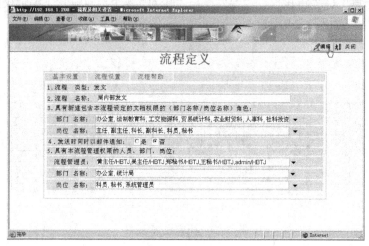

图 3-26 流程定义修改

3.2.4 收文流程定义

收文包括对来文（纸质或电子来文）进行登记、拟办、批示、办理、传阅、入档等环节，收文管理提供流程监控、查询、统计、退回、督办等监督管理手段来保障收文流程顺利进行。

收文系统是 OA 系统的常用功能，主要是将外单位或上级单位的来文送给本单位各部门传阅。一般来讲，收文系统的流程可能较复杂，但对文件的处理会比较简单，与发文系统相比，收文系统的流程定义也相对简单。

收文流程定义是指定义收文流程中的每个节点名称、流向、参加人员的部门和岗位、职责等，它是收文流程管理中最重要的内容。收文流程定义的操作方法与发文流程定义的操作方法相同：

　　系统管理员登录 OA 系统后，选择"系统维护"|"系统设置"|"流程设置"|"流程定义"命令，进入流程定义视窗，单击【新建流程定义】按钮，打开"流程定义"窗口，接着对"基本设置"、"流程设置"和"流程帮助"进行操作。设收文流程的子流程是"通用收文"，包含六个节点分别是收文登记、拟办、局领导批示、承办、收文分发和归档，图 3-27～图 3-33 是相应的操作窗口，详细操作过程可参考发文定义。

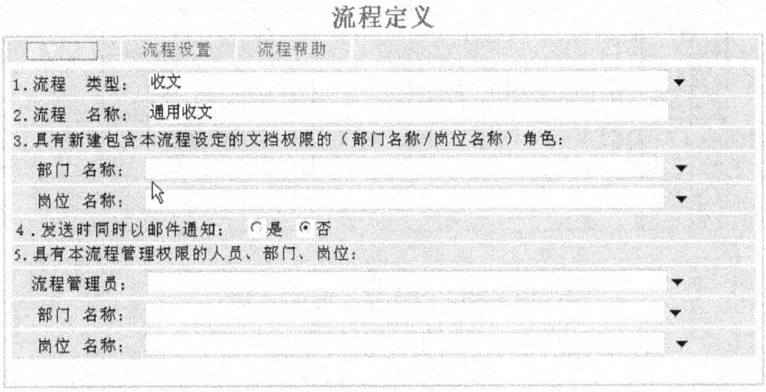

图 3-27　收文流程基本设置

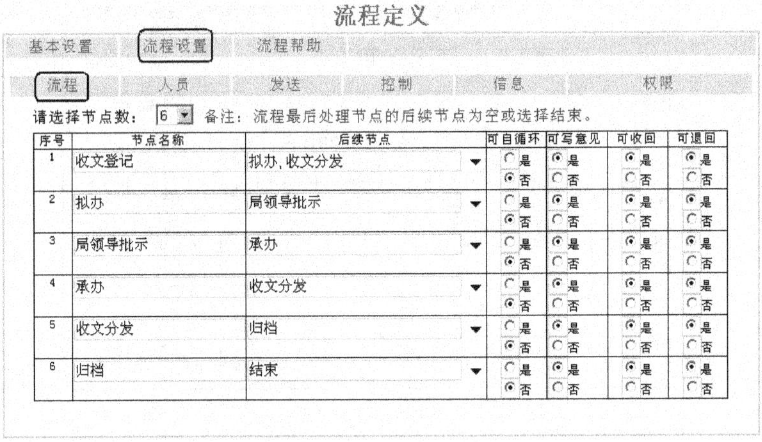

图 3-28　收文流程设置-流程

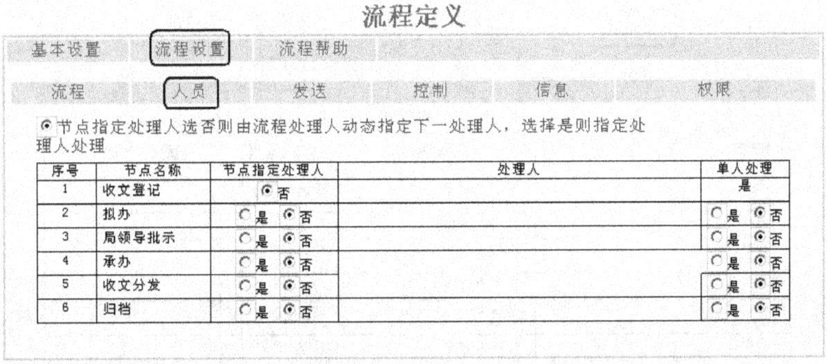

图 3-29　收文流程设置-人员

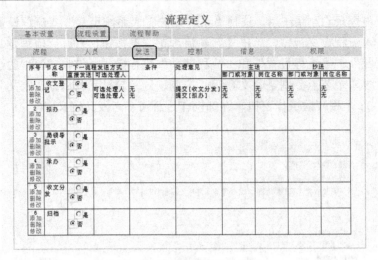

流程定义

基本设置 | 流程设置 | 流程帮助

流程 | 人员 | 发送 | 控制 | 信息 | 权限

序号	节点名称	下一流程发送方式		条件	处理意见	主送		抄送	
		直接发送	可选处理人			部门或对象	岗位名称	部门或对象	岗位名称
1 添加 删除 修改	收文登记	⊙是 ○否	可选处理人 可选处理人	无 无	提交[收文分发] 提交[拟办]	无 无	无 无	无 无	无 无
2 添加 删除 修改	拟办	○是 ⊙否							
3 添加 删除 修改	局领导批示	○是 ⊙否							
4 添加 删除 修改	承办	○是 ⊙否							
5 添加 删除 修改	收文分发	○是 ⊙否							
6 添加 删除 修改	归档	○是 ⊙否							

图 3-30　收文流程设置-发送

流程定义

基本设置 | 流程设置 | 流程帮助

流程 | 人员 | 发送 | 控制 | 信息 | 权限

⊙限办时限有按天数和小时两种解释方式

序号	节点名称	处理人员范围		并行或串行	多人处理时间时向下流转	限办时限：⊙天数 ○小时 总时间：
		部门	岗位			
1	收文登记			⊙并行 ○串行	⊙一人完成时	2
2	拟办	处理人本部门	主任,副主任,科长,副科长	⊙并行 ○串行	⊙全部完成时 ○一人完成时	2
3	局领导批示	审计局	局长,副局长	⊙并行 ○串行	⊙全部完成时 ○一人完成时	2
4	承办	处理人本部门	主任	⊙并行 ○串行	⊙全部完成时 ○一人完成时	2
5	收文分发	处理人本部门	科员,秘书	⊙并行 ○串行	⊙全部完成时 ○一人完成时	2
6	归档	处理人本部门	科员,秘书	⊙并行 ○串行	⊙全部完成时 ○一人完成时	2

图 3-31　收文流程设置-控制

流程定义

基本设置 | 流程设置 | 流程帮助

流程 | 人员 | 发送 | 控制 | 信息 | 权限

⊙任务提示是指在待办事宜中的提示内容，意见栏名称是指在处理文档中的各个处理状态的意见名称，意见栏位置是指意见栏在文档中的排序。

序号	节点名称	节点帮助说明	意见栏名称	采用电子签名	意见栏位置
1	收文登记		登记人意见	○是 ⊙否	1
2	拟办		拟办人意见	○是 ⊙否	2
3	局领导批示		局领导批示	○是 ⊙否	3
4	承办		承办人意见	○是 ⊙否	4
5	收文分发		分发人意见	○是 ⊙否	5
6	归档		归档人意见	○是 ⊙否	6

图 3-32　收文流程设置-信息

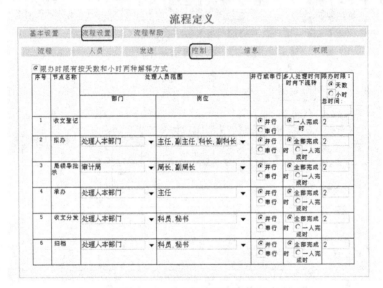

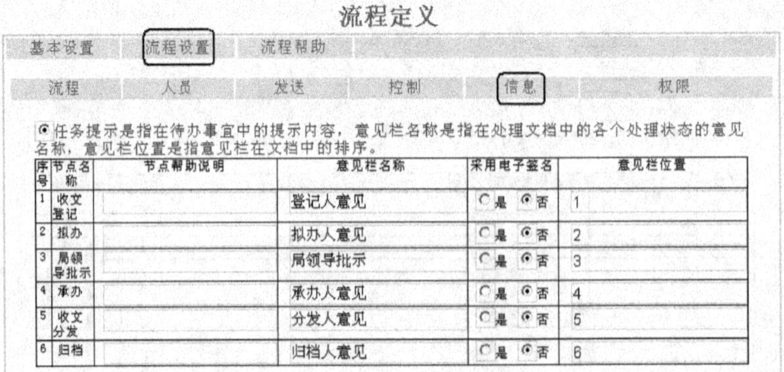

流程定义

基本设置	流程设置	流程帮助

流程	人员	发送	控制	信息	权限

序号	节点名称	短信通知	打印控制	取消任务	指定工作暂停	工作重送	动态用户授权	禁止代理工作	编辑权限
1	收文登记	○是 ⊙否	○是 ⊙否	○是 ⊙否	○是 ⊙否	○是 ⊙否	○是 ⊙否	○是 ⊙否	⊙是 ○否
2	拟办	○是 ⊙否	○是 ⊙否	○是 ⊙否	○是 ⊙否	○是 ⊙否	○是 ⊙否	○是 ⊙否	○是 ⊙否
3	局领导批示	○是 ⊙否	○是 ⊙否	○是 ⊙否	○是 ⊙否	○是 ⊙否	○是 ⊙否	○是 ⊙否	○是 ⊙否
4	承办	○是 ⊙否	○是 ⊙否	○是 ⊙否	○是 ⊙否	○是 ⊙否	○是 ⊙否	○是 ⊙否	○是 ⊙否
5	收文分发	○是 ⊙否	○是 ⊙否	○是 ⊙否	○是 ⊙否	○是 ⊙否	○是 ⊙否	○是 ⊙否	○是 ⊙否
6	归档	○是 ⊙否	○是 ⊙否	○是 ⊙否	○是 ⊙否	○是 ⊙否	○是 ⊙否	○是 ⊙否	○是 ⊙否

图 3-33　收文流程设置-权限

3.2.5　电子发文管理

电子发文管理是指对一个文件从起草开始一直到归档的整个流程进行监控、查询、统计、退回、督办等监督管理，保障发文流程顺利进行，发文管理是 OA 系统的基本功能。一份发文在其生命周期中存在三种状态，即起草状态、办理状态和正式发文状态，发文管理的各种操作使发文从一种状态转换到另一种状态。

1. 发文操作

用户登录 OA 系统后，选择"公文管理"|"发文管理"命令，进入发文管理视窗，如图 3-34 所示，发文管理分为在办发文、异常发文和发文归档三种形式。

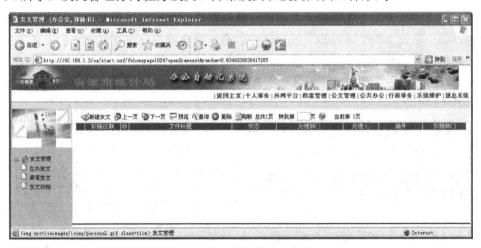

图 3-34　发文管理视窗

在办发文是指正在操作的发文，"在办发文"窗口具有【新建发文】、【预览】、【查询】、【删除】、【刷新】等按钮，显示发文的项目包括拟稿日期、文件标题、状态、处理部门、处理人、编号和拟稿部门。普通用户可以在"在办发文"窗口新建发文，对处于"起草状态"和"办理状态"的发文可进行修改、删除等操作。单击【刷新】按钮则可以更新屏幕显示内容，及时将新建的发文显示出来。

异常发文是指发文在申请提交处理过程中，申请被"取消"或"暂停"等异常情况的记录，这部分内容只有有权限的用户才能看见，用户可以根据情况单击异常申请文档恢复申请流程处理。

发文归档是指已正式发文的文件，如图 3-35 所示，该窗口主要用于阅读已有的正式发文。单击【预览】按钮可在窗口下半部分预览文件的内容，双击选中的文件标题可全屏阅读，单击【上一页】、【下一页】按钮，则可将未显示的文件标题显示出来。

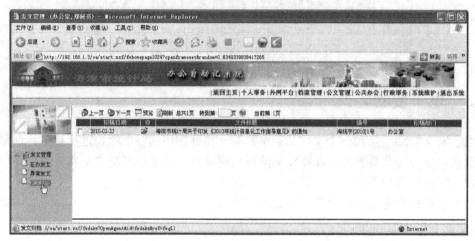

图 3-35　发文管理-"发文归档"窗口

2. 发文草稿

新建发文是一份发文在生命周期中的开始，在"在办发文"窗口中单击【新建发文】按钮将启动一份发文的生命航程。需要注意的是，新建发文只有在保存之后，其生命才真正开始，在保存之前单击【关闭】按钮，则该发文稿纸被放弃。

新建发文保存后，在提交下一环节前将以"起草"的状态出现在"在办发文"窗口中，如图 3-36 所示。

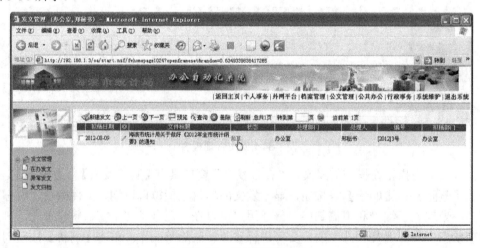

图 3-36　发文草稿状态

在实际操作中，起草发文是一项复杂的工作，起草人员需要做很多准备工作，包括阅读文件、理解会议精神、吃透领导讲话意图、调查研究、搜集素材以及对文件进行总体构思等。因此，发文的"起草"状态往往会维持较长时间。发文草稿的管理主要分两种，删除作废的草稿或编辑后使其流转，这些操作一般由具有权限的起草人完成。

3. 办理发文

在发文草稿提交之后、整个流程结束之前，该发文一直以"办理"状态出现在"在办发文"窗口中。不同的人员打开一份正在办理的发文，由于他们处在发文流程的不同节点上，操作的内容会有较大的差别，但有几个操作是相同的，分别是签收、退回、收回、流程跟踪、保存与提交等操作。

（1）签收

签收是指用户接收文档，进入当前节点的工作状态。用户登录 OA 系统首页后，当从待办事宜区域看到正等待用户办理的发文流程时，单击该项待办事宜可直接打开发文办理窗口，也可选择"公文管理"|"发文管理"命令进入发文管理视窗，在"在办发文"窗口中双击属于自己办理的文件标题打开办文窗口，如图 3-37 所示。

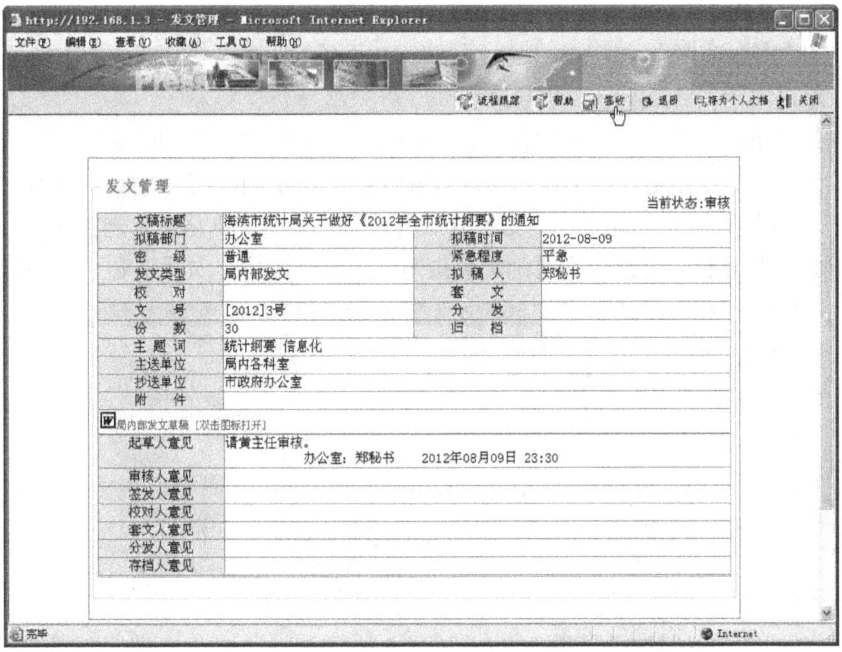

图 3-37　办文窗口

办文窗口的右上角有【签收】、【退回】、【流程跟踪】、【帮助】、【存为个人文档】和【关闭】等按钮，用户在签收前对文件内容不能作任何操作，因此，用户的第一步工作就是单击【签收】按钮，之后才能根据在流程中担当的角色对文件进行办理。

（2）退回

退回是指用户将当前文档退回给本流程的上一个节点提交人。在图 3-37 中单击【退回】按钮，弹出如图 3-38（a）所示的"请填写退回意见"窗口。在文本框中输入适当文字，单击【确定】按钮，系统将弹出一个"确认"信息框，再次单击【确定】按钮完成退回操作，如图3-38（b）所示。

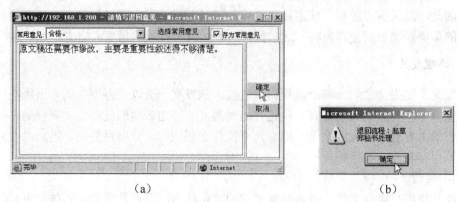

（a）　　　　　　　　　　　（b）

图 3-38　"请填写退回意见"窗口与"确认"信息框

执行退回操作后，文档重新回到上一节点所处的状态，若执行该操作的是起草提交后的第一人，则文档重新返回到"起草"状态。上一节点的原处理人将在"待办事宜"栏中看到一个退回处理通知，单击该通知，再次打开文档，单击【签收】按钮，可重新对文档进行编辑及提交操作。

（3）收回

收回操作是指在流程下一节点的处理人签收之前，文档的提交人收回该文档。当前处理人打开已提交的发文窗口，如图3-39所示。单击该窗口右上角的【收回】按钮，弹出如图3-40（a）所示的"请填写收回意见"窗口。在文本框中输入适当文字，单击【确定】按钮，系统将弹出一个"确认"信息框，再次单击【确定】按钮完成收回操作，如图3-40（b）所示。

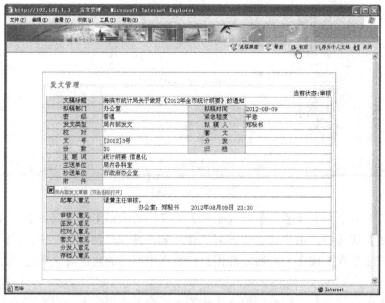

图 3-39　提交后的办文窗口

（a）　　　　　　　　　　　（b）

图 3-40 "请填写收回意见"窗口与"确认"信息框

文档被收回之后，该发文会从下一节点处理人的"待办事宜"栏中消失，同时会在该栏中出现一个回收通知，单击该通知，进入办文窗口，该窗口中没有【签收】按钮，用户只能看到该发文，不能对文档进行处理。

（4）流程跟踪

流程跟踪显示整个流程的流转情况，各节点名称、处理人、部门/岗位、办理时间、办理意见、主送与抄送人以及当前所处的状态。用户进入办文窗口，单击【流程跟踪】按钮即可显示结果，如图 3-41 所示为一完整的流程跟踪情况。

序号	环节名称	处理人	部门/岗位	办理时间	办理意见	主送	抄送
1	起草	王秘书	办公室/科员	2012-08-10 19:01	请黄主任审核该草稿，附件附上了《统计报表制度》，其它报表格式也正在制定中。	黄主任	
2	审核签收	黄主任	办公室/主任	2012-08-10 19:01			
3	审核	黄主任	办公室/主任	2012-08-10 19:43	已对发文进行修改，同意发文内容，请赵局长审批。	赵局长	
4	签发签收	赵局长	统计局/局长	2012-08-11 11:02			
5	签发	赵局长	统计局/局长	2012-08-11 11:11	同意印发，请吴主任定稿、编号。	吴主任	
6	校对签收	吴主任	办公室/副主任	2012-08-11 11:19			
7	校对	吴主任	办公室/副主任	2012-08-11 11:22	已校对定稿和编号，请冯秘书签文、打印。	冯秘书	
8	签文签收	冯秘书	办公室/科员	2012-08-11 11:27			
9	签文	冯秘书	办公室/科员	2012-08-11 12:06	签文已完成，并生成打印稿，请陈秘书分发。	陈秘书	
10	分发签收	陈秘书	办公室/科员	2012-08-13 10:16			
11	分发	陈秘书	办公室/科员	2012-08-13 11:00	文件已按相关规定完成分发，请郑秘书归档。	郑秘书	
12	存档签收	郑秘书	办公室/科员	2012-08-13 11:11			
13	存档	郑秘书	办公室/科员	2012-08-13 11:17	已完成归档。		

图 3-41 流程跟踪

（5）保存

保存是指将当前节点窗口正在撰写的正文、添加的附件及编辑的内容保存起来，以便以后继续在本节点窗口内工作。

（6）提交

提交是指结束当前节点工作，将流程推进到下一节点。常常需要在意见栏内填写该节点的意见，并选择下一节点的流向。

4. 正式发文

发文流程全部结束后，文档进入正式发文状态。处于正式发文状态的文档只能阅读，不能作任何修改。

（1）选择"公文管理"|"正式发文"|"已发布"命令，进入正式发文管理视窗，如图 3-42 所示，右边窗口显示已正式发布的文件列表，由于阅读正式发文需要具有一定的权限，因此，窗口显示的只是该用户具有阅读权限的正式发文。

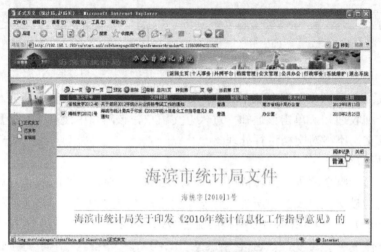

图 3-42　正式发文管理视窗

（2）双击某条正式发文记录，进入该文件的阅读窗口，如图 3-43 所示，单击窗口右上角的【阅读记录】按钮可查看已阅读该文件的人员名单。对于其他正式发文可通过档案借阅申请来获取可阅读的电子文本或打印件。

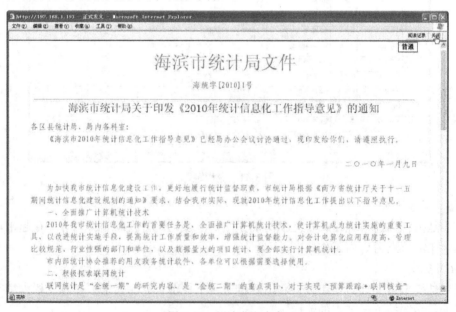

图 3-43　阅读发文内容

（3）选择"公文管理"|"正式发文"|"草稿箱"命令进入发文草稿管理视窗，该窗口显示具有正式发文管理权限的用户在该窗口新建的发文草稿，该草稿不经过发文流程可直接发布。

3.2.6 发文流程实例

下面通过实例操作说明一个完整的发文流程。假设"海滨市统计局"要下发标题为《关于做好 2012 年人口变动、劳动力和群众安全感调查各项工作的通知》的文件，由办公室具体办理该发文，采用已定义的"局内部发文"流程。流程的流转步骤如图 3-44 所示。流程各节点的业务描述如表 3-2 所示。

图 3-44 发文流程步骤

表 3-2 流程节点的业务描述

步 骤	业 务 描 述	岗 位	人 员
起草	书写草稿、添加附件、提交给部门负责人审核	办公室秘书	王秘书
审核	修改草稿、填写审核意见	部门负责人	黄主任
签发	填写签发意见，对发文进行签发	局负责人	赵局长
校对	根据原件和流转意见，校对原文并进行编号	部门负责人	吴主任
套文	确认意见，按格式套文	办公室秘书	冯秘书
分发	将签发文件发送给相关单位和人员	办公室秘书	陈秘书
存档	将发文按分类集中归档到档案管理库中保存	办公室秘书	郑秘书

1. 起草

王秘书承担起草任务，通过一段时间的准备已用 Office Word 软件完成了初稿的编写。登录 OA 系统主页，选择"公文管理"|"发文管理"命令，进入发文管理视窗，在"在办发文"窗口中单击【新建发文】按钮，由于本系统为发文流程设置了多个子流程，故弹出图 3-9 所示的"发文流程"窗口，选中"局内部发文"单选按钮，单击【确定】按钮弹出"发文管理"窗口，显示如图 3-45 所示的发文稿纸，发文稿纸分文件头、正文和附件三部分。

（1）填写文件头

文件头信息包括当前状态、文稿标题、拟稿部门、拟稿时间、密级、紧急程度、发文类型、拟稿人、校对、套文、分发、归档、文号、份数、主题词、主送单位、抄送单位等。其中当前状态、拟稿部门、拟稿时间、发文类型、拟稿人、文号由系统自动生成；文稿标题、密级、紧急程度、份数、主题词、主送单位、抄送单位由拟稿人填写；密级、紧急程度可从单击右侧下拉箭头弹出的选项中选择；填写主题词栏时若有多个主题词，各主题词之间用空格隔开；主送单位和抄送单位栏可直接填写，也可单击该栏右侧的下拉箭头，从已有单位名称中选择。其他几项如校对、套文、分发、归档等，将在以后的流程中由系统根据操作情况自动填入。王秘书在发文草稿文件头部分填入的内容归纳如下。

文稿标题：关于做好 2012 年人口变动、劳动力和群众安全感调查各项工作的通知

密级：普通

紧急程度：平急

份数：40

主题词：人口变动 劳动力 群众安全感

主送单位：各区县统计局

抄送单位：市政府办公室

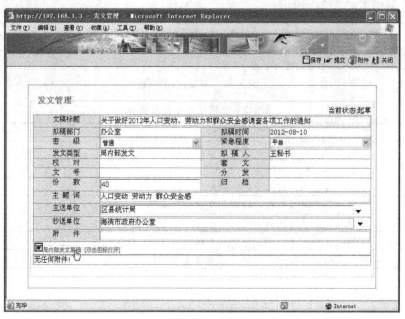

图 3-45 "发文管理"窗口

（2）撰写正文

① 启动 Word 软件并打开写好的发文草稿，在 Word 窗口中按 Ctrl+A 组合键选择全文，按 Ctrl+C 组合键将所选内容复制到剪贴板中备用，若事先没有写好草稿则跳过此步骤。

② 双击图 3-45 中的 局内部发文草稿 图标，若出现"连接服务器错误"及"没有找到模板文档"信息框，则表示 OA 服务器端的 FTP 服务出现问题，本系统采用的 FTP 服务器没有正常工作，需要重启 FTP 服务器。正常情况下将打开 Word 正文编辑窗口，按 Ctrl+V 组合键将剪贴板中的内容粘贴过来，如图 3-46 所示。

③ 编辑完成后，在图 3-46 中单击【保存】按钮，将编辑好的正文保存起来，单击【关闭】按钮返回到图 3-45。

（3）添加附件

在图 3-45 中单击右上角的【附件】按钮，打开粘贴附件对话框，单击该对话框中的【浏览】按钮，选取要添加的文件，单击【粘贴】按钮，再单击【提交】按钮，附件被粘贴到发文草稿上。

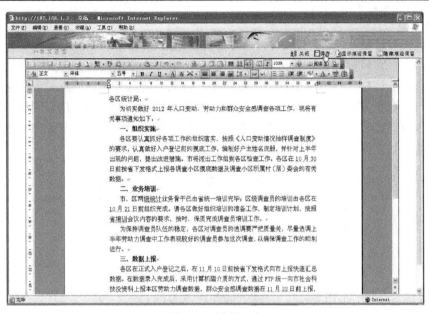

图 3-46　编辑正文

（4）保存

在图 3-45 中单击【保存】按钮，撰写的正文及添加的附件被保存起来，如图 3-47 所示。图 3-47 与图 3-45 有所区别，图 3-47 窗口的右上角增加了【流程跟踪】与【帮助】按钮，窗口的下半部分增加了 7 个空白的处理人意见栏，添加的附件名称显示为"统计报表制度"文件，文号也自动填好。这时单击【关闭】按钮，可根据工作需要暂时离开发文草稿，但发文仍处于"起草"状态。当王秘书再次进入该窗口时，窗口会出现一个【编辑】按钮，单击该按钮可继续编写，直到写好为止。

图 3-47　保存草稿

（5）提交

发文草稿写好后，单击"发文管理"窗口中的【提交】按钮，弹出如图 3-48 所示的"请填写处理意见"窗口。可在意见栏内直接写意见，也可在"常用意见"栏中选择预先定义的常用意见，若选中"存为常用意见"复选框，将把当前意见栏内的意见保存起来供下次选择。窗口的右下方有一个"办理期限"栏，单击该栏可在弹出的日期时间框中选择一个日期时间作为下一节点处理的"办理期限"，该期限将在流程窗口中的处理人意见栏中显示，起到催办的作用。

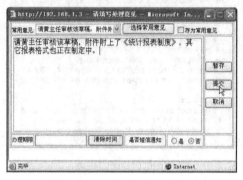

图 3-48 王秘书的处理意见

在图 3-48 中单击【清除时间】按钮，清除办理期限；单击【暂存】按钮，可将当前处理意见暂时保存；单击【取消】按钮，取消当前提交操作返回到发文管理界面；单击【提交】按钮，进入节点与处理人选择对话框，如图 3-49 所示。

在此，下一节点名称是"审核"，如果下一节点有多个，则在对话框的"流程名称"右侧出现一个选择框，用户可根据流程需要选择合适的节点。在处理人列表框中列出了符合条件的处理人名单，选择"黄主任/HBTJ"，单击【主送】按钮，选择"吴主任/HBTJ"，单击【抄送】按钮，在"主送对象"和"抄送对象"栏中分别列出了所选的人员名称，若要删除这两个栏中的人员，则先单击名称选定，再单击【删除】按钮。

处理人选择好后，单击【确定】按钮，弹出"确认"信息框，在该信息框中单击【确定】按钮，发文结束"起草"状态，进入"办理"状态的审核节点，由下一节点的处理人继续处理，如图 3-49 所示。

图 3-49 节点与处理人选择对话框

2.　审核

黄主任担任审核任务。登录 OA 系统主页后，黄主任在"待办事宜"栏中将看到"发文　审核关于做好 2012 年人口变动、劳动力和群众安全感调查各项工作的通知"一项，如图 3-50 所示。

图 3-50　黄主任的待办事宜

选择"个人事务"|"我的工作"|"待办工作"命令，在待办工作视窗中也将出现该项，如图 3-51 所示。

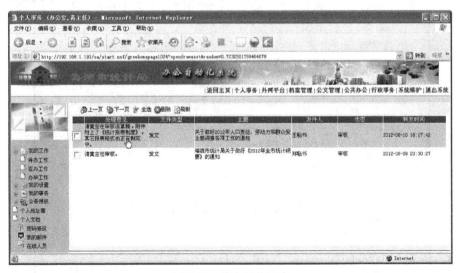

图 3-51　待办工作视窗

选择"公文管理"|"发文管理"|"在办发文"命令，在待办发文视窗中也可看到该项工作，如图 3-52 所示。

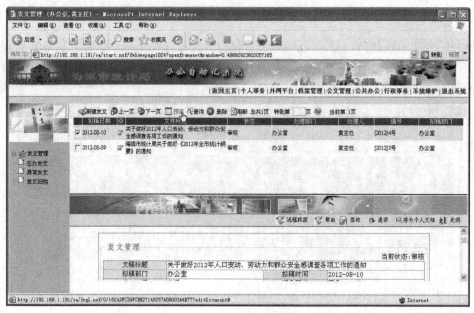

图 3-52　在办发文视窗

（1）签收

　　从以上三种途径中的任何一种都可以进入如图 3-53 所示的"发文管理"窗口。单击【签收】按钮，正式对草稿进行审核，"发文管理"窗口右上角的按钮将变为【保存】、【流程跟踪】、【帮助】、【退回】、【提交】和【关闭】按钮。

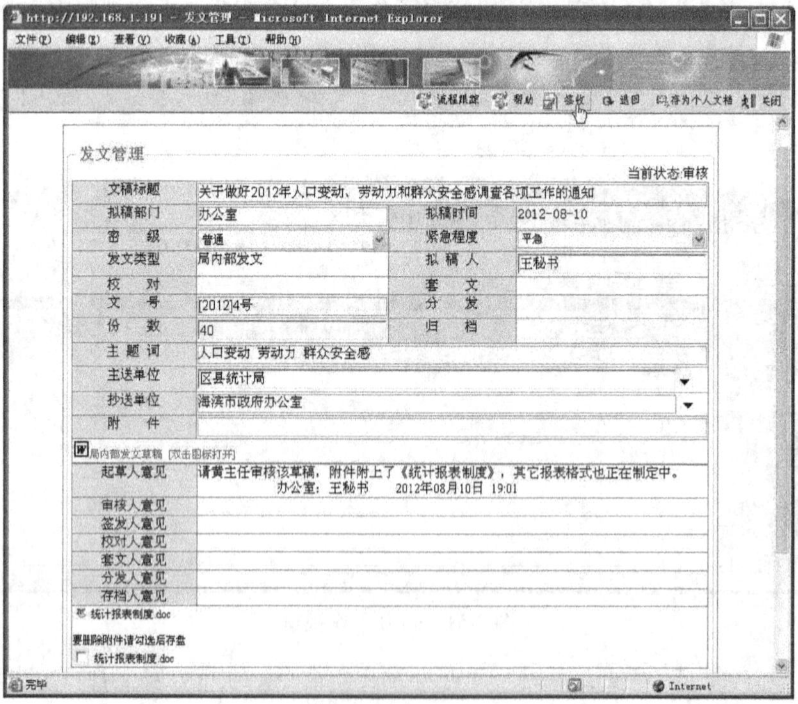

图 3-53　发文管理-审核

（2）审核

审核主要是对发文草稿的内容、行文进行全面的审查，确定内容是否正确、全面，行文是否合理，根据需要对原文进行修改和补充。双击图 3-53 中的 📄局内部发文草稿 图标，打开 Word 正文编辑窗口，可对原文进行阅读与修改，如图 3-54 所示。在文件开始增加一段内容："为切实做好 2012 年人口变动、劳动力和群众安全感调查各项工作，现将有关事项通知如下："；同时对各段的首行作缩进操作；图 3-54 对修改痕迹进行了显示，单击【隐藏痕迹保留】按钮，可隐藏这些痕迹。单击【保存】按钮保存所作的修改，屏幕显示"保存成功"信息，再单击【关闭】按钮返回"发文管理"窗口。

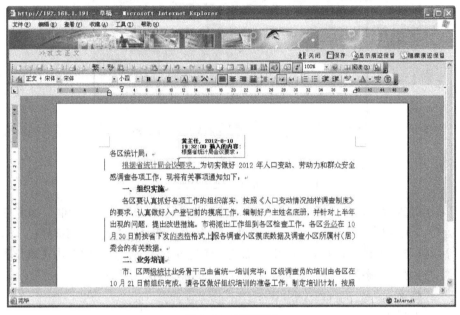

图 3-54　阅读修改

若要对发文草稿的附件进行审核，可在图 3-53 所示的"发文管理"窗口中双击附件文件名称，弹出如图 3-55 所示的"文件下载"对话框，单击【打开】按钮可直接打开阅读，但不能对附件进行修改，若认为附件有问题，需要作重大修改，可作退回重发处理，单击"发文管理"窗口中的【退回】按钮，写上退回处理意见即可。

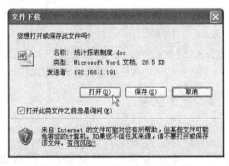

图 3-55　"文件下载"对话框

注意： 由于吴主任是被抄送的对象，故在吴主任的个人主页"待办事宜"栏中也会显示"抄送 发文 审核"事项，但双击进入"发文管理"窗口后，会发现该窗口没有【签收】按钮，吴主任对发文草稿可以打开阅读，不能修改。

（3）提交

① 审稿完成后，单击"发文管理"窗口中的【提交】按钮，弹出如图 3-56 所示的"请填写处理意见"窗口。

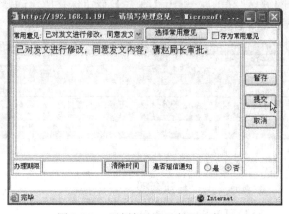

图 3-56 "请填写处理意见"窗口

② 填上处理意见，单击【提交】按钮，进入节点与处理人选择对话框，如图 3-57 所示。在处理人列表框中列出了符合条件的处理人名单，选择"赵局长/HBTJ"，单击【主送】按钮，再单击【确定】按钮，弹出"确认"信息框，在该信息框中单击【确定】按钮，发文进入"办理"状态的签发节点，由下一节点的处理人继续处理。

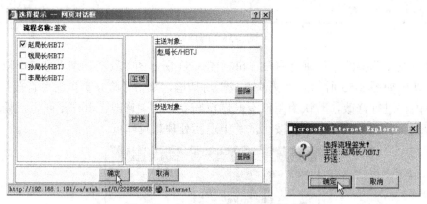

图 3-57 节点与处理人选择对话框

③ 图 3-58 所示为提交后的发文状态。

3. 签发

签发由赵局长负责。登录 OA 系统主页后，赵局长在"待办事宜"栏中将看到"发文 签收 关于做好 2012 年人口变动、劳动力和群众安全感调查各项工作的通知"一项，如图 3-59

所示。在待办工作视窗以及在办发文视窗也可看到该项工作。

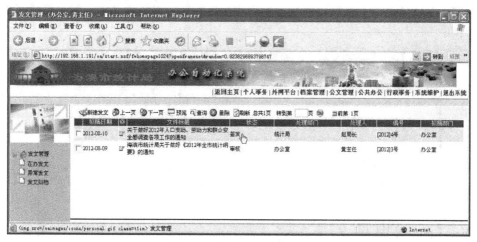

图 3-58　提交后的发文状态

图 3-59　赵局长的待办事宜

（1）签收

在图 3-59 中单击"发文 签发"待办事项进入如图 3-60 所示的"发文管理"窗口。单击【签收】按钮，对文稿进行签发操作。

（2）签发

签发是局领导从政策的角度对发文作最后的审定，可根据实际情况对文稿作必要的修改，但在签发阶段修改一般不会太大，若觉得文稿问题较大可退回重新审核，甚至可以直接发回到起草节点，对全文作大范围的修改。双击图 3-60 中的"局内部发文草稿"图标，打开 Word 正文编辑窗口，可对原文进行阅读与修改，如图 3-61 所示，图中显示了局长插入的内容。单击【保存】按钮，对修改的内容进行保存，再单击【关闭】按钮返回"发文管理"窗口。

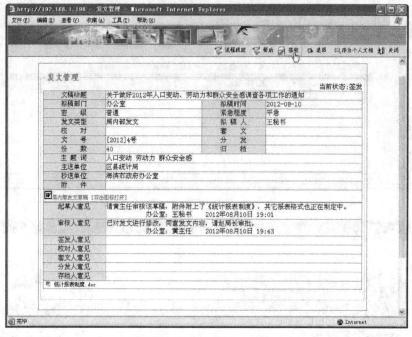

图 3-60　发文管理-签发

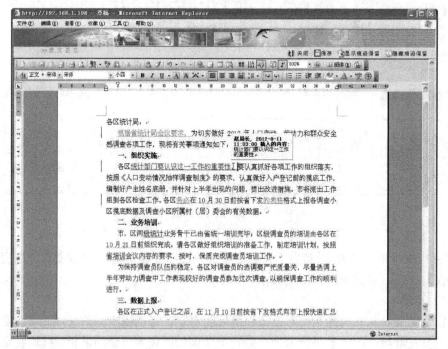

图 3-61　审批修改

（3）提交

对文稿审查完成后，单击"发文管理"窗口中的【提交】按钮，弹出如图 3-62 所示的"请填写处理意见"窗口。

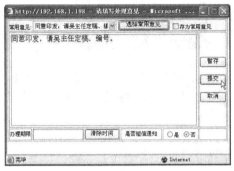

图 3-62 赵局长的处理意见

填上处理意见，单击【提交】按钮，进入节点与处理人选择对话框。发文流程在此可以选择两个节点：校对或起草，若需要对文稿作较大的修改，可单击"请选流程"右侧的下拉箭头，从中选择"起草"选项，这样流程将重回到王秘书的起草节点；若对文稿审定通过，并确定往下签发，则选择"校对"选项。如图 3-63 所示，已选择"校对"选项，在处理人列表框中列出了符合条件的处理人名单，选择办公室"吴主任/HBTJ"作为下一节点处理人，单击【主送】按钮，吴主任名称进入"主送对象"列表框。

单击【确定】按钮，弹出"确认"信息框，在该信息框中单击【确定】按钮，发文进入"办理"状态的校对节点，由下一节点的处理人继续处理。

图 3-63 节点与处理人选择对话框

4. 校对

办公室吴主任承担校对工作。登录 OA 系统主页后，吴主任在"待办事宜"栏中将看到"发文 校对 关于做好 2012 年人口变动、劳动力和群众安全感调查各项工作的通知"一项，如图 3-64 所示。在待办工作视窗以及在办发文视窗也可看到该项工作。

（1）签收

在图 3-64 中单击"发文 校对"待办事项进入"发文管理"窗口。单击【签收】按钮，即可对文稿进行校对操作，如图 3-65 所示。

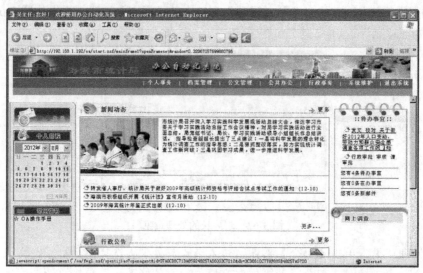

图 3-64　吴主任的待办事宜

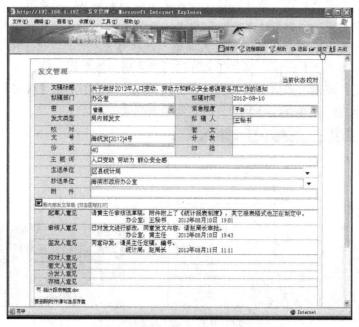

图 3-65　发文管理-校对

（2）校对

校对是对发文号作正式确认，对正文内容进行校对，修改文字上的错误，并对发文文件头的其他属性作最后的定稿。图 3-65 中在原来文号的"[2012]4 号"前插入了"海统发"三个字，使发文号更加明晰、规范。

（3）提交

① 对文稿校对完成后，单击"发文管理"窗口中的【提交】按钮，弹出如图 3-66 所

示的"请填写处理意见"窗口。

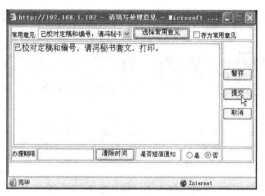

图 3-66 吴主任的处理意见

② 填上处理意见，单击【提交】按钮，进入节点与处理人选择对话框。在处理人列表框中列出了符合条件的处理人名单，选择"冯秘书/HBTJ"作为下一节点处理人，单击【主送】按钮，冯秘书名单进入"主送对象"列表框，单击【确定】按钮，弹出"确认"信息框，在该信息框中单击【确定】按钮，发文进入"办理"状态的套文节点，由下一节点的处理人继续处理，如图 3-67 所示。

图 3-67 节点与处理人选择对话框

5. 套文

冯秘书承担套文与打印工作。登录 OA 系统主页后，冯秘书在"待办事宜"栏中将看到"发文 套文 关于做好 2012 年人口变动、劳动力和群众安全感调查各项工作的通知"一项，如图 3-68 所示。在待办工作视窗以及在办发文视窗也可看到该项工作。

（1）签收

在图 3-68 中单击"发文 套文"待办事项进入"发文管理"窗口。单击【签收】按钮，即可对文稿进行套文操作，如图 3-69 所示。

（2）套文

套文是将发文的文件头信息及正文内容填充到发文模板中，形成正式红头文件。

① 在图 3-69 中单击【套文】按钮，弹出"套文模板类型"对话框，选中"统计局发

文"单选按钮，如图 3-70 所示。

图 3-68 冯秘书的待办事宜

图 3-69 发文管理-套文

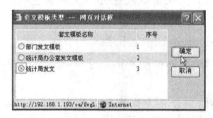

图 3-70 "套文模板类型"对话框

② 单击【确定】按钮，进入套文视窗。套文视窗内可见文件头、标题大小、颜色、正文排版格式等效果，这些效果都是模板所设置的，一般情况下不需要修改，若确需修改，可利用视窗所提供的各种工具来操作，操作方法与 Word 软件的排版方法相同，操作完成后单击【更新正文】按钮即可。视窗内还可见到正文中的修改痕迹，在生成打印件前应隐藏这些痕迹，单击【去掉痕迹保留】按钮，可浏览正式发文效果，如图 3-71 所示。

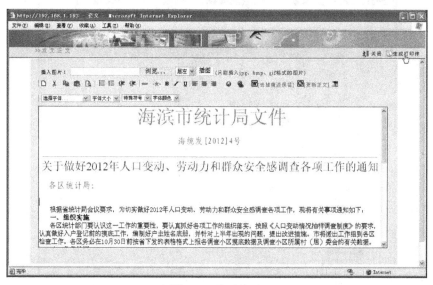

图 3-71 套文视窗

③ 在套文视窗中单击【生成打印件】按钮，将生成发文的正式红头文件，如图 3-72 所示。

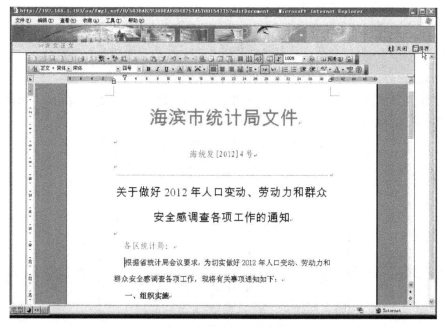

图 3-72 发文打印件窗口

④ 单击该窗口的【保存】按钮，系统弹出"保存成功"信息框，正式红头文件被保存起来，同时发文管理视窗中在"局内部发文草稿"图标下方将增加一个"局内部发文正文"图标，如图 3-73 所示，双击该图标就可浏览已生成的正式发文。

图 3-73　生成发文打印件后的发文管理-套文视窗

注意：① 必须先去掉痕迹保留才能生成打印件，因此应先单击【去掉痕迹保留】按钮，关闭打开的正式发文窗口，再单击【生成打印件】按钮。若生成打印件不成功，应检查是否正确地安装了打印驱动程序。

② 套文的目的就是生成正式红头文件，因此，"局内部发文正文"图标的出现表示套文工作已完成；否则，流程下一环节——"分发"不能正常进行。

（3）提交

① 套文工作完成后，单击"发文管理"窗口中的【提交】按钮，弹出"请填写处理意见"窗口，填上处理意见，单击【提交】按钮，如图 3-74 所示。

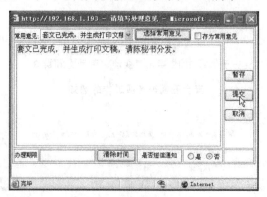

图 3-74　冯秘书的处理意见

② 进入节点与处理人选择对话框，在处理人列表框中列出了符合条件的处理人名单，选择"陈秘书"作为下一节点处理人，单击【主送】按钮，陈秘书名单进入"主送对象"列表框，单击【确定】按钮，弹出"确认"信息框，在该信息框中单击【确定】按钮，发文进入"办理"状态的分发节点，由下一节点的处理人继续处理，如图 3-75 所示。

图 3-75　节点与处理人选择对话框

6. 分发

陈秘书担任分发工作。分发人必须由系统管理员设置具有"正式发文"的管理权限，否则不能进行电子正文分发操作。登录 OA 系统主页后，陈秘书在"待办事宜"栏中将看到"发文 分发 关于做好 2012 年人口变动、劳动力和群众安全感调查各项工作的通知"一项，如图 3-76 所示。在待办工作视窗以及在办发文视窗也可看到该项工作。

图 3-76　陈秘书的待办事宜

（1）签收

在图 3-76 中单击"发文 分发"待办事项进入"发文管理"窗口。单击【签收】按钮，即可对文稿进行分发操作，如图 3-77 所示。

图 3-77　发文管理-分发

（2）分发

分发是指将正式红头文件发送给相关人员，分发的文件根据需要可以是打印的纸质文件也可以是电子文件。要打印文件，先双击分发窗口中的"局内部发文正文"图标，进入如图 3-72 所示的发文打印件窗口，单击该窗口的打印机图标进行打印操作，再对打印件作分发处理。若要将正文的电子文档分发给单位内部人员阅读，则在图 3-77 中单击【分发正式发文】按钮，弹出正式发文窗口，如图 3-78 所示。

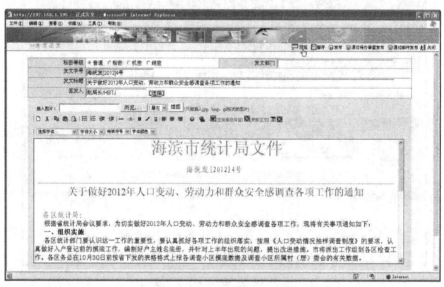

图 3-78　正式发文-分发

在"签发人"栏右边单击【选择】按钮，选择正确的签发人。分发文件的方式有三种：发布、通过待办事宜发布和通过邮件发布。

- **发布**：将正文的电子文档向整个单位内部发布。单击【发布】按钮，所有人员收到文件后可在正式发文的"已发布"窗口列表中看到该文件的标题，并可打开阅读。
- **通过待办事宜发布**：有选择地分发文件。单击【通过待办事宜发布】按钮，可在"选择正式发文对象"对话框中选择分发文件的对象，如图 3-79（a）所示，单击【确定】按钮，弹出确认对话框（见图 3-79（b）），再次单击【确定】按钮，完成分发操作。收到文件的人员将在 OA 主页的"待办事宜"栏中看到"传阅正式发文"事项，单击可打开阅读。没有选为分发对象的人员不能在正式发文的"已发布"窗口列表中看到该文件。
- **通过邮件发布**：有选择地分发文件。单击【通过邮件发布】按钮，可在"选择正式发文对象"对话框中选择分发文件的对象，如图 3-79（a）所示。系统将以电子邮件的形式通知所选对象，收到文件的人员可在新邮件的附件中打开文件阅读，也可在正式发文的"已发布"窗口列表中看到该文件的标题，并可打开阅读。

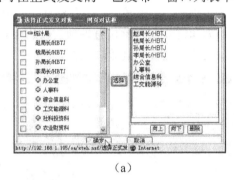 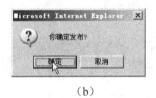

（a）　　　　　　　　　　　　　　　　（b）

图 3-79　选择发文对象

单击图 3-78 中的【预览】按钮可预览正式发文效果，如图 3-80 所示。单击【关闭】按钮返回到图 3-77 中。

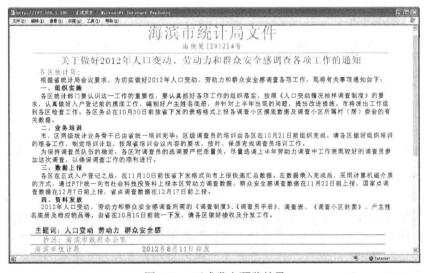

图 3-80　正式发文预览效果

不管采用哪种方式对正式发文进行内部分发，收文人员都将在其个人办公主页的行政公告栏下方看到滚动的"文件传阅"通知。单击该通知，将直接进入正式发文的阅读窗口，系统将记录已读人员的名单。

（3）提交

分发工作完成后，单击"发文管理"窗口中的【提交】按钮，弹出与图3-74相似的"请填写处理意见"窗口。填上处理意见，单击【提交】按钮，进入节点与处理人选择对话框，在处理人列表框中列出了符合条件的处理人名单，选择"郑秘书/HBTJ"作为下一节点处理人，单击【主送】按钮，郑秘书名单进入"主送对象"列表框，单击【确定】按钮，弹出"确认"信息框，在该信息框中单击【确定】按钮，发文进入"办理"状态的最后一个节点-归档节点，由下一节点的处理人继续处理。

7. 存档

郑秘书担任存档工作。登录 OA 系统主页后，郑秘书在"待办事宜"栏中将看到"发文 存档 关于做好 2012 年人口变动、劳动力和群众安全感调查各项工作的通知"一项，如图 3-81 所示。在待办工作视窗以及在办发文视窗也可看到该项工作。

图 3-81　郑秘书的待办事宜

（1）签收

在图 3-81 中单击"发文 存档"待办事项进入"发文管理"窗口。单击【签收】按钮，即可对文稿进行存档操作，如图 3-82 所示。

（2）存档

存档是指将发文作为正式文件管理，并移交档案室，存档的发文不能再作任何修改。正式发文完成后，电子文件将以"未分类文档"的形式出现在档案管理窗口中，存档人员以档案管理员的身份首先对该文件进行分类，然后进行入卷和发文组卷处理，具体操作方法将在档案管理中介绍。

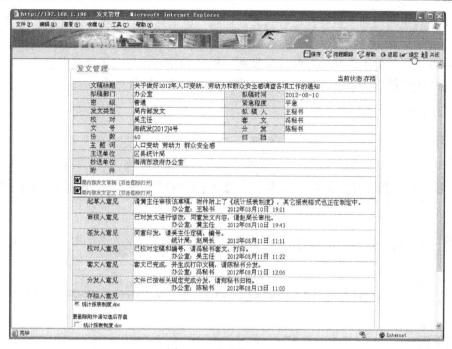

图 3-82 发文管理-存档

（3）提交

存档完成后，单击"发文管理"窗口中的【提交】按钮，弹出如图 3-83（a）所示的"请填写处理意见"对话框。填上处理意见，单击【提交】按钮，弹出"确认"信息框（如图 3-83（b）所示），该信息表明这是发文流程最后的处理步骤，在该信息框中单击【确定】按钮，发文进入"正式发文"即存档状态。

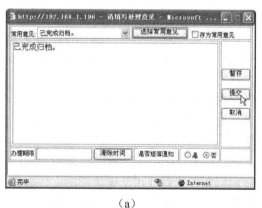

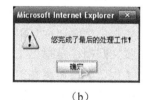

（a） （b）

图 3-83 郑秘书的处理意见

3.2.7 电子收文管理

电子收文管理是指对一个收文从登记开始一直到归档的整个流程进行监控、查询、统计、退回、督办等监督管理，保障收文流程顺利进行，收文管理是 OA 系统的基本功能。

一份收文在其生命周期中也存在三种状态，即收文草稿状态、办理状态和正式收文状态，收文管理的各种操作使收文从一种状态转换到另一种状态。典型的收文管理流程包括收文登记、拟办、领导批示、承办、收文分发和归档六个环节，与电子发文管理相比，收文流程处理人的操作简单些，重心落到对来文的承办、贯彻与执行方面。

1. 收文操作

用户登录 OA 系统后，选择"公文管理"|"收文管理"命令进入收文管理视窗，如图 3-84 所示，收文管理分为"在办收文"、"异常收文"、"收文归档"和"来文单位"四种形式。

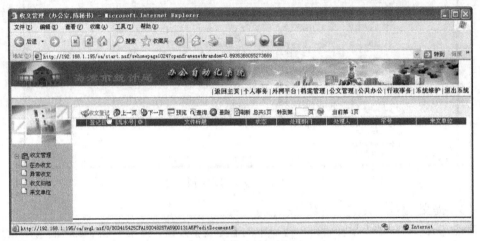

图 3-84　收文管理视窗

- **在办收文**：是指正在操作的收文，"在办收文"窗口具有【收文登记】、【预览】、【查询】、【删除】、【刷新】等按钮，显示收文的项目包括登记日期、流水号、文件标题、状态、处理部门、处理人、字号和来文单位。普通用户可以在"在办收文"窗口新建收文，对处于"收文登记"和"办理状态"的收文可进行修改、删除等操作。单击【刷新】按钮则可以更新屏幕显示内容，及时将新建的收文显示出来。

- **异常收文**：是指收文在申请提交处理过程中，申请被"取消"或"暂停"等异常情况的记录，这部分内容只有具有权限的用户才能查看，用户可以根据情况单击异常申请文档恢复申请流程处理。

- **收文归档**：是指已正式收文的文件，该窗口主要用于阅读已有的正式收文。单击【预览】按钮可在窗口下半部分预览文件的内容，双击选中的文件标题可全屏阅读，单击【上一页】、【下一页】按钮则可将未显示的文件标题显示出来。

- **来文单位**：用来列出常用来文单位名称，如图 3-85 所示，单击【新建来文单位】按钮，可预先登记来文单位名称，便于在收文登记中使用。

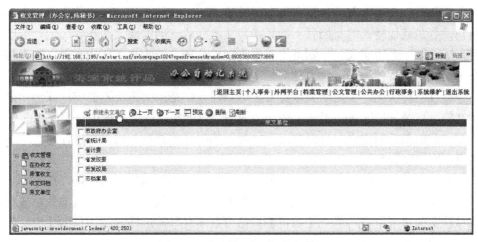

图 3-85　收文管理视窗-来文单位

2. 收文登记

OA 系统中，收文登记标志一份电子收文生命周期的开始。单击"在办收文"窗口中的【收文登记】按钮，进入收文管理-收文登记窗口，如图 3-86 所示，收文草稿分文件头、正文和附件三部分。

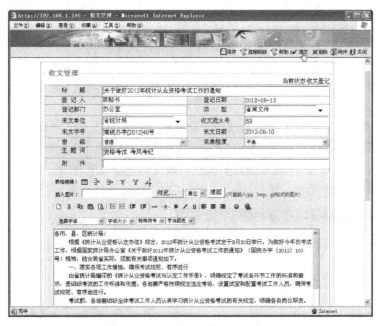

图 3-86　收文管理-收文登记窗口

收文文件头的内容包括当前状态、标题、登记人、登记日期、登记部门、类型、来文单位、收文流水号、来文日期、密级、紧急程度、主题词等。其中当前状态、登记人、登记日期、登记部门四项内容由系统自动填写，其他内容需根据来文情况如实填写，来文单位、标题、来文字号、密级、紧急程度、主题词要跟原文一致，不可填错。

正文部分填入来文内容。若收文是电子版的 Word 文档，则可直接将文件内容复制到正文栏内，若是其他格式的文档且不能转换为文本格式，则视原文的长短而定，若原文不长，可人工录入，若原文太长，则可将其作为附件处理。若收文是纸质文件，则先将其扫描成电子文档作为附件处理。

附件存在两种情况，一是原文本身带来的附件，二是原文正文不能转换或由扫描生成的电子文档，这两种情况应在正文尾部加以说明，以便在以后的流程中得到正确的处理。

需要注意的是，新建收文只有在保存之后，其生命才真正开始，在保存之前单击【关闭】按钮，则该收文起草被放弃。

新建收文保存后，在提交下一环节前将以"收文草稿"的状态出现在"在办收文"窗口中，如图3-84所示。起草人可以对"草稿"状态的收文进行管理，双击文件标题可以重新打开该收文的管理窗口，单击【编辑】按钮可继续对草稿进行修改，单击【提交】按钮将弹出"请填写处理意见"窗口，如图3-87所示。

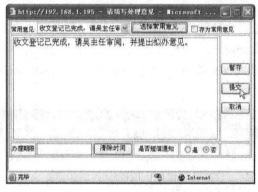

图 3-87　起草人的处理意见

填好处理意见，再单击【提交】按钮，将弹出流程与处理人选择对话框。对于某些不需要呈批与办理而直接进行分发阅读的简单收文流程，可选择"收文分发"。选择"拟办"，并主送"吴主任/HBTJ"，单击【确定】按钮，收文的起草工作结束，收文流程正式启动。收文从"草稿"状态进入"办理"状态，如图3-88所示。

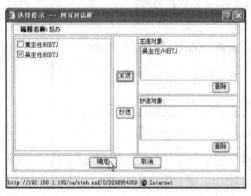

图 3-88　流程与处理人选择对话框

3. 办理收文

收文在归档前一直处于"办理"状态。拟办人在收文管理视窗或在个人主页的"待办事宜"栏中打开收文后，进入收文管理-拟办窗口，如图 3-89 所示。单击【签收】按钮，单击"展开信息内容"对收文进行阅读，单击文件名称可对附件进行阅读。单击【存储文档】按钮，可把当前收文存到"个人文件柜"或"单位文件柜"中。

图 3-89 收文管理-拟办窗口

单击【提交】按钮，拟办人填写拟办意见，选择下一节点"领导批示"，选定统计局主管的副局长为下一节点处理人，单击【确定】按钮，拟办步骤结束，如图 3-90 和图 3-91 所示。

图 3-90 拟办人的处理意见

图 3-91　流程与处理人选择对话框

　　批示人在收文管理视窗或在个人主页的"待办事宜"栏中打开收文并签收后，出现与图 3-89 类似的窗口。阅读收文后单击【提交】按钮，批示人填写批示意见，选择下一节点"承办"，并选定办公室主任为下一节点处理人，单击【确定】按钮，批示步骤结束，如图 3-92 和图 3-93 所示。

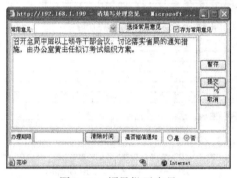

图 3-92　领导批示意见

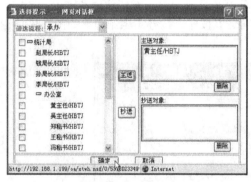

图 3-93　流程与处理人选择对话框

　　承办人在收文管理视窗或在个人主页的"待办事宜"栏中打开收文并签收后，出现与图 3-89 类似的窗口。阅读收文后单击【提交】按钮，承办人填写承办意见，选择下一节点"收文分发"，并选定下一节点处理人，单击【确定】按钮，承办步骤结束，如图 3-94 和图 3-95 所示。

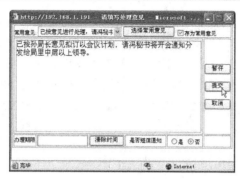

图 3-94　承办人的处理意见

图 3-95　流程与处理人选择对话框

　　收文分发人在收文管理视窗或在个人主页的"待办事宜"栏中打开收文并签收后，出现与图 3-89 类似的窗口。阅读收文后，根据领导的批示将收文分发给局里各中层干部，这需要利用"正式发文"功能进行分发操作，因此收文分发人应具有正式发文的管理权限。系统管理员 admin 登录主页后选择"公文管理"|"正式发文"|"管理员设置"命令，打开"设置"对话框，单击右边的【选择】按钮，从所列单位相关人员中选取正式发文的管理员，单击【保存】按钮完成设置。

　　收文分发人暂时离开收文流程的节点窗口，选择"公文管理"|"正式发文"|"草稿箱"命令，进入正式发文草稿箱视窗，如图 3-96 所示。窗口右侧显示正式发文草稿列表，这些草稿或是由公文发文流程流转过来暂时未作分发操作的，或是对收文分发时创建后还未分发出去的文档。

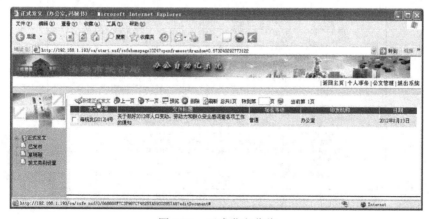

图 3-96　正式发文草稿

单击【新建正式发文】按钮（注意：若无正式发文权限，将不出现此按钮），进入新建正式发文窗口，如图3-97所示。该对话框中的项目应根据来文进行填写，正文栏的内容从发文中粘贴过来，附件亦是发文的附件。单击"发送对象"栏右边的【选择】按钮，打开"选择发文对象"对话框，根据领导的批示从中选择分发文件的对象。

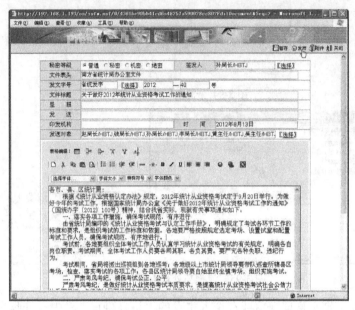

图3-97　新建正式发文窗口

单击【发布】按钮，在弹出的"确认"信息框中单击【确定】按钮完成收文的分发过程，系统将以电子邮件的形式将文件分发到所选的对象。图3-98是已分发的正式发文。

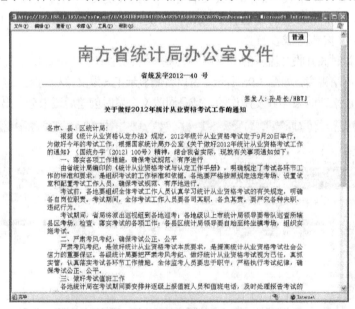

图3-98　已分发的正式发文

收文分发人重新回到收文流程的节点窗口，单击【提交】按钮，分发人填写分发意见，选择下一节点"归档"，并选定下一节点处理人，单击【确定】按钮，分发步骤结束。

归档人在收文管理视窗或在个人主页的"待办事宜"栏中打开收文并签收后，出现与图 3-89 类似的窗口。单击【提交】按钮，归档人填写归档意见，单击【确定】按钮，归档步骤结束，收文从"办理"状态转入"正式收文"状态。收文流程完成后，收文文件将以"未分类文档"的形式出现在档案管理窗口中，归档人员以档案管理员的身份首先对该文件进行分类，然后进行入卷和收文组卷处理，具体操作方法将在档案管理中介绍。

4．正式收文

正式收文是指已归档的收文。若归档人还未对其进行分类归档，则正式收文的文档名称显示在档案管理-未分类文档-收文文件窗口中供单位所有用户查阅。要阅读一份正式收文，双击该文档的文件主题，弹出如图 3-99 所示的"收文管理"窗口。从该窗口可以了解整个发文过程，单击【流程跟踪】按钮显示流程流转的详细情况。单击"展开内容信息"，可阅读文件内容，单击"附件列表"的文件名，可保存或打开阅读附件内容。单击【存储文档】按钮可将收文内容作为个人文档或部门文档保存起来。

在"收文分类"栏中填写分类，或在已有的分类列表中选择，再单击【保存】按钮，该正式收文文档将从"未分类文档-收文文件"中删除，加入到"待入卷文件-收文文件"的相应文件分类中。单击【关闭】按钮返回。

对于已分类归档的正式收文，一般人员应在"已入卷文件-收文文件"窗口中查阅。

图 3-99　"收文管理"窗口

3.2.8　电子档案管理

电子档案管理是指对各种电子文档进行管理，在 OA 系统中电子文档包括发文归档的文件、收文归档的文件及会议归档的文件；管理分为两个方面，即文件管理和文件借阅。文件管理的格式与纸质档案有些类似，但方法有较大的差别。本节以"求迅办公自动化系统 2.0"为平台，介绍电子档案管理的基本操作方法。

操作前先了解以下几个与档案管理相关的概念。

- **案卷**：有关某一问题或某一项工作活动的系统的具有密切联系的文件组合体，是文件档案的基本保管单位。
- **全宗**：指一个独立机关、组织或个人在社会活动中形成的档案有机整体。它有三点含义，全宗是一个有机整体，它是在一定的历史活动中形成的，全宗是以一定的社会单位为基础而构成的。
- **全宗号**：档案馆给立档单位编制的代号。当一个单位向档案馆移交过档案后，档案馆根据相关规则给予移交单位唯一的一个代码，此后该单位不论哪一种类别的档案都是这一全宗号。没有向档案馆移交过档案的单位没有全宗号。
- **未分类文档**：从公文管理流程转入的收文或发文文档，还未作分类处理。档案管理视窗右侧默认是未分类文档的收文列表。
- **待入卷文档**：已作分类处理，还未入卷的文档。
- **已入卷文档**：已作入卷处理，还未组卷。
- **收文文书档案**：收文组卷处理。
- **发文文书档案**：发文组卷处理。
- **文档序号设置**：设置发文和收文的顺序号。
- **档案借阅**：审批档案的借阅事项。

1. 基本操作

档案管理员登录 OA 系统后，选择"档案管理"|"档案管理"命令，进入档案管理视窗，如图 3-100 所示。档案管理视窗左侧为操作菜单树，包括十项子菜单，右侧是相应功能的列表窗。

文档列表窗口具有【上一页】、【下一页】、【预览】、【删除】、【刷新】等按钮。显示收文文档的项目包括"登记日期"、"文件标题"、"字号"和"来文单位"，显示发文文档的项目包括"拟稿日期"、"文件标题"、"编号"和"拟稿部门"。

要删除文档，选中该文档后单击【删除】按钮即可，但只有有权限的人员才能进行此操作，系统管理员可以删除任何文档。一般人员只能在归档流程完成后将未分类文档进行分类操作，分类后在"待入卷文档"列表中只能看到自己的操作结果。系统管理员可以看到所有待入卷文档，并能进行"入卷"操作。单击【刷新】按钮则可以更新屏幕显示内容，及时将新的文档显示出来。

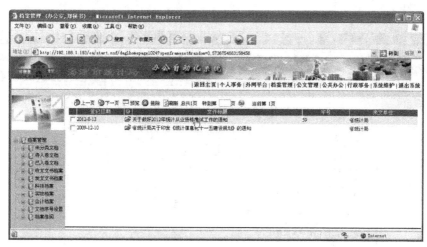

图 3-100 档案管理视窗

2. 文件归档

文件归档操作可分为四个步骤：分类、入卷、组卷和登记案卷目录。以下以办公室郑秘书对发文进行归档为例，说明归档的一般操作方法。

（1）分类。

① 选择"档案管理"|"档案管理"|"未分类文档"|"发文文件"命令，进入发文文档列表视窗，如图 3-101 所示。

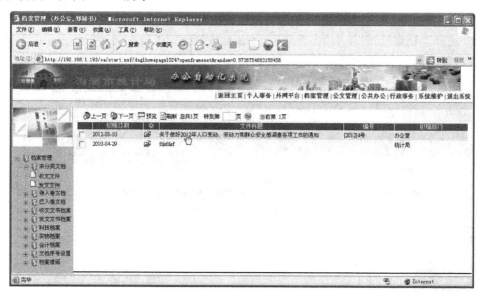

图 3-101 发文文档列表视窗

② 双击选中的文件标题，打开如图 3-102 所示的"发文管理"窗口，在"收文分类"栏中输入"统计局发文"，单击【保存】按钮，该正式发文文档将从"未分类文档-发文文件"列表中消失，加入到"待入卷文件-发文文件"的相应文件分类中。单击【关闭】按钮

返回。

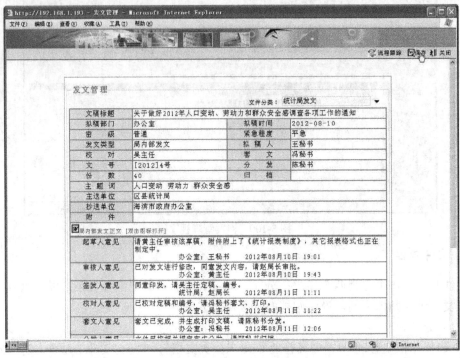

图 3-102 "发文管理"窗口

（2）入卷。入卷就是对文件进行"立卷"操作，即把单份文件组成"案卷"。

① 选择"档案管理"|"档案管理"|"待入卷文档"|"发文文件"命令，进入发文文档列表视窗，如图 3-103 所示。

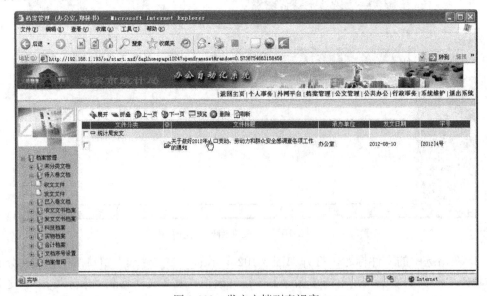

图 3-103 发文文档列表视窗

② 双击选中的文件标题，再次打开与图 3-102 类似的窗口，对于具有"档案管理"模块权限的人员（由系统管理员 admin 通过角色管理设置），此时窗口右上角显示一个【入卷】按钮。

③ 单击【入卷】按钮，打开"发文卷内目录"窗口，如图 3-104 所示。该窗口的内容包括顺序号、文件分类、年度、标题、责任者、文号、文件页数、日期、全宗号、备注和发文内容。其中文件分类、文件页数、全宗号、备注需手工输入。全宗号与目录号是档案分类上下两层次的校对，在此设置"全宗号"为"100"，其他内容由系统自动填写。

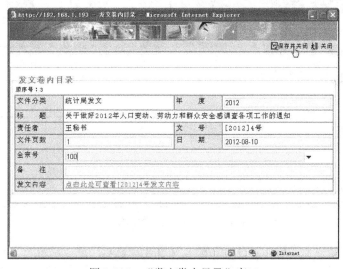

图 3-104　"发文卷内目录"窗口

④ 单击【保存并关闭】按钮，"待入卷"状态变为"已入卷"，"待入卷"中的文档自动消失，该文档出现在已入卷文档的发文文件列表中，如图 3-105 所示。

图 3-105　已入卷文档窗口

（3）组卷。组卷是将已入卷的文件加入到某个标题的案卷中。

① 单击展开"发文文书档案"，可发现其下包含"卷内目录汇总"、"目录未组卷"、"目录已组卷"、"卷内文件目录"及"案卷目录"共5个子命令。选择"卷内目录汇总"命令，右侧窗口中可看到刚进行入卷操作的文件还未组卷，如图3-106所示。

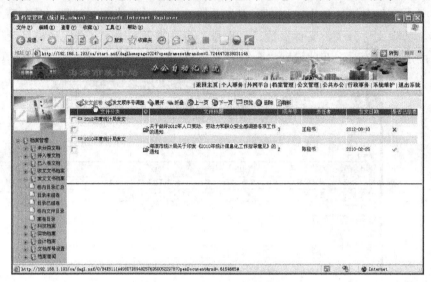

图 3-106　目录未组卷文档窗口

② 单击【发文组卷】按钮，打开"发文卷内文件目录"窗口，如图3-107所示。在"档案室编"文本框中输入2012-001，在"档案馆编"文本框中输入100，"案卷标题"为"统计局发文"。

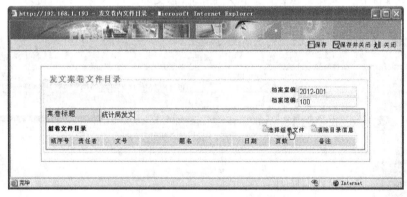

图 3-107　"发文卷内文件目录"窗口

③ 单击【选择组卷文件】按钮，弹出"发文入卷目录一览表"窗口，如图3-108所示，从中选择待组卷的发文文档。

④ 单击【确定】按钮返回图3-107，此时组卷文件目录中已列出所选的文件相关内容，单击【保存并关闭】按钮完成组卷操作。文档状态由"未组卷"变为"已组卷"，同时生成卷内文件。

图 3-108　"发文入卷目录一览表"窗口

（4）登记案卷目录。

① 选择"卷内文件目录"命令进入文件目录列表窗口，如图 3-109 所示。

图 3-109　文件目录列表窗口

② 双击其中一条文档，打开卷内文件，单击【登记案卷目录】按钮，打开"发文案卷目录"窗口，如图 3-110 所示。将卷内相关信息填写完后，单击【保存并关闭】按钮完成发文文档的归档操作。已组卷归档的文件通过借阅手续才能进行阅读。

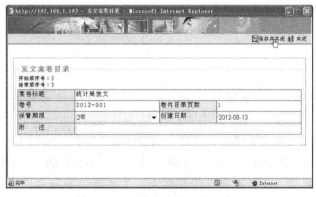

图 3-110　"发文案卷目录"窗口

3. 借阅管理

档案借阅管理就是审批读者申请与借阅的过程。借阅人首先提出借阅申请，提交审批，如果审批通过，就能借阅指定的档案。

OA 系统的借阅申请流程包括申请、借出、审批、归还和注销五个环节，流转过程设置如图 3-111 所示，图中申请人与归还人是同一人，而借出人与审批人都是由单位指定的固定人员。

图 3-111　借阅申请流程

（1）申请。

① 申请人（在此以人事科的韩科员为例）登录 OA 系统后，选择"档案管理"|"档案管理"|"档案借阅"|"借阅申请"命令，进入借阅申请视窗，如图 3-112 所示。图中除借阅申请视窗外，还有异常借阅、借阅记录两个视窗。异常借阅是指异常终止的借阅流程；借阅记录则列出单位所有人员借阅档案的详细记录，包括借阅登记日期、借阅登记人、借阅部门、档案号等信息，双击某条记录可察看该记录的借阅流程。除系统管理员外，一般人员不能删除视窗中的记录。

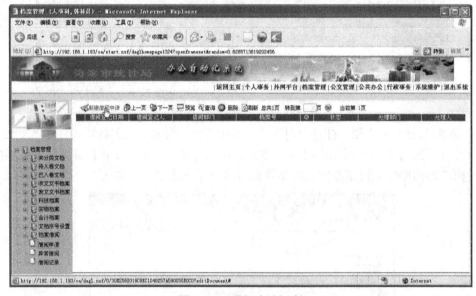

图 3-112　借阅申请视窗

② 单击【新建借阅申请】按钮，弹出"借阅申请"窗口，如图 3-113 所示。该窗口包括当前状态、借阅人、借阅部门、登记日期、档案号、案卷标题、借阅时间、借阅事由，申请人需要填写档案号、案卷标题、借阅时间、借阅事由等内容，其他项目由系统自动填写。

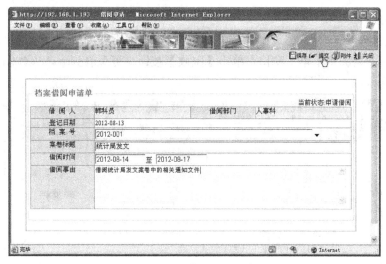

图 3-113　"借阅申请"窗口

③ 单击【提交】按钮，申请人填写申请意见，如图 3-114 所示。

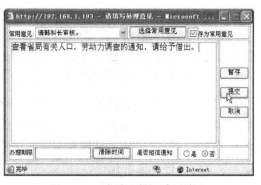

图 3-114　申请人填写申请意见

④ 单击【提交】按钮，出现"流程与处理人选择"对话框，如图 3-115 所示，选择下一节点"借出"，由于档案"借出"操作人已由系统指定，故不用选择下一节点处理人，单击【确定】按钮，申请步骤结束，流程进入"借出"环节。

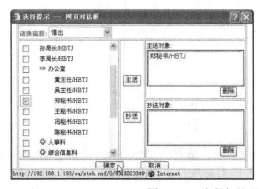

图 3-115　流程与处理人选择对话框

（2）借出。

① 档案管理员（郑秘书）在 OA 主页的"待办事宜"栏中单击"申请借阅 借出"事项，进入"档案借阅申请单"窗口，单击【签收】按钮，可观看到申请人借阅的详细信息，如图 3-116 所示。

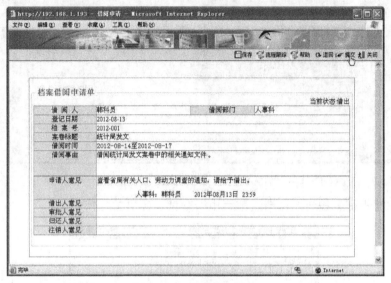

图 3-116　档案借出视窗

管理员可直接做出"给予借阅"或"不同意借阅"的处理。若不同意借阅，可单击【退回】按钮，并填写退回理由；若同意借阅，可直接提交进入流程的下一节点归还。对一些重要文件的借阅，管理员无权决定时需要提交上级领导审批，待领导的批示返回后再作决定，因此管理员在流程的该节点有三种可能的操作。

② 单击【提交】按钮，管理员根据是送交领导审批还是直接同意借阅而填写不同的意见。如图 3-117 所示为送交领导审批。

图 3-117　借出人意见

③ 再次单击【提交】按钮，出现流程与处理人选择对话框，如图 3-118 所示，选择下一节点"审批"，由于档案"审批"操作人已由系统指定，故不用选择下一节点处理人，单击【确定】按钮，流程进入"审批"环节。

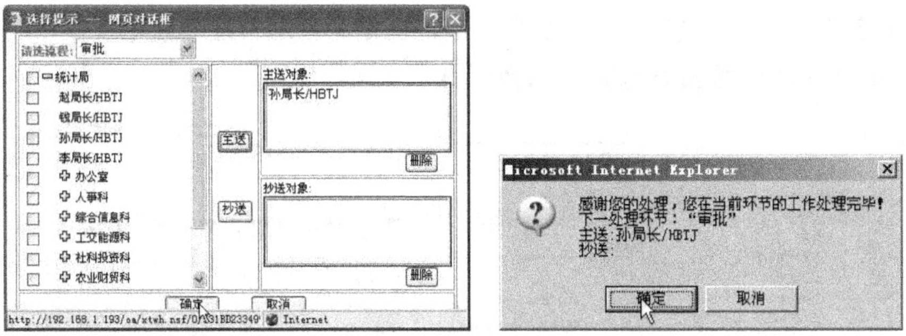

图 3-118　流程与处理人选择对话框

（3）审批。审批人员（孙局长）在 OA 主页的“待办事宜”栏中单击“申请借阅 审批”事项，进入“档案借阅申请单”窗口，单击【签收】按钮，可观看到申请人借阅的详细信息及管理员的意见，如图 3-119 所示。

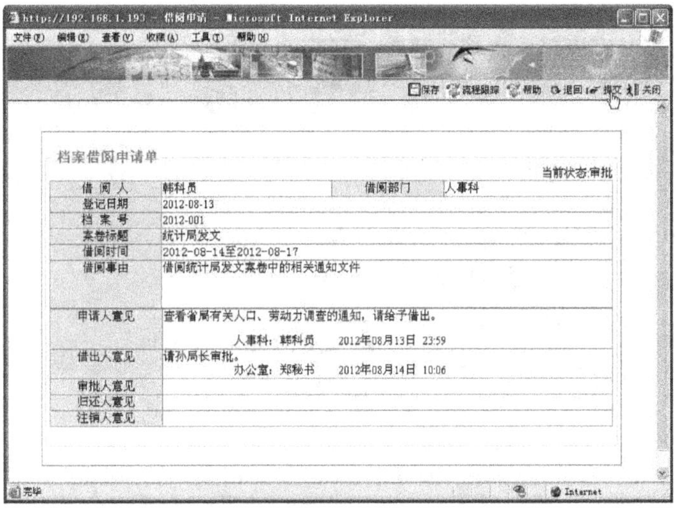

图 3-119　“档案借阅申请单”窗口

单击【提交】按钮，填写审批的意见，如图 3-120 所示。

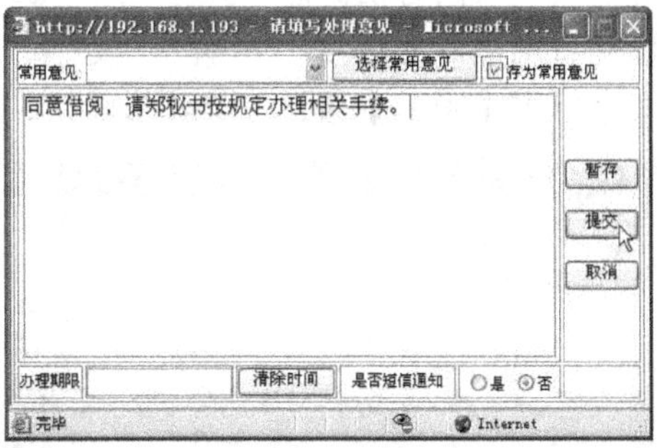

图 3-120　审批意见

再次单击【提交】按钮，出现流程与处理人选择对话框，如图 3-121 所示，选择下一节点“借出”，由于档案“借出”操作人已由系统指定，故不用选择下一节点处理人，单击【确定】按钮，流程重新回到"借出"环节，由档案管理员继续处理。

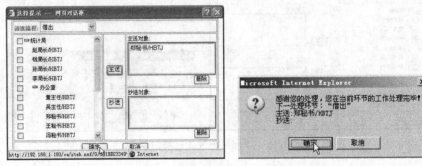

图 3-121　流程与处理人选择对话框

　　档案管理员再一次在 OA 主页的"待办事宜"栏中单击"申请借阅　借出"事项，进入"档案借阅申请单"窗口，单击【签收】按钮，可观看到领导的审批意见，如图 3-122 所示。

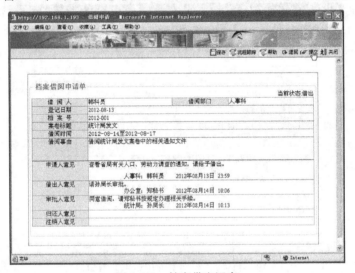

图 3-122　档案借出视窗

　　单击【提交】按钮，管理员填写同意借阅意见，如图 3-123 所示，再次单击【提交】按钮，出现流程与处理人选择对话框，如图 3-124 所示，选择下一节点"归还"，选择下一节点处理人为申请借阅人，单击【确定】按钮，流程进入"归还"环节。

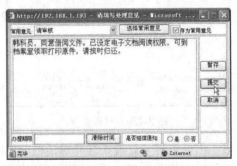

图 3-123　借出人意见

图 3-124　流程与处理人选择

（4）归还。借阅人（韩科员）在 OA 主页的"待办事宜"栏中单击"申请借阅　归还"事项，进入"档案借阅申请单"窗口，单击【签收】按钮，可观看到档案管理员与相关领导的审批意见，如图 3-125 所示。

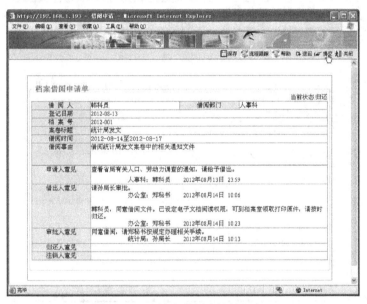

图 3-125　"档案借阅申请单"窗口

借阅人根据档案管理员的意见或阅读文件的电子版本或领取文本的打印件，在规定的日期内应回复流程，对流程的"归还"节点进行处理。单击【提交】按钮，填写归还意见，如图 3-126 所示，再次单击【提交】按钮，出现流程与处理人选择对话框，如图 3-127 所示，选择下一节点"注销"，选择下一节点处理人为文件借出人（郑秘书），单击【确定】按钮，流程进入"注销"环节。

（5）注销。档案管理员再一次在 OA 主页的"待办事宜"栏中单击"申请借阅　注销"事项，进入"档案借阅申请单"窗口，单击【签收】按钮，可观看到借阅人的归还意见，如图 3-128 所示。

单击【提交】按钮，管理员填写注销意见，如图 3-129 所示，再次单击【提交】按钮，结束整个借阅流程。

　　档案管理员通过跟踪借阅流程了解文档的归还情况，若借阅人已阅读过所借的文档，借阅流程完成则应及时取消赋予借阅人操作文档的权限，保障文档的安全。

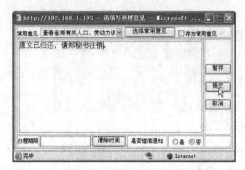

图 3-126　归还人意见

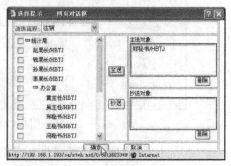

图 3-127　流程与处理人选择对话框

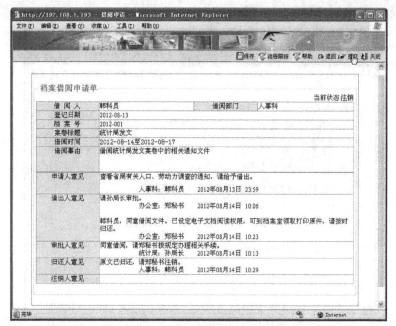

图 3-128　档案借出视窗

图 3-129　档案借阅流程结束

3.3 项 目 实 施

本项目的实施由三个实训任务组成，任务 1 在模拟的 OA 系统平台上掌握发文操作，任务 2 在模拟的 OA 系统平台上熟悉收文操作，任务 3 在模拟的 OA 系统平台上了解档案管理工作。

3.3.1 任务 1 发文操作

1. 实训要求

本实训任务的目的是通过操作模拟 OA 系统平台——"海滨市统计局办公自动化系统"掌握政府 OA 系统的内部发文操作。

2. 实训步骤

（1）分工准备。

以统计局各部门成员组成任务小组，熟悉发文的任务内容，并进行详细的分工。本发文操作是一个"下行文"，具体由以下内容组成：

文稿标题：海滨市统计局关于印发《2013 年统计信息化工作指导意见》的通知

拟稿部门：办公室（或其他部门）

密　　级：普通

紧急程度：平急

文　　号：海统字[2013]1 号

份　　数：30

主 题 词：信息化 指导意见

主送单位：区县统计局

抄送单位：海滨市政府办公室

发文类型：局内部发文

拟 稿 人：陈秘书（或由其他部门相同职务人员完成）

审　　核：黄主任（或由其他部门相同职务人员完成）

签　　发：赵局长（或由分管其他部门工作的局领导完成）

校　　对：王秘书（或由其他部门相同职务人员完成）

套　　文：郑秘书（或由其他部门相同职务人员完成）

分　　发：王秘书（或由其他部门相同职务人员完成）

归　　档：冯秘书（或由其他部门相同职务人员完成）

起草人意见：发文已起草，请黄主任审核。

审核人意见：已对发文内容进行修改与审核，同意发文，请赵局长审批。

签发人意见：同意发文，请王秘书校对。

校对人意见：已完成校对，请郑秘书套文、打印。

套文人意见：已完成套文、打印，请王秘书分发。

分发人意见：已完成电子版及纸质文件的分发，请冯秘书存档。

存档人意见：已按规定完成发文的存档。

文件内容如下：

各区县统计局，局内各科室：

《海滨市2013年统计信息化工作指导意见》已经局办公会议讨论通过，现印发给你们，请遵照执行。

二○一三年一月九日

为加快我市统计信息化建设，更好地履行统计监督职责，市统计局根据《南方省统计局关于十一五期间统计信息化建设规划的通知》要求，结合我市实际，现就2013年统计信息化工作提出以下指导意见。

一、全面推广计算机统计技术

2013年我市统计信息化工作的首要任务是，全面推广计算机统计技术，使计算机成为统计实施的重要工具，以改进统计实施手段，提高统计工作质量和效率，增强统计监督能力。对会计电算化应用程度高，管理比较规范、行业性强的部门和单位，以及数据量大的项目统计，要全部实行计算机统计。

市内部统计协会推荐的用友政务统计软件，各单位可以根据需要选择使用。

二、积极探索联网统计

联网统计是"金统一期"的研究内容，是"金统二期"的重点项目，对于实现"预算跟踪＋联网核查"的总体目标起着至关重要的作用。市统计局与用友政务合作，已基本解决了海量数据处理、数据传输和安全保密等关键技术问题，所开发的海滨市联网统计系统已正式上线运行。

2013年市局带头，计划抓好三个与被统计单位的联网统计试点。区县统计机关也要积极探索联网统计，对率先试点联网统计的区县统计机关和被统计单位，市局将优先提供资金、技术、培训等方面的扶持。

三、逐步实现办公自动化

2013年各级统计机关要因地制宜搞好计算机技术在统计业务管理、行政事务管理的应用，促进信息集合，形成信息共享。

市局将全面试用《海滨市统计信息管理系统》，对统计业务的各个环节进行质量控制。市局各科室在所有实施的统计项目都要通过运用《海滨市统计信息管理系统》来建立，定期将现场统计的内容及时上传到统计服务器，为领导及时了解和指导现场统计工作奠定基础。区县统计机关要积极争取成为《海滨市统计信息管理系统》软件的试点单位。市局将提供部分资金支持。

四、切实加强信息化基础建设

各地统计机关要积极筹措资金建立机关局域网，并配备统计工作必需的设备。2013年各区县统计局至少要保障每个统计业务人员人手一台电脑，以满足当前计算机统计工作的需要。

要加强统计基础数据库的建设，为统计工作提供信息支持。建立统计资料、统计档案、统计专家经验、统计法规以及被统计单位资料、宏观经济数据等数据库，对于总结经验、把握全局、提高统计工作质量和水平有着积极的作用。

各级统计机关在选用建立统计基础数据库软件时一定要符合统计署和省统计局的要求，软件必须提供标准开放的数据接口，方便数据交换与共享。

五、持续组织计算机培训

各级统计机关要按照统计署的要求，认真部署第二轮计算机基础知识和操作技能全员普及性培训，50 岁以下统计人员必须通过计算机统计认证考试。

各地要紧密结合本单位统计业务和管理工作实际的需要，开展多种形式的统计软件等应用技术的短期专项培训，实实在在地提高计算机应用水平。

各级统计机关要加强计算机专业队伍建设，提高统计信息化的规划、建设、监管、运行、维护能力。各区县统计机关至少要培养 1～2 名既精通统计业务，又熟练应用计算机的技术骨干。

六、加强信息化建设领导

各级统计机关的主要负责同志要进一步提高对统计信息化的认识，亲自抓、亲自管，摆上议事日程，加强督促检查。各地统计机关要从计算机培训、计算机统计、计算机配备以及计算机软件推广应用等方面制定切实可行的信息化考核办法，督促各项指标落实到位，并把统计信息化建设作为一项重要内容纳入年度统计工作目标考核。

（2）操作

① 起草。要求将文件内容全部录入草稿编辑窗口，若草稿编辑时打开出问题，则应检查文件服务器 ftp 功能是否启动，OA 系统服务器所在的计算机上，必须存在 C:\ftp 文件夹，并复制了相关文件。

② 审核。要求正确设置发文字号，对草稿进行一处删除、一处文字插入修改处理，并选中"显示痕迹保留"单选按钮。

③ 签发。签发进行两次提交。第一次提交退回到起草节点，原因是开头的两行内容重写。第二次签发中要求对发文草稿内容进行一个删除、一个插入修改处理，并选中"显示痕迹保留"单选按钮，提交到校对节点。

④ 校对。要求对草稿进行一处标点符号、一处文字内容修改处理，并选中"显示痕迹保留"单选按钮。

⑤ 套文。要求对套文的格式作最后的修订，以避免正式文件的头、尾出现重复文字。

⑥ 分发（对局内中层以上领导干部进行通过待办事宜分发）。

⑦ 存档。

3.3.2　任务2　收文操作

1. 实训要求

本实训任务的目的是通过操作模拟 OA 系统平台——"海滨市统计局办公自动化系统"熟练掌握 OA 系统电子公文的收文过程。

2. 实训步骤

（1）分工准备。以统计局各部门成员组成任务小组，熟悉收文的任务内容，并进行详细的分工。本收文操作是一个"上级来文"，操作安排如下：

登　记　人：郑秘书（或由其他部门相同职务人员完成）

拟　　　办：吴主任（或由其他部门相同职务人员完成）

批　　　示：赵局长（或由分管其他部门工作的局领导完成）

承　　　办：黄主任（或由其他部门相同职务人员完成）

分　　　发：王秘书（或由其他部门相同职务人员完成）

存　　　档：冯秘书（或由其他部门相同职务人员完成）

登记人意见：已对省统计局的来文进行登记，请吴主任给出办理意见。

拟办人意见：拟召开全体会议贯彻会议精神，原文发至各科室，请赵局长批示。

局领导批示：同意吴主任的意见，请黄主任具体办理，做好会议的准备工作。

承办人意见：已做好会议的准备工作，将尽快发会议通知。请王秘书将省统计局来文下发到各科室。

分发人意见：已完成来文电子版及纸质的分发，请冯秘书存档。

存档人意见：已按规定完成收文的存档。

来文内容如下：

（南统发〔2012〕28号）

南方省统计局关于印发《统计信息化十二五建设规划》的通知

主题词：统计信息化　建设规划　通知

各地市统计局：

《南方省统计信息化十二五建设规划》已经省信息化领导小组会议讨论通过，现印发给你们。请结合当地实际编制 2012 年工作计划，修订十二五规划。

二〇一二年十一月六日

南方省统计信息化十二五建设规划

根据统计署《2007 至 2010 年统计信息化发展规划》（统计发〔2007〕51 号）和省政府办公厅《南方省电子政务建设指导意见》（南政办发〔2002〕22 号），结合我省统计机关实际情况，特制定本规划。

一、指导思想

十二五期间全省统计信息化建设的指导思想是：认真落实全国金审工程建设的要求，以科学发展观为指导，以创新统计方式为核心，以促进信息技术在统计工作中的普及和应用为重点，实现全省统计信息化的新一轮发展，为更好地发挥统计监督作用提供技术支持和服务。

二、建设原则

（省略）

三、主要目标

（省略）

四、主要任务

（省略）

五、保障措施

（省略）

统计信息化不仅涉及统计手段的改变，而且对统计理念、统计方法、统计流程，甚至对统计人员的思维方式、工作方式都将产生深远的影响。各级统计机关要进一步增强责任感和紧迫感，采取措施，扎实工作，确保完成本规划提出的各项任务。

（2）操作

① 来文登记。要求将来文件内容全部录入登记编辑窗口。

② 拟办。

③ 批示。

④ 承办。

⑤ 分发（通过正式发文完成一次局内人员的分发操作）。

⑥ 存档。

3.3.3 任务 3 电子档案操作

1. 实训要求

本实训任务的目的是通过操作模拟 OA 系统平台——"海滨市统计局办公自动化系统"熟悉 OA 系统档案管理与借阅过程。

2. 实训步骤

（1）文件归档。

① 对统计局发文按下述步骤进行归档操作。

分类：统计局发文

入卷：全宗号为 100

组卷：案卷标题为"统计信息化建设"

登记案卷目录：卷号为 001，保管期限为 10 年。

② 对收文—上级来文按下述步骤进行归档操作。

分类：上级来文

入卷：全宗号为100

组卷：案卷标题为"建设指导文件"

登记案卷目录：卷号为002，保管期限为10年。

（2）档案借阅。档案借阅管理由办公室负责，故"借出"、"审批"由办公室人员承担。以下是借阅操作信息，按流程"申请"、"借出"、"审批"、"借出"、"归还"、"注销"的过程完成。

申请人：其他科室人员

借出人：冯秘书（或办公室其他秘书）

审批人：吴主任（或黄主任）

借阅案卷：统计信息化建设

借阅事由：借阅"统计信息化建设"案卷中的省统计局发文。

借阅期限：10天

申请人意见：查看省统计局有关信息化建设的发文内容，请给予借出。

借出人意见一：请吴主任审批。

审批人意见：同意借出，请冯秘书办理。

借出人意见二：已办理借阅手续，请按时归还。

归还人意见：已归还所借档案，请冯秘书注销。

注销人意见：借出的档案已归还，已注销借阅。

3.4 项 目 小 结

本项目以南方省海滨市统计局的电子政务内网——办公自动化系统作为应用案例，介绍了流程定义、电子公文的发文、收文操作及文件归档过程。

电子公文的概念比较通用的定义是"以数字形式存储于磁带、磁盘、光盘等载体，依赖计算机系统阅读、处理并可在通信网络上传输的公文"。而"各地区、各部门通过由国务院办公厅统一配置的电子公文传输系统处理后形成的具有规范格式的公文的电子数据"则主要是从电子公文的规范格式、功能、权威方面进行的描述。

工作流程是指一个有始有终，工作状态存在多个环节，各环节可来回往复进行的全部过程。电子公文管理过程是一个典型的可变流程，流程的节点较多，流程的方向在流程的进行中可随当时的工作情况而灵活改变。因此，通过实际操作来掌握发文流程、收文流程是本项目学习的重点，同时对掌握政府其他工作流程也极有帮助。

对于可变流程需要先定义，定义流程的操作一般由系统管理人员完成。流程定义包括三个部分：基本设置、流程设置和流程帮助。流程设置是流程定义的核心部分，流程设置包括"流程"、"人员"、"发送"、"控制"、"信息"和"权限"六个部分。

● "流程"中需要确定流程节点数、节点名称、后续节点及可操作选项内容，从而表示出流程审批的具体步骤。

- "人员"设置是针对流程审批过程中，需要指定处理人而设计的。该设置需要确定某节点是否需要指定处理人，若不指定处理人则该节点的处理人由前一个节点操作人员提交时动态选择，若指定处理人则该节点只能由指定的人员处理，若指定处理人则还要确定是否单人处理。
- "发送"设置是针对流程审批过程中，需要指定发送对象与方式而设计的。该设置需要确定某节点"下一流程发送方式"、"发送条件"、"处理意见"、"主送"对象和"抄送"对象。
- "控制"设置主要针对发送方式的范围、形式和处理时间的控制处理。该设置需要确定某节点的"处理人员范围"、"并行或串行"、"多人处理时何时向下流转"、"限办时间"等四项内容。
- "信息"是指处理人看到的与节点相关的信息，包括四部分内容："节点帮助说明"、"意见栏名称"、"采用电子签名"和"意见栏位置"。
- "权限"设置包括"短信通知"、"打印控制"、"取消任务"、"指定工作暂停"、"工作重送"、"动态用户授权"、"禁止代理工作"、"编辑权限"等8项。一般情况下，这些选项都采用系统的默认设置。

工作流程中的不同节点操作内容不同，但存在一些共同操作，分别是"签收"、"退回"、"收回"、"流程跟踪"、"保存"与"提交"等。

一份发文在其生命周期中存在三种状态，即起草状态、办理状态和正式发文状态。

典型的发文流程包括起草、审核、签发、校对、套文、分发、存档七个节点。

典型的收文流程包括收文登记、拟办、领导批示、承办、收文分发、归档六个节点。

档案管理的专业性很强，电子档案管理更具有挑战性，本项目对档案管理的基础知识作了简单的介绍，目的是使读者对档案管理的一般过程有所了解。

习　题

一、选择题

1. 公文格式中行文单位的名称是指＿＿＿＿。
　　A．发文机关　　　　　　　　B．主送机关
　　C．抄送机关　　　　　　　　D．密送机关
2. 文件管理的内容包括创制公文、传递公文、＿＿＿＿、处置办毕文件。
　　A．打印公文　　　　　　　　B．办理公文
　　C．装订公文　　　　　　　　D．复印公文
3. 以下关于电子公文的描述错误的是＿＿＿＿。
　　A．电子公文以数字形式存储于磁带、磁盘、光盘等载体中
　　B．电子公文依赖计算机系统阅读、处理

C．电子公文可在互联网络上传输

D．电子公文可通过静电复印机复印

4．电子公文留痕信息是指_____。

A．保留电子公文的阅读痕信

B．保留电子公文的具体修改痕信

C．保留电子公文的打开痕信

D．保留电子公文的复制痕信

5．电子公文管理的三个关键点不包括_____。

A．公文交换节点   B．公文销毁节点

C．公文归档节点   D．进馆移交节点

6．下面关于工作流程不正确的说法是_____。

A．工作流程是指一个有始有终，工作状态存在多个环节，各环节可来回往复进行的全部过程

B．固定流程的各节点固定

C．可变流程的流向、各节点都可以发生变化

D．固定流程也称为自定义流程

7．发文流程的各流程步骤分别为起草、审核、签发、校对、套文、分发、存档，共七个步骤。以下描述中不正确的是_____。

A．流程最后处理节点"存档"的后续节点为空

B．前后各对节点可来回往复流转

C．"校对"的后续节点为"套文"或"分发"

D．"签发"的后续节点为"校对"或"起草"

8．下面关于"正式发文"不正确的说法是_____。

A．正式发文可阅读也可修改

B．正式发文只可阅读不可修改

C．阅读正式发文需要具有一定的权限

D．收文内容可以通过"正式发文"分发到各个相关人员

9．一份发文在其生命周期中不包含的状态是_____。

A．起草状态   B．办理状态

C．正式发文状态   D．收文状态

10．下面关于流程操作中不正确的说法是_____。

A．文件起草提交后，起草人将文件"收回"以便进行修改，此时起草人不需要进行"签收"即可进入修改操作

B．所有节点都必须先完成"签收"，才能进入下一步操作

C．文件起草提交后，起草人将文件"收回"以便进行修改，则下一节点的审核人不能对该文件进行审核

D．文件起草提交后，起草人不能对已被下一节点审核人"签收"文件进行"收回"操作

二、问答题

1. 电子公文与纸质公文有哪些相同点和哪些不同点？
2. 电子公文管理应遵循哪些原则？
3. 为什么说"公文留痕信息"是电子公文管理中的一个重要问题？
4. 电子发文与电子收文有哪几种状态？状态之间如何进行变化？
5. 电子发文草稿由哪几部分构成？
6. OA 系统流程的定义包括哪几个部分？
7. 电子发文流程包括哪几个节点？各节点的任务是什么？
8. 电子收文流程包括哪几个节点？各节点的任务是什么？
9. 电子档案管理包括哪些内容？
10. 简述将一份正式发文归档的步骤。

项目 4　电子事务管理

4.1　项目分析

典型案例

在 OA 系统上进行行政事务管理需要把行政事务工作的过程梳理清楚，使得它们规范化和程序化，这需要做很多基础性的调研与设计工作。目前，在 OA 系统上的行政事务管理包括接待管理、信访管理、人事管理、考勤管理、值班管理、会议管理、车辆管理、固定资产管理和办公用品管理等。

海滨市统计局采用的"求迅办公自动化系统 2.0"软件能满足电子事务管理的要求，实现了接待管理、信访管理、会议管理、车辆管理、固定资产管理的电子化处理。

教学目标

本项目通过对"求迅办公自动化系统 2.0"软件的学习，了解电子事务管理的一般概念，熟悉接待管理、信访管理、会议管理，了解用车管理、固定资产管理等流程的基本操作方法。

4.2　相 关 知 识

电子事务管理是行政事务管理的电子化。行政事务管理是指对一个单位各种资源及其使用的管理，是为本单位正常运作及发挥核心职能提供服务和保障的基本手段。在一个单位的机构设置中，除表征该单位核心职能的部门外，像办公室、人事部门、财务部门、总务部门这些常设机构就是为发挥单位的核心职能提供服务的部门，这些部门涉及单位内的信息资源、人力资源和实物资源，它们的工作带有普遍性和共性，是单位正常运作不可缺少的部分。因此，在 OA 系统上实现行政事务管理将会极大地提高单位的工作效率，尤其是当实现单位核心职能的业务系统通过适当的接口与 OA 系统完成数据交换时，电子政务内网将发挥出更加突出的优势作用。

4.2.1　接待管理

接待是单位一项的重要对外工作，是单位与外界联系的"窗口"，接待工作的好坏直接关系着本单位与其他单位及与上、下级单位交流的成功与否。接待工作的承办可以是办公室，也可能是其他职能部门，接待的种类和规格也各不相同。OA 系统把接待管理划分为普通接待和重要接待两个子模块，接待的发起人在了解了来宾情况，并有了初步的接待计划后启动接待流程，根据领导的批示去实施接待工作。接待流程由四个节点组成：申请、审核、审批和承办。审核由申请人所在部门的领导承担，审批由单位的主管领导负责，申请与承办由同一个人完成。

1. 普通接待

（1）接待申请

申请人（办公室陈秘书）登录 OA 系统，进入个人主页。

① 选择"行政事务"|"接待管理"|"普通接待"命令，进入接待管理视窗，如图 4-1 所示，窗口左侧显示"普通申请处理"、"异常普通申请"和"普通接待记录"三项子命令。

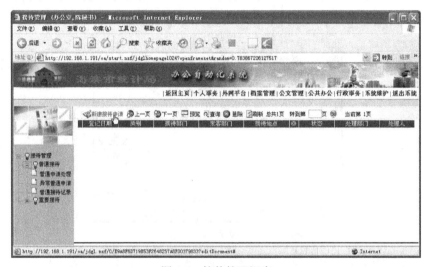

图 4-1　接待管理视窗

- **普通申请处理：** 用于提交普通接待申请。
- **异常普通申请：** 异常申请是在提交处理过程中，申请被"取消"或"暂停"等异常情况的记录，用户可以根据情况单击异常申请文档恢复申请流程处理。
- **普通接待记录：** 显示所有处理完毕的普通接待申请记录。

② 选择"普通申请处理"命令，窗口右边的视图列表里将显示所有的普通接待申请记录，单击【新建接待申请】按钮，弹出"接待申请单"窗口，其中包含当前状态、登记日期、申请人、类别、接待地点、接待部门、来客部门、来客规格、来客人数、接待标准、陪客人数及接待时间等项目，除当前状态、登记日期和申请人由系统自动填写外，其他内容都需要由申请人根据接待情况准确录入，如图 4-2 所示。

来客规格要根据来访客人的单位和身份进行确定，如普通、贵宾。接待标准则一般与来客规格有关，如对待贵宾需要高规格接待。

③ 单击【提交】按钮，弹出"请填写处理意见"窗口，输入"请吴主任审核接待南方统计局来访人员方案。"，如图 4-3 所示。

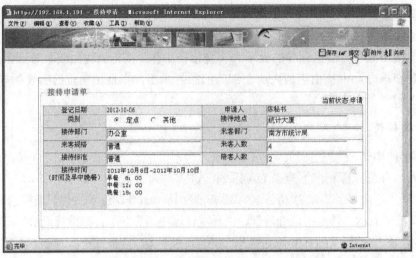

图 4-2 "接待申请单"窗口

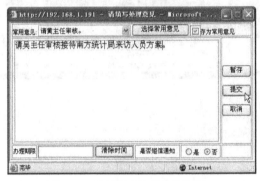

图 4-3 "请填写处理意见"窗口

④ 填完处理意见后再次单击【提交】按钮，选择流程的下一节点处理人吴主任，单击【确定】按钮完成接待的申请工作，流程进入审核阶段，如图 4-4 所示。

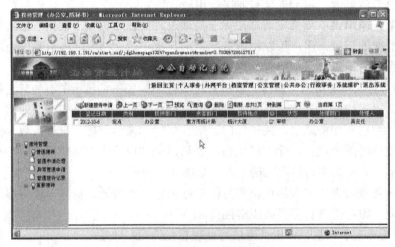

图 4-4 申请提交后的管理视窗

（2）审核

审核人（办公室吴主任）登录 OA 系统，进入个人主页。

① 单击"待办事宜"栏中的"接待申请 审核"事项，进入"接待申请单"窗口。单击【签收】按钮后可对申请单中的内容进行核实、修改。在图 4-5 中，审核人在原接待时间内增加了"2012 年 10 月 8 日 15:00-16:30 座谈。"的安排，使接待工作更加完善。

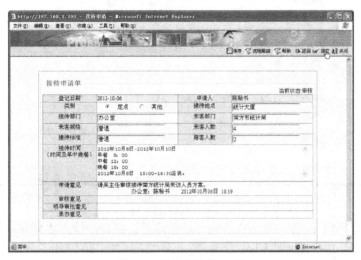

图 4-5　接待申请单-审核

② 单击【提交】按钮，弹出"请填写处理意见"窗口，因为统计局是由孙局长分管办公室接待工作，故输入"请孙局长批示。"，如图 4-6 所示。

图 4-6　审核意见

③ 再次单击【提交】按钮，选择流程的下一节点处理人孙局长，单击【确定】按钮，即完成接待的审核工作，流程进入审批阶段。

（3）审批

审批人（主管办公室的孙局长）登录 OA 系统，进入个人主页。

① 单击"待办事宜"栏中的"接待申请 审批"事项，进入"接待申请单"窗口。单击【签收】按钮后可对申请单中的内容进行审批，如图 4-7 所示。

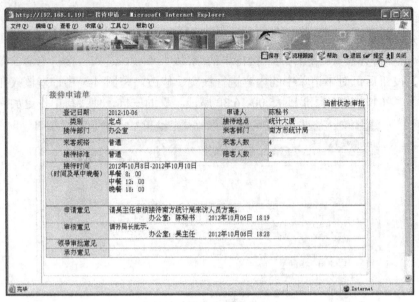

图 4-7　接待申请单-审批

② 单击【提交】按钮，弹出"请填写处理意见"窗口，输入"同意，按此方案接待，请陈秘书承办。"，如图 4-8 所示。

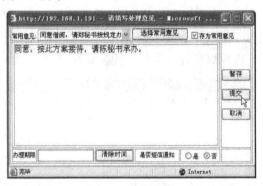

图 4-8　审批意见

③ 填完处理意见后，再次单击【提交】按钮，选择流程的下一节点与处理人，单击【确定】按钮完成接待的审批工作，流程进入承办阶段。

（4）承办

① 承办人（办公室陈秘书）登录 OA 系统，进入个人主页，单击"待办事宜"栏中的"接待申请 承办"事项，进入"接待申请单"窗口。单击【签收】按钮后可阅读部门领导的审核意见及局主管领导的审批意见，根据领导的意见实施接待，如图 4-9 所示。

② 单击【提交】按钮，弹出"请填写处理意见"窗口，可在此对接待情况作一个简单的小结。填完处理意见后再次单击【提交】按钮，即完成整个接待申请流程。

2. 重要接待

重要接待是指进行一些重大活动时需要安排的接待工作。对于重要接待管理，其操作方法与普通接待管理相同，也包括申请、审核、审批、承办等步骤。

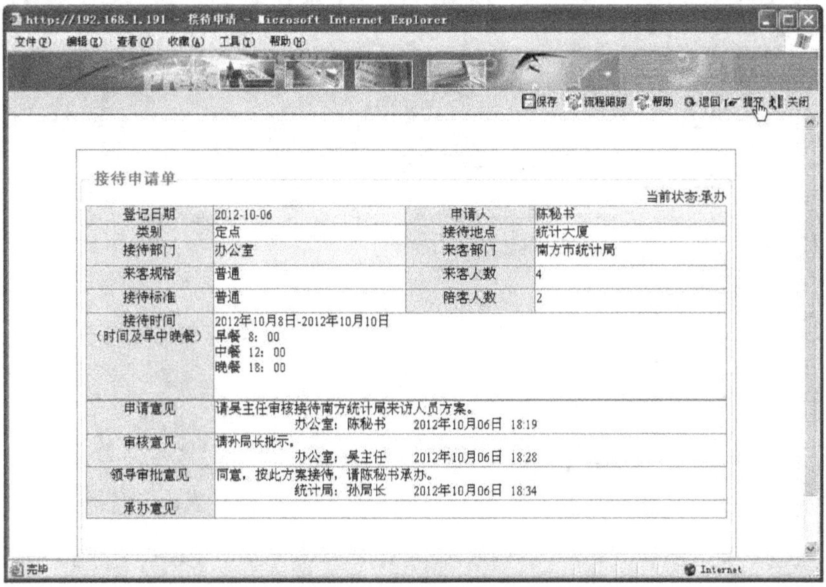

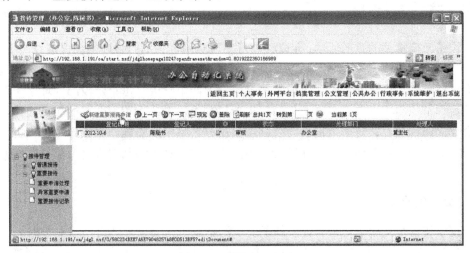

图 4-9　接待申请单-承办

① 申请人登录 OA 系统，进入个人主页。选择"行政事务" | "接待管理" | "重要接待"命令进入接待管理视窗，如图 4-10 所示，窗口左侧显示"重要申请处理"、"异常重要申请"和"重要接待记录"三项子命令。

图 4-10　接待管理视窗

② 选择"重要申请处理"命令，窗口右边的视图列表里将显示所有的重要接待申请记录，单击"新建重要接待申请"按钮，弹出如图 4-11 所示的"重要接待申请"窗口，该窗口与普通接待申请单相似，包括的项目有当前状态、登记日期、申请人、类别、接待地点、接待部门、来客部门、来客规格、来客人数、接待标准、陪客人数及接待时间等，同时增加了对重大接待事项的说明栏。

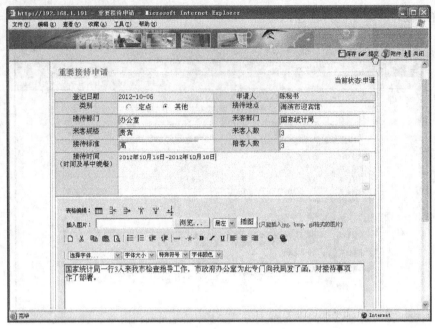

图 4-11 "重要接待申请"窗口

③ 单击【提交】按钮，以后的操作步骤与普通接待申请的操作步骤完全相同，具体如图 4-3~图 4-9 所示。

4.2.2 会议管理

会议是政府机关的重要活动，会议管理可实现对单位各部门召开的会议进行网上预约、安排、申请、审批，会议在线通知以及会议纪要的归档等功能。一个会议的全部管理过程包括会议室预约、会议安排、会议通知、会议纪要四个阶段，每个阶段的管理又由若干个不同的流程节点组成。一般来说，部门提出会议预约，办公室负责会议的协调安排，部门实施会议的组织召开，对于全局的会议则主要由办公室组织实施。局领导负责审批，从宏观上控制会议的数量和质量，以保证会议不流于形式，真正起到促进整个单位工作开展的作用。

1. 会议室资源

会议室资源模块用于记录会议室的所有资源信息，为会议管理提供基本数据。

（1）会议室管理人员（办公室陈秘书）登录 OA 系统，进入个人主页。选择"行政事务"|"会议管理"|"会议室资源"命令进入会议室资源视窗，如图 4-12 所示，窗口右侧显示已录入的会议室列表。

（2）单击【新建会议室资源】按钮，弹出如图 4-13 所示的"会议室资源表"窗口，该窗口包括的项目有会议室名称、楼层、编号、容纳人数、配套设备、具体描述和备注。这些资料应准确输入，以便会议室的使用。

图 4-12 会议室资源视窗

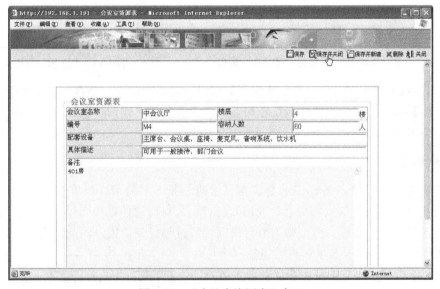

图 4-13 "会议室资源表"窗口

（3）填写完毕后，单击【保存并关闭】按钮返回会议室资源视窗。

2. 会议室预约

会议室预约模块是启动会议管理的第一步，由召开会议的部门根据会议的需要提出会议申请，即会议室预约事项。

（1）会议主办部门的相关人员登录 OA 系统，进入个人主页。选择"行政事务"|"会议管理"|"会议室预约"命令，进入会议室预约视窗，视窗右侧显示已预约的会议列表。单击【新建会议室预约】按钮，弹出"会议室使用预约表"窗口，如图 4-14 所示。

预约表项目包括预约日期、登记人、时间、主办部门、出席人员和人数、地点及内容。预约日期是指申请预约的当前日期；时间是指开会的时间，单击此栏可从弹出的日期对话框中进行选择；地点是指开会的场所，单击此栏可弹出"选择会议地点"对话框，如图 4-15 所示，可从中选择合适的会议室；内容是对会议目的、议题的描述，要求简单扼要，行文清晰明了，便于领导审批。预约日期、登记人、主办部门由系统自动填写，其他项目由预约人据实填写。

图 4-14 "会议室使用预约表"窗口

图 4-15 "选择会议地点"对话框

（2）预约表填写完毕后，单击【保存】按钮，可将当前内容存盘，以便于今后修改；单击【预约】按钮，可把当前的会议预约存入会议管理的"预约"队列中，会议安排人可根据预约申请安排会议。

3. 会议安排

会议安排模块负责对各部门的会议申请进行审批，并协调会议室资源的使用，由会议管理人员负责，该模块只能由会议管理人员启动。对普通的部门会议，会议管理人员可直接进行答复并做出安排，但一些重要会议则要经过领导的审批，因此，会议安排需要经过一个流程才能完成。会议安排流程包括三个环节：拟稿、审批和承办。拟稿由会议管理人员完成，审批由单位的主管领导负责，承办由会议申请人完成，流程的流转过程如图 4-16 所示。

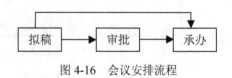

图 4-16 会议安排流程

（1）拟稿

会议管理人员登录 OA 系统，进入个人主页。

① 选择"行政事务"|"会议管理"|"会议安排"命令，进入会议安排视窗，左侧菜单项包括"在办会议安排"、"异常会议安排"和"会议安排记录"，选择"在办会议安排"命令，视窗右侧显示正在安排的会议列表，如图 4-17 所示。

② 单击【新建会议安排】按钮，弹出"会议（活动）安排"窗口，如图 4-18 所示。该窗口中需要录入的内容包括时间段、时间、主办部门、会议内容、出席人员和人数、地点等信息。由于该窗口是录入一个时间段的会议安排，因此可同时录入多条记录。

图 4-17 会议安排视窗

图 4-18 "会议（活动）安排"窗口

③ 如果已经存在多个会议室预约，单击【取会议预约】按钮，可以把预约队列中的记录全部取出来，自动填入该窗口中，如图 4-19 所示。

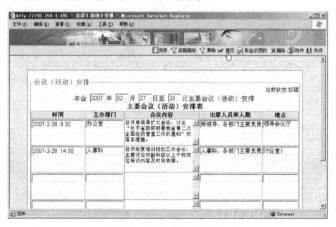

图 4-19 取出会议预约记录

作为会议管理人员，在填写完该窗口内容后，应认真检查是否存在会议时间、出席人员和会议地点冲突问题，应及时发现问题，并进行协调处理。对于一般会议，管理人员可选择直接"提交"到会议的承办人；对那些需要领导审核才能通过的会议，则应将流程"提交"到审批节点。

④ 单击【提交】按钮，弹出"请填写处理意见"窗口，如图 4-20 所示，写上相关的处理意见。再次单击【提交】按钮，弹出"流程和处理人选择"对话框，会议管理人员根据会议的规格选择流程的下一节点，如图 4-21 所示，选择下一节点为"审批"，并选择局领导为下一节点的处理人，单击【确定】按钮流程进入审批环节。

图 4-20 会议安排的处理意见

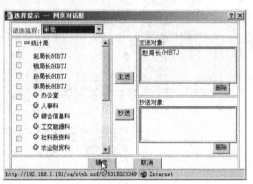
图 4-21 "流程和处理人选择"对话框

（2）审批

审批人（赵局长）登录 OA 系统，进入个人主页。

① 单击"待办事宜"栏中的"会议安排 审批"事项，进入"会议（活动）安排"窗口，如图 4-22 所示。单击【签收】按钮，审批人可以查看所有会议的安排情况，并根据局里的部署作出审批意见。

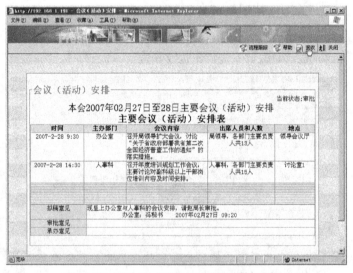
图 4-22 "会议（活动）安排"窗口-审批

② 单击【提交】按钮，弹出"请填写处理意见"窗口，如图 4-23 所示，写上相关的处理意见。再次单击【提交】按钮，弹出"流程和处理人选择"对话框，对于存在多个会议安排的情形，下一流程的处理人应包括申请会议预约的所有申请人，因此主送对象栏内应将相应的人员全部选入，如图 4-24 所示，办公室选择了黄主任作为下一节点的处理人，人事科选择了沈科长作为下一节点的处理人，单击【确定】按钮流程进入承办环节。

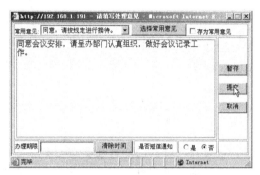
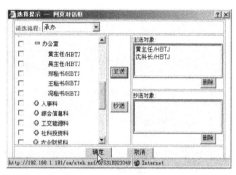

图 4-23 会议安排的处理意见　　　　图 4-24 "流程和处理人选择"对话框

（3）承办

承办人（办公室黄主任）登录 OA 系统，进入个人主页。

① 单击"待办事宜"栏中的"会议安排 承办"事项，进入"会议（活动）安排"窗口，如图 4-25 所示。单击【签收】按钮，承办人可以查看领导的审批意见及会议安排情况。

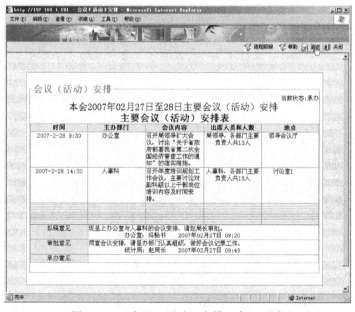

图 4-25 "会议（活动）安排"窗口-承办

② 单击【提交】按钮，弹出"请填写处理意见"窗口，如图 4-26 所示，写上相关的处理意见。再次单击【提交】按钮，完成会议安排的最后处理工作。

图 4-26　会议承办的处理意见

对于人事科的承办人，具体操作方法相似。

4. 会议通知

会议通知是指将召开会议的安排通知到每一个参会者。对部门的普通会议，会议管理人员可直接进行通知的发布，对一些重要会议则要经过领导的审批，因此，会议安排需要经过一个流程才能完成。会议通知流程包括拟稿、审批和发布三个环节。拟稿由会议管理人员完成，审批由单位的主管领导负责，发布由会议申请人完成，流程的流转过程如图 4-27 所示。

图 4-27　会议通知流程

（1）拟稿

会议管理人员登录 OA 系统，进入个人主页。

① 选择"行政事务"|"会议管理"|"会议通知"命令进入"会议通知"窗口，与图 4-17相似，左侧菜单项包括"在办会议通知"、"异常会议通知"和"会议通知记录"，单击"在办会议通知"，窗口右侧显示正在通知的会议列表。单击【新建会议通知】按钮，弹出"会议通知"窗口。描述会议通知的参数包括当前状态、会议名称、起草时间、登记人和正文内容。会议名称和正文内容由拟稿人填写，其他内容则由系统自动填入。会议名称可直接输入，也可从其下拉列表框中选择，通知内容可根据本次会议预约内容填写，如图 4-28 所示。

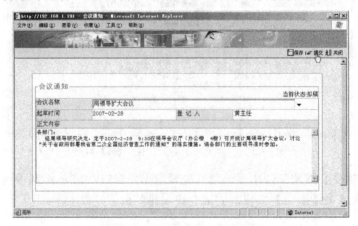

图 4-28　"会议通知"窗口-拟稿

图 4-28 中，黄主任填写的内容如下。

会议名称：局领导扩大会议

正文内容：

各部门：

经局领导研究决定，定于 2007-2-28 9:30 在领导会议厅（办公楼 4 楼）召开统计局领导扩大会议，讨论"关于省政府部署我省第二次全国经济普查工作的通知"的落实措施。请各部门的主要领导准时参加。

② 单击【保存】按钮，将当前内容存盘，以便于今后修改；单击【提交】按钮，弹出"请填写处理意见"窗口，写上相关的处理意见，如图 4-29 所示。

③ 再次单击【提交】按钮，弹出"流程和处理人选择"对话框，选择下一节点为"审批"，并选择局领导为下一节点的处理人，单击【确定】按钮，流程进入审批环节。

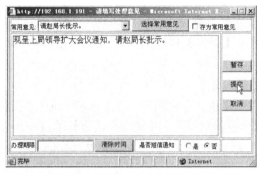

图 4-29　会议通知拟稿的处理意见

（2）审批

审批人（赵局长）登录 OA 系统，进入个人主页。

① 单击"待办事宜"栏中的"会议通知 审批"事项，进入"会议通知"窗口。单击【签收】按钮，审批人查看会议通知内容，并作出审批意见，如图 4-30 所示。

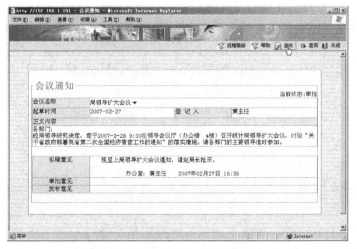

图 4-30　"会议通知"窗口-审批

② 单击【提交】按钮，弹出"请填写处理意见"窗口，写上相关的处理意见，如图4-31所示。

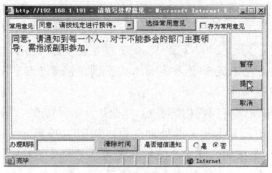

图4-31　会议通知审批意见

③ 再次单击【提交】按钮，弹出"流程和处理人选择"对话框，选择办公室黄主任作为下一节点的处理人，单击【确定】按钮流程进入通知发布环节。

（3）发布

发布人（办公室黄主任）登录OA系统，进入个人主页。

① 单击"待办事宜"栏中的"会议通知发布"事项，进入"会议通知"窗口。单击【签收】按钮，发布人查看领导的审批意见，并进行会议通知的发布工作，可通过留言板的"发送"功能将会议通知内容发送到每一个参会者，并成为参会者的待办事宜，以保证每一个参会人员都能接收到通知，同时还可通过电子公告将会议通知发布到单位所有人员的个人主页上，如图4-32所示。

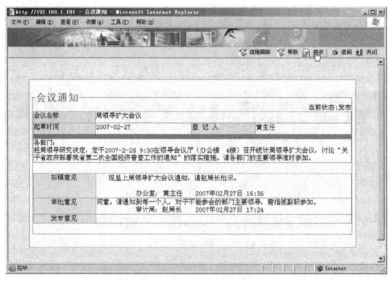

图4-32　"会议通知"窗口-发布

② 单击【提交】按钮，弹出"请填写处理意见"窗口，写上相关的处理意见，如图4-33所示。再次单击【提交】按钮，完成会议通知的最后处理工作。

图 4-33   会议通知发布意见

5. 会议纪要

会议纪要是会议结束后生成的，记录会议召开的时间、与会人员、会议内容、形成的
决定等。会议纪要的管理过程包括拟稿、审批和归
档三个环节。拟稿由会议主办部门的人员完成，审
批由单位的主管领导负责，归档也由会议主办部门
的人员完成，流程的流转过程如图 4-34 所示。

图 4-34   会议纪要流程

（1）拟稿

会议主办人员登录 OA 系统，进入个人主页。

① 选择"行政事务"|"会议管理"|"会议纪要"命令，进入"会议纪要"窗口，与
图 4-17 相似，左侧菜单项包括"在办会议纪要"、"异常会议纪要"和"会议纪要记录"，
选择"在办会议纪要"命令，窗口右侧将显示正在作纪要的会议列表。

② 单击【新建会议纪要】按钮，弹出"会议纪要"窗口。描述会议纪要的参数包括当
前状态、会议名称、时间、地点、记录人、正文内容。正文内容由拟稿人填写，其他内容
系统自动填入。"会议名称"和"地点"可直接输入，也可从下拉列表框中选择；"纪要
内容"要根据会议的召开情况进行撰写，一般应包括主持人、参会人员、会议内容及会议
结果（如形成了什么决定、提出了哪些具体措施等），如图 4-35 所示。

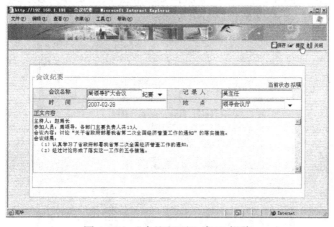

图 4-35   "会议纪要"窗口-拟稿

③ 单击【保存】按钮将当前内容存盘，便于以后对纪要内容进行修改；单击【提交】按钮，弹出"请填写处理意见"窗口，写上相关的处理意见，如图 4-36 所示。

图 4-36　会议纪要拟稿的处理意见

④ 再次单击【提交】按钮，弹出流程和处理人选择对话框，选择下一节点为"审批"，并选择局领导为下一节点的处理人，单击【确定】按钮流程进入审批环节。对于一些简单的会议，纪要拟稿后可直接提交归档处理。

（2）审批

审批人（赵局长）登录 OA 系统，进入个人主页。

① 单击"待办事宜"栏中的"会议纪要 审批"事项，进入"会议纪要"窗口，如图 4-37 所示。单击【签收】按钮，审批人查看纪要内容，并作出审批意见。

② 单击【提交】按钮，弹出"请填写处理意见"窗口，写上相关的处理意见，如图 4-38 所示。再次单击【提交】按钮，弹出"流程和处理人选择"对话框，选择归档处理人后，单击【确定】按钮，流程进入纪要归档环节。

（3）归档

档案管理人员（办公室郑秘书）登录 OA 系统，进入个人主页。

① 单击"待办事宜"栏中的"会议纪要 归档"事项，进入"会议纪要"窗口，单击【签收】按钮，查看领导的审批意见，为使会议纪要在指定的人员中传阅，可通过留言板的"发送"功能将纪要内容发送到每一个指定人员，成为他们的待办事宜，以保证他们都能接收到会议纪要，如图 4-37 所示。最后按要求将会议纪要作为发文进行分类和归档。

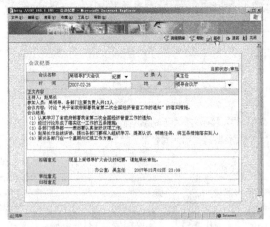

图 4-37　"会议纪要"窗口-审批

② 单击【提交】按钮，弹出"请填写处理意见"窗口，写上相关的处理意见，如图 4-38 所示。再次单击【提交】按钮，完成会议纪要的最后处理工作。

图 4-38　会议纪要审批意见

4.2.3　车辆管理

车辆管理是指对单位各种车辆的使用和维修进行管理，包括车辆基本资料、车辆调配、车辆维修保养、车辆经费管理、车辆经费统计五个部分。其中车辆基本资料、车辆经费管理、车辆经费统计由系统管理员或授权人员操作，担当车辆管理角色的一般人员可进行车辆调配与车辆维修保养的流程操作。

1. 车辆基本资料

（1）车辆资源

系统管理员登录 OA 系统，进入个人主页。

① 选择"行政事务"|"用车管理"|"基本资料"命令，进入车辆基本资料视窗。左侧菜单项包括"车辆资源"和"司机资源"，选择"车辆资源"命令，窗口右侧将显示已录入的车辆资源列表，显示的内容包括车牌号码、车辆名称、车辆类型、载客人数、购买日期等，如图 4-39 所示。

图 4-39　车辆资源视窗

② 单击【新建车辆资源】按钮，弹出"车辆资源"窗口。描述车辆资源的参数包括车牌号码、载客人数、车型、车辆名称、颜色、车架证号、发动机号码、定编证号、购置税证号、保险单号、净价、税金、总价、购买日期、车辆照片、登记时间和登记者。其中登记时间、登记者由系统自动填入，总价一项在保存后由系统自动算出，其他项目由登记人根据购车详细资料填写。车牌号码、载客人数、车型等资料要准确无误地填写，便于进行车辆的调度管理，如图4-40所示。

图4-40 "车辆资源"窗口

③ 单击【附件】按钮可将车辆的照片录入，单击【删除】按钮可将当前内容删除。单击【保存】按钮将当前内容存盘，以后在车辆资源视窗中双击某条记录，可对该车辆资源内容进行修改。单击【保存并新建】按钮，可将单位的所有车辆资源登记好。

（2）司机资源

① 在车辆基本资料视窗中选择"司机资源"命令，右边的视图列表中将显示已录入的司机记录，内容包括司机姓名、出生年月、联系电话、身份证号和驾驶证号，如图4-41所示。

图4-41 司机资源视窗

② 单击【新建司机资源】按钮，打开"司机资源"窗口。描述司机资源的参数包括姓名、性别、出生年月、身份证号、政治面貌、驾驶起始时间、住宅电话、驾驶证号、住址和备注等，如图 4-42 所示。

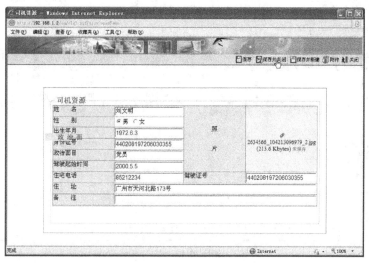

图 4-42　"司机资源"窗口

③ 单击【附件】按钮可将司机的照片录入；单击【保存】按钮，可将当前内容存盘，以后在司机资源视窗中双击某条记录，可对该司机资源内容进行修改；单击【保存并新建】按钮，可将单位的所有司机资源登记好。

2.　车辆调配

车辆调配是指对部门用车的申请进行审批，对车辆和司机进行调配，以满足单位日常工作中对车辆使用的需要。车辆调配操作包括车辆预约流程、用车记录和车辆调度动态 3 个部分。车辆预约流程由预约、科室审核、办公室审批和车队派发四个环节组成，如图 4-43 所示。

图 4-43　车辆预约流程

（1）车辆预约

用车部门人员（以综合信息科许科员为例）登录 OA 系统，进入个人主页。选择"行政事务"｜"用车管理"｜"车辆调配"命令，进入车辆调配视窗，左侧菜单项包括"车辆预约"和"历史记录"。选择"车辆预约"命令，窗口右侧将显示车辆预约信息，内容包括预约日期、用车部门、申请人、状态、处理部门、处理人和事由等，如图 4-44 所示。

第一步　预约。

① 单击【新建车辆预约】按钮，弹出如图 4-45 所示的"车辆预约申请表"窗口。描述车辆预约的参数包括当前状态、用车部门、用车人数、用车事由、申请人、预约日期、用车时间、出车路线、预计公里数、出车司机和车号。当前状态、用车部门、申请人、预

约日期由系统自动填写，其他内容由申请人填写，出车司机、车号也可以先不填，由办公室审核时填写。

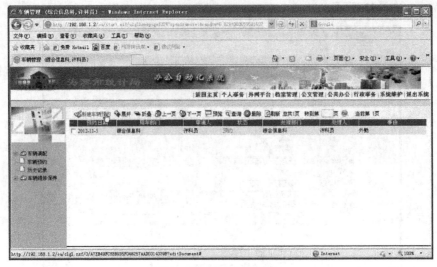

图 4-44　车辆调配视窗

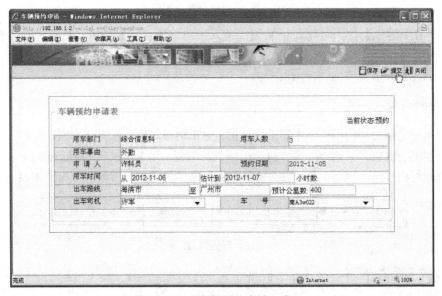

图 4-45　"车辆预约申请"窗口

② "出车司机"下拉列表框中可显示已录入的司机资源库，从中选择出车司机，如图 4-46（a）所示；"车号"下拉列表框中可显示已录入的车辆资源库，从中选择车辆，如图 4-46（b）所示。

注意： 若出车司机被选中出车，则该司机名单将从司机列表中删除，直到出车完毕；同样，若某辆车被选中，则该车的车牌号码将从车辆列表中删除，直到出车完毕，车辆再次入库后方能正常显示。

（a）

（b）

图 4-46　选择司机与车号

③ 单击【保存】按钮将当前内容存盘，以便于今后对申请内容进行修改。单击【提交】按钮，弹出"请填写处理意见"窗口，写上相关的处理意见，如图 4-47 所示。

图 4-47　申请人意见

④ 再次单击【提交】按钮，弹出"流程和处理人选择"对话框，选择下一节点为"科室审核"，并选择本部门领导为下一节点的处理人，如图 4-48 所示，单击【确定】按钮流程进入审核环节。

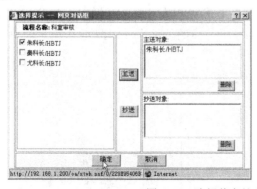

图 4-48　选择节点处理人

第二步　科室审核。

审核人（朱科长）登录 OA 系统，进入个人主页。

① 单击"待办事宜"栏中的"车辆预约 科室审核"事项，进入"车辆预约申请表"窗口，如图 4-49 所示。单击【签收】按钮，审核人作出审核意见。

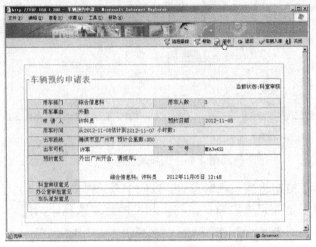

图 4-49 "车辆预约申请表"窗口-审核

② 单击【提交】按钮，弹出"请填写处理意见"窗口，写上相关的处理意见，如图 4-50 所示。

图 4-50 审核人意见

③ 再次单击【提交】按钮，弹出"流程和处理人选择"对话框，选择下一节点为"办公室审批"，并选择办公室黄主任作为下一节点的处理人，如图 4-51 所示。单击【确定】按钮，流程进入审批环节。

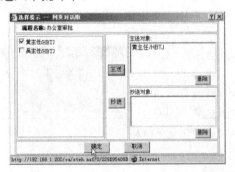

图 4-51 选择节点处理人

第三步　办公室审批。

审批人（黄主任）登录 OA 系统，进入个人主页。

① 单击"待办事宜"栏中的"车辆预约 办公室审批"事项，进入"车辆预约申请表"窗口。单击【签收】按钮，审批人作出审批意见，如图 4-52 所示。

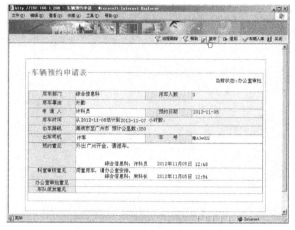

图 4-52　"车辆预约申请表"窗口-审批

② 单击【提交】按钮，弹出"请填写处理意见"窗口，写上相关的处理意见，如图 4-53 所示。

图 4-53　审批人意见

③ 再次单击【提交】按钮，弹出"流程选择和处理人选择"对话框，如图 4-54 所示。选择下一节点为"车队派发"，并选择办公室管理车辆调度的冯秘书作为下一节点的处理人，单击【确定】按钮，流程进入派车环节。

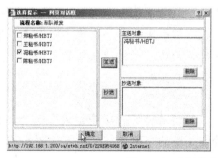

图 4-54　选择节点处理人

第四步　车队派发。

派发人（冯秘书）登录 OA 系统，进入个人主页。

① 单击"待办事宜"栏中的"车辆预约 车队派发"事项，进入"车辆预约申请表"窗口。单击【签收】按钮，派发人根据领导的审核意见进行车辆的派发，如图 4-55 所示。

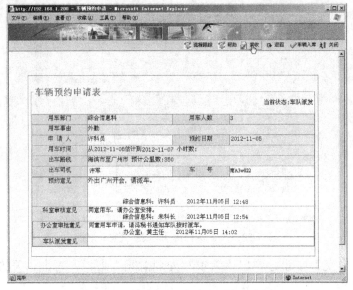

图 4-55 　"车辆预约申请表"窗口-派发

② 单击【提交】按钮，弹出"请填写处理意见"窗口，如图 4-56 所示，写上相关的处理意见。再次单击【提交】按钮，完成车辆预约流程的最后工作。

图 4-56 　车辆派发意见

值得注意的是，在车辆预约申请表的每个界面中都有一个【车辆入库】按钮，该按钮的功能是如果在某一步不同意派车，则应终止流程，单击该按钮就可将本预约选择的司机及车辆牌号恢复到可选状态，从而不影响其他的预约。

（2）浏览历史记录

① 选择"行政事务"|"用车管理"|"车辆调配"|"历史记录"命令，右边的视图列表中将会显示登录人本人申请的、已经处理完毕的车辆预约记录，如图 4-57 所示。

图 4-57　车辆调配记录

② 双击选中的记录，可以打开查看详细内容。车辆预约人员用车后第一次打开该记录时，会看到界面的右上角有一个【车辆入库】按钮，单击该按钮可将本预约选择的司机及车辆牌号恢复到可选状态，以后再次打开该记录时将不再出现【车辆入库】按钮，如图 4-58所示。

图 4-58　车辆预约详细内容

一般人员只能查看自己的预约记录，系统管理员或授权人员可查看所有人员的用车记录。预约人员完成出差后，应进行车辆入库操作，以免影响其他人对车辆的预约。

（3）修改车辆调度动态

系统管理员或授权人员登录 OA 系统，选择"行政事务"|"用车管理"|"车辆调配"命令，在所显示的视窗中出现"车辆调度动态"菜单项，单击该菜单项，右边窗口中将显示车辆的调度状况，"调度情况"栏中如显示"可供调度"，表示该车还未分配，在调度车辆时可供选择；相反就代表已分配，在调度车辆时不能选择，如图 4-59 所示。图中可见，牌号为"南A3W022"的轿车已分配给综合信息科使用，车辆入库前该车将不能再进行分配。

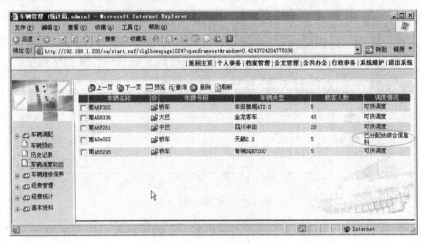

图 4-59　车辆调度状况

3．车辆维修保养

车辆维修保养是单位车队的日常工作，由于该工作涉及经费的使用，因此需要经过审批流程。审批流程一般包括拟稿、部门审核、领导审批、承办四个环节。拟稿和承办由车队管理人员完成，部门审核由办公室领导负责，审批由单位主管领导负责。日常的保养一般只需要办公室的审核，重大的维修保养则需要得到单位主管领导的批准，如图 4-60 所示。

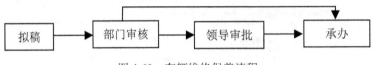

图 4-60　车辆维修保养流程

（1）拟稿人登录 OA 系统，进入个人主页。选择"行政事务"|"用车管理"|"车辆维修保养"命令，进入车辆保养维修视窗。左侧菜单项包括"在办申请"、"异常申请"和"办毕申请"，选择"在办申请"命令，窗口右侧将显示正在办理的车辆保养预约信息，内容包括时间、车号、司机、申请人、类别、状态、处理部门和处理人，如图 4-61 所示。

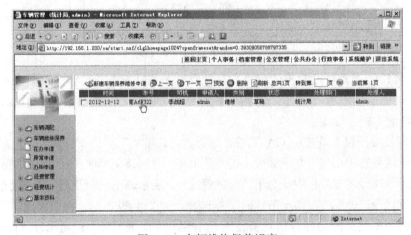

图 4-61　车辆维修保养视窗

（2）单击【新建车辆保养维修申请】按钮，弹出"车辆维修保养申请"窗口，如图 4-62 所示。保养申请的项目包括车牌号码、司机、申请人、时间、类别和项目内容。需要注意的是，被选中的车辆不能再参与车辆的预约，直到维修完成后重新入库为止。填好相应的内容，单击【提交】按钮，按照事先设定的流程发给部门领导审核；部门领导根据项目内容的大小，确定是否需要呈送主管领导审批，并选择流程的流转方向；流程经所有领导审批完成后，该条车辆维修保养申请就会显示在办毕申请视窗中。

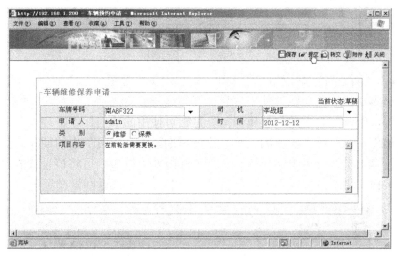

图 4-62　"车辆维修保养申请"窗口

（3）维修保养完成后，拟稿人应及时对该车进行"车辆入库"操作，以免影响对该车的调度管理。方法是在办毕申请视窗中双击该车的维修记录，打开维修保养申请对话框，单击【车辆入库】按钮即可。

4.2.4　固定资产管理

固定资产管理是对单位物资的管理，包括资产登记和借用申请管理两个子模块。借用申请管理通过流程操作进行，该流程由申请、审批、承办三个环节组成，如图 4-63 所示。申请人可以是各部门的人员，审批由管理资产的领导负责，承办是资产管理人员根据领导的批示将物资借出给申请人，并在物资归还时办理相关的手续。

图 4-63　固定资产借用流程

1. 固定资产入库登记

资产管理人员登录 OA 系统，进入个人主页。

（1）选择"行政事务"|"固定资产管理"|"资产登记"命令，进入资产登记视窗。窗口右侧显示已登录的资产信息，内容包括资产编号、固资名称、存放部门、单位、数量、金额、资产类型和使用状态。双击某条记录可将其打开，创建者本人可以对其进行修改，管理员或者创建者本人可以将其删除，如图 4-64 所示。

图 4-64　资产登记视窗

（2）单击【新建资产登记信息】按钮，弹出"资产登记信息"窗口，如图 4-65 所示。该表包括资产本身的资料和管理使用信息，资产本身资料包括资产名称、资产类型、规格型号、金额等，管理信息中的"权属部门"是指可使用的部门，"管理人"是指可对该设备进行"借出"和"归还"操作的人员，"使用期限"是指可借出的期限。其他一些不可填项目则由管理人员进行借出操作填写。单击【附件】按钮，可将该设备的照片传入；单击【保存】按钮，将所录资料存盘；单击【关闭】按钮，则返回资产登记列表视窗。

图 4-65　"资产登记信息"窗口

（3）资产信息填好后，在固定资产登记和库存记录中都会按照固定资产的类别进行分类保存，其中库存记录中会记录固定资产的所有数量。

2．借用申请管理

固定资产借用申请管理，包括"借用申请"、"异常申请"和"借用记录"，一般用户可通过借用申请流程向管理人员借用资产，并可查看自己的借用记录。

（1）借用人登录 OA 系统进入个人主页，选择"行政事务"|"固定资产管理"|"借

用申请管理"命令，进入借用申请视窗。右边窗口显示借用申请处理中的记录，内容包括拟稿日期、资产编号、资产名称、申领人、状态、处理部门和处理人，如图 4-66 所示。

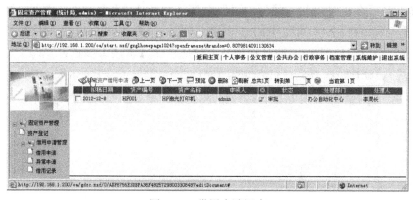

图 4-66 借用申请视窗

（2）单击【新建资产借用申请】按钮，弹出"固资借用申请"窗口，如图 4-67 所示。申请的内容包括申请人、申请部门、资产编号、用品名称、申领日期、事由和备注。

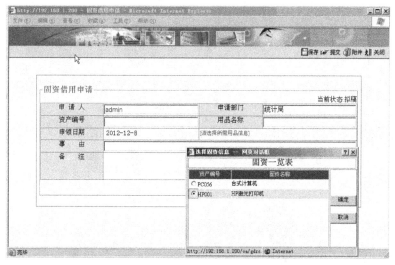

图 4-67 "固资借用申请"窗口

（3）在窗口中单击【请选择所需用品信息】按钮，窗口会弹出"固资一览表"表单，从该表单中可选择库存设备，此时系统会在资产编号及用品名称中填入相应的内容，继续填写其他项目内容之后，单击【提交】按钮，按照事先设定的流程发给相关领导审批，审批通过后流程流转给承办人处理。

3. 借用与归还

承办人根据领导的批示意见进行相关的设备借用与归还操作。

（1）借用

承办人登录 OA 系统，进入个人主页。

① 选择"行政事务"|"固定资产管理"|"资产登记"命令，进入资产登记视窗，如图 4-64 所示。窗口右侧显示已登记的固定资产列表，承办人根据申请人的借用要求查看是否有该设备，该设备的使用状态如何，再做出具体的处理操作。

② 双击可借的设备（如图中的 HP 打印机），弹出"资产登记信息"窗口，如图 4-68 所示。该窗口与图 4-65 的区别是右上角出现了【借用】按钮。

图 4-68　资产登记信息-借用

③ 单击【借用】按钮，弹出"资产借用"窗口，如图 4-69 所示。

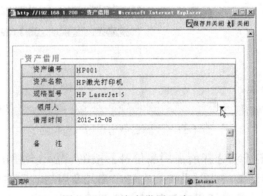

图 4-69　"资产借用"窗口

④ 在"领用人"下拉列表框中选择流程中的申请人为领用人。填写借用表单中的其他相关信息，单击【保存并关闭】按钮。

⑤ 借用完毕后，将设备分配给申请人。分配之后库存记录中的固定资产数量会自动做出相应的减少。回到资产登记视窗，单击【刷新】按钮，资产记录显示如图 4-70 所示，其中 HP 激光打印机的"使用状态"变成了"在用"，"存放部门"填入了借用人所在的部门。

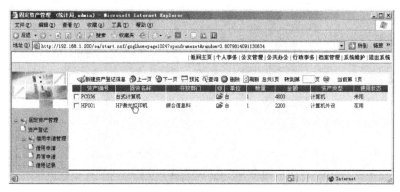

图 4-70　资产借用列表

（2）归还

借用人在使用设备后将设备归还给管理人员，管理人员（即流程中的承办人）要及时修改设备的使用状态，以便其他人可以继续借用。

① 承办人在资产登记视图中打开申请人借用的设备记录，弹出"资产登记信息"窗口，如图 4-71 所示。该窗口与图 4-68 的区别是右上角的【借用】按钮变成了【归还】按钮，窗口的下方出现了"展开借用记录信息"图标，单击该图标可显示借用记录。

图 4-71　资产登记信息-归还

② 单击【归还】按钮，弹出"资产归还"窗口，如图 4-72 所示。单击【保存并关闭】按钮，此时资产归还登记完毕。

③ 回到资产登记视窗，单击【刷新】按钮，可发现 HP 激光打印机的"使用状态"重新变成了"未用"。

图 4-72　"资产归还"窗口

4.2.5　信访管理

信访工作是政府机关与群众联系的一条重要渠道，信访管理是指对群众的来信来访进行受理登记、立案呈报、批转承办以及结案归档的全部处理过程。OA 系统的信访流程由五个环节组成：信访登记、审核、批示、承办、归档，如图 4-73 所示。审核由申请人所在部门的领导承担，批示由单位主管信访工作的领导负责，承办可由专人负责。办理信访要以事实为依据，以党纪国法为准绳，以大局为重，走群众路线，调查研究，耐心周到，把事情办好。

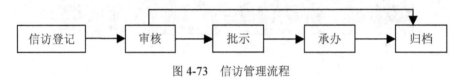

图 4-73　信访管理流程

1．信访登记

办理信访从受理登记开始。

（1）信访登记人登录 OA 系统，进入个人主页。选择"行政事务"｜"信访管理"｜"信访处理"命令，进入信访管理视窗，如图 4-74 所示。右边窗口显示已登记的信访记录，内容包括登记日期、登记人、信访人姓名、信访类别、状态、处理部门和处理人。

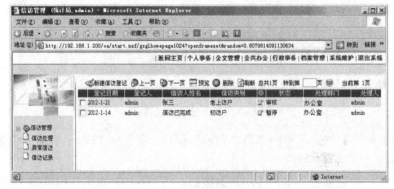

图 4-74　信访管理视窗

（2）单击【新建信访登记】按钮，弹出"信访登记单"窗口，如图 4-75 所示。登记的内容包括信访人姓名、电话、单位及身份、信访类别、信访方式、反映内容摘要等。登记人应如实地填写登记单，并单击【保存】按钮将登记的内容存盘。

图 4-75　"信访登记单"窗口

（3）已登记的信访资料应及时呈报给主管领导审核、批示。信访登记人打开信访登记单对内容进行编辑、修改时，应力求准确、简明。单击【提交】按钮，按照事先设定的流程发给相关领导审核。

2. 审核

审核人（办公室黄主任）登录 OA 系统，进入个人主页。

（1）单击"待办事宜"栏中的"信访登记 审核"事项，进入"信访登记单"窗口，如图 4-76 所示。单击【签收】按钮后可对登记单中的内容进行核实。若因为某些原因需取消或暂停该信访申请，可单击【取消】或【暂停】按钮，则在信访申请视图和异常信访视图中将显示该申请处于取消或暂停状态。

图 4-76　信访登记单-审核

（2）单击【提交】按钮，弹出"请填写处理意见"窗口。填完处理意见后，再次单击【提交】按钮，选择流程的下一节点与处理人，审核人可根据信访的具体情况决定下一步的办理方式，在提交归档后将结束。对于重大事项，则需要呈报有关领导批示，例如选择审批节点及孙局长作为审批人，单击【确定】按钮完成信访的审核工作，流程进入审批阶段。

3. 批示

审批人（统计局孙局长）登录 OA 系统，进入个人主页。

（1）单击"待办事宜"栏中的"信访登记 审批"事项，进入"信访登记单"窗口，如图 4-77 所示。单击【签收】按钮后可对登记单中的内容进行审批。

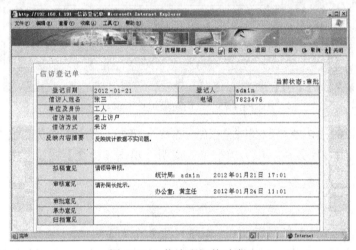

图 4-77　信访登记单-审批

（2）单击【提交】按钮，弹出"请填写处理意见"窗口。填完处理意见后，再次单击【提交】按钮，选择流程的下一节点与处理人，单击【确定】按钮完成信访的审批工作，流程进入承办阶段。

4. 承办

承办人（办公室吴主任）登录 OA 系统，进入个人主页。

（1）单击"待办事宜"区中的"信访登记 承办"事项，进入"信访登记单"窗口，如图 4-78 所示。单击【签收】按钮，根据领导的批示及信访登记表上的信息办理此次信访。

（2）单击【提交】按钮，弹出"请填写处理意见"窗口。填完处理意见后，再次单击【提交】按钮，选择流程的下一节点与处理人，单击【确定】按钮完成信访的承办工作，流程进入归档阶段。

5. 归档

归档人（办公室郑秘书）登录 OA 系统，进入个人主页。

（1）单击"待办事宜"栏中的"信访登记 归档"事项，进入"信访登记单"窗口，如图 4-79 所示。单击【签收】按钮，根据领导的批示进行归档处理。

图 4-78　信访登记单-承办

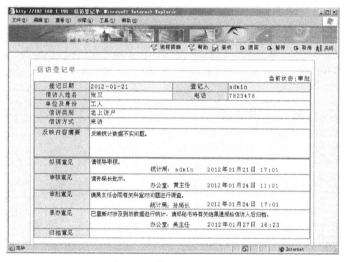

图 4-79　信访登记单-归档

（2）单击【提交】按钮，弹出"请填写处理意见"窗口。填完处理意见后再次单击【提交】按钮，即完成了信访管理流程的最后工作。

4.3　项　目　实　施

本项目的实训由 3 个实训任务组成，任务 1 熟悉接待流程操作，任务 2 熟悉信访流程操作，任务 3 掌握会议管理的全部工作过程。

4.3.1　任务 1　接待流程操作

本实训任务的目的是通过一个实例操作熟悉 OA 系统的接待流程。参考以下内容在"海滨市统计局电子政务平台"的内网 OA 系统中完成接待管理操作。

1. 接待任务

接待地点：办公楼接待室

接待部门：综合信息科

来客部门：兄弟市统计局综合信息科

来客规格：普通

来客人数：3

接待标准：普通

陪客人数：2

接待时间（时间及早中晚餐）：

第一天上午 9:00 综合信息科安排接车、住宿。

第一天中餐 12:30 接待餐厅。

第一天下午 3:00 参观信息科主机房。

第一天下午 6:30 在局内部接待餐厅宴会厅共进晚餐，钱局长参加。

第二天早餐 8:00 接待餐厅。

第二天上午 9:00 在三楼接待会议室与来客座谈，综合信息科朱科长、许科员、办公室黄主任参加。

第二天中餐 12:30 接待餐厅。

第二天下午 3:30 综合信息科安排车送行。

2. 流程操作安排

申请人：许科员

审核人：朱科长

审批人：钱局长

承办人：何科员

申请意见：请许科长审核。

审核意见：同意，请钱局长审批。

领导审批意见：同意，请按规定接待。

承办意见：已按规定做好接待准备工作。

4.3.2 任务 2 信访流程操作

本实训任务通过一个实例操作了解 OA 系统的信访流程。参考以下内容，在"海滨市统计局电子政务平台"的内网 OA 系统中完成信访管理操作。

1. 信访情况

信访人姓名：张某

电话：13300012345

单位及身份：本市城区东风路街道居民

信访类别：初次上访

信访方式：来访

反映内容摘要：海滨市统计局 2012 年三季度公开的本市城区物价指数有误，要求作进一步的调查，公布真实数据。

2．流程操作安排

登记人：彭科员（法制教育科或其他科室）

审核人：习科长

审批人：李局长

承办人：范科长

归档人：古科员

信访登记意见：来访者较详细地反映了统计数据问题，请习科长审核。

审核意见：如何处理请李局长批示。

批示意见：请范科长会同有关科室人员对反映的问题进行调查，对数据处理过程中存在的问题进行分析，最后公布结果。

承办意见：已组织人员对所涉及的数据进行了重新统计，请古科员将相关结果通知上访者并上报局主管领导，作好存档。

归档意见：已按领导意见完成最新数据的公开与存档。

4.3.3　任务 3　会议管理操作

本实训任务通过一个实例操作熟悉 OA 系统的会议管理全过程。

海滨市统计局综合信息科要召开一个部门会议，试以小组为单位完成从预约会议室到会议纪要的全部流程，会议内容及参加人员可参考以下材料自定。

首先，各小组安排角色任务，录入会议室资源，包括会议室的名称、容纳人数、设备情况等；确定启动会议流程的名称、预约人；然后确定会议安排流程的起草人与负责人、会议通知流程的起草人与负责人、会议纪要流程的起草人与负责人。参考以下内容，在“海滨市统计局电子政务平台”的内网 OA 系统中完成会议管理操作。

会议室资源：

会议室名称：接待会议厅

楼层：2 楼

编号：2

容纳人数：20 人

配套设备：会议桌、沙发、座椅、麦克风、音响系统

具体描述：可用于召开部门及接待会议

备注：会议室地点 201 房。

会议室名称：大会议室

楼层：1 楼

编号：3

容纳人数：120 人

配套设备：主席台、会议桌、座椅、麦克风、音响系统、多媒体设备

具体描述：可用于召开单位全体会议

备注：会议室地点 101 房。

1．预约会议室

出席人员和人数：综合信息科全体人员、钱局长共 10 人

地点：接待会议厅

内容：

学习《省统计信息化十二五建设规划》，结合十二五建设规划讨论本部门工作重点，安排今年的几项重要活动，分管领导钱局长参加。

2．会议安排（流程）

拟稿意见：综合信息科计划于××××年××月××日，在接待会议厅召开部门会议，请审批。

审批意见：同意会议安排，会议室管理人员作好准备，请会议预约部门做好会议通知工作。

承办意见：已作好会议准备。

3．会议通知（流程）

会议名称：信息工作会议

正文内容：

经研究，计划在 2012 年 3 月 3 日在接待会议厅召开信息化工作会议，综合信息科全体人员参加，开会时间安排如下：

9:00-10:00   领导讲话

10:10-12:00 参会人员讨论发言

14:20-15:00 钱局长讲话

15:10-16:00 任务安排

拟稿意见：会议通知已拟好，请审核。

部门审核意见：同意通知内容，请钱局长审批。

领导审批意见：同意，请及时向参会者发通知。

发布意见：会议通知已通过留言板发送到各参会者。

4．会议纪要（流程）

会议名称：信息工作会议

记　录　人：许科员

时　　　间：

地　　点：接待会议厅

正文内容

会议主持人：综合信息科朱科长

参加人员：

钱局长，

综合信息科 朱科长、秦科长、尤科长、许科员、何科员、吕科员、施科员、张科员，

办公室 吴主任。

会议内容：学习讨论"省统计局关于印发《统计信息化十二五建设规划》的通知"

（1）朱科长宣读省统计局文件，提出本次会议学习讨论省统计信息化十二五建设规划的三个重点：

● 统计信息化建设的投入问题。

● 统计信息化建设资源的整合问题。

● 统计信息化工作的技术创新问题。

（2）参会人员讨论发言

9位参会人员都结合海滨市的实际情况，积极发言，提出对策，气氛十分活跃。

（3）分管领导钱局长讲话

● 信息化工作对我市科学发展的重要性。

● 我市统计信息化基本目标完成情况。

● 我市十二五建设规划的基本思路。

会议结果：

（1）认真学习了省统计局印发的《统计信息化十二五建设规划》。

（2）参会人员积极发言，对我市十二五建设规划提出了很多有益的建议。

（3）钱局长作了重要讲话，为制定本市统计信息化十二五建设规划定了一个基本调子。

（4）会议最后决定，由综合信息科朱科长牵头组织一个小组，对全市统计信息化情况作一个网上调查和实地考察，并将结果分析整理上报主管局领导，为局党组会议提供一个较真实的参考材料。

拟稿意见： 信息工作会议纪要已拟好，请朱科长审核。

部门审核意见：同意会议纪要，请钱局长审批。

领导审批意见：同意纪要内容，请将该纪要发给其他几位局领导参阅，做好存档。

归档意见：已通过留言板发送给其他几位局领导，已对会议纪要存档。

4.4 项 目 小 结

本项目以南方省海滨市统计局的电子政务内网——办公自动化系统为应用案例，介绍了电子事务的接待管理、信访管理、会议管理、车辆管理及固定资产管理的流程。

接待分普通接待和重要接待，其流程由四个环节组成：申请、审核、审批、承办。审核由申请人所在部门的领导承担，审批由单位的主管领导负责，申请与承办由同一个人完成。

会议管理由会议室预约、会议安排、会议通知、会议纪要四个部分组成。会议室预约是会议管理的开始，由召开会议的部门根据会议的需要提出，其他三部分都将启动相应的

流程。会议安排流程包括三个环节：拟稿、审批、承办，拟稿由会议管理人员完成，审批由单位的主管领导负责，承办由会议申请人完成。会议通知流程包括拟稿、审批和发布三个环节，拟稿由会议管理人员完成，审批由单位的主管领导负责，发布由会议申请人完成。会议纪要的管理过程包括拟稿、审批和归档三个环节，拟稿由会议主办部门的人员完成，审批由单位的主管领导负责，归档也由会议主办部门的人员完成。

车辆预约流程由预约、科室审核、办公室审批和车队派发四个环节组成，预约由用车部门人员提出，科室审核由用车部门负责人完成，办公室审批由单位办公室分管车队的主任或副主任完成，车队派发由车队管理人员完成。车辆预约人员用完车后，应选择"车辆调配"|"历史记录"命令，单击右上角的【车辆入库】按钮，将本预约选择的司机及车辆牌号恢复到可选状态。

信访流程由五个环节组成：信访登记、审核、批示、承办、归档。信访登记由信访受理部门人员启动，审核由申请人所在部门的领导承担，批示由单位主管信访工作的领导负责，承办可由专人负责，归档由信访受理部门人员完成。

习　题

一、选择题

1. 接待管理流程的环节不包括_____。
   A．申请　　　　　　　　　　　　B．预约
   C．审核　　　　　　　　　　　　D．审批

2. 会议安排流程的环节包括拟稿、_____、承办。
   A．预约　　　　　　　　　　　　B．审批
   C．审核　　　　　　　　　　　　D．签收

3. 一个完整的会议管理包括会议室预约、会议安排、会议通知、_____。
   A．会议主持　　　　　　　　　　B．会议纪要
   C．会议接待　　　　　　　　　　D．会议记录

4. 会议的要素不包括_____。
   A．旅游活动　　　　　　　　　　B．主持人
   C．议题　　　　　　　　　　　　D．与会者

5. 车辆预约流程一般由预约、科室审核、办公室审批、_____四个环节组成。
   A．确定司机　　　　　　　　　　B．确定车辆
   C．确定时间　　　　　　　　　　D．车队派车

6. 车辆预约人员在用完车后应进行_____操作，以便将本预约选择的司机及车辆牌号恢复到可选状态。
   A．车辆归还　　　　　　　　　　B．车辆维护
   C．车辆入库　　　　　　　　　　D．交纳费用

7. 信访管理包括对群众的来信来访进行受理登记、立案呈报、_____，以及结案归档的全部处理过程。

    A．批转承办　　　　　　　　　B．调查研究

    C．情况汇报　　　　　　　　　D．劝返人员

8. 信访流程环节不包括_____。

    A．登记　　　　　　　　　　　B．审核

    C．批示　　　　　　　　　　　D．承办

    E．签发

二、问答题

1. 电子事务管理主要包括哪些内容？

2. 简述接待管理流程的基本过程。

3. 简述会议管理流程的基本过程。

4. 简述信访管理流程的基本过程。

5. 会议管理由哪几部分构成？

6. 会议纪要主要包括哪些内容？

7. 会议管理的三个流程有什么关系？

项目 5 移动办公技术与应用

5.1 项目分析

典型案例

无论在外出差，还是在上班的路上，你都可以利用手机或平板电脑及时审批单位的公文，浏览相关公告，处理个人事务等，这已不是科学幻想，而是一种真实的办公模式。借助于移动办公，世界触手可及。中国电信的"天翼云办公"就是一个典型的移动办公平台，也是国内移动办公平台的佼佼者之一。

"天翼云办公"结合了虚拟化技术、云技术、数字令牌技术，通过在政府机关或企业内网部署天翼云办公网关服务器，为员工提供随时随地对单位内部系统的访问服务。

"天翼云办公"是一款可快速将单位内部信息化应用延伸到各种移动终端的成熟产品，通过它单位员工可在任何地方、任何环境使用平板电脑、智能手机或 PC 机等安全地访问单位内部所有的 B/S、C/S 办公系统，从而实现全天候、7×24 小时的管理与服务。

教学目标

本项目通过学习中国电信提供的"天翼云办公"演示平台，掌握移动办公自动化系统的安装、设置与系统管理，包括移动客户端的下载与安装、软件设置、移动平台上 Office 软件的使用、移动 OA 的使用。

5.2 相关知识

5.2.1 移动办公技术发展概述

移动办公也可称为 3A 办公，即办公人员可在任何时间（Anytime）、任何地点（Anywhere）处理与业务相关的任何事情（Anything）。这种全新的办公模式，可以让办公人员摆脱时间和空间的束缚，单位相关的工作信息可以随时随地通畅地进行交互流动，工作将更加轻松有效，整体运作更加协调。利用移动信息化软件，建立移动设备与传统计算机之间互联互通的软件应用系统，随时进行随身化的管理和沟通，将有效提高管理效率，从而推动政府管理绩效和企业生产效益的增长。

移动办公系统是一套以手机等便携终端为载体实现的移动信息化系统。该系统将移动设备、无线网络、OA 系统三者有机结合，实现任何办公地点和办公时间的无缝接入，提高办公效率。它可以连接客户原有的各种 IT 系统，包括 OA、邮件、ERP 以及其他各类个性业务系统，使移动设备也可以用以操作、浏览、管理单位内部的全部工作事务。其设计目标是帮助用户摆脱时间和空间的限制，随时随地地处理单位的相关事务，提高工作效率，增强协作效果。

移动办公技术是云计算技术、通信技术与终端硬件技术融合的产物，成为继个人计算机无纸化办公、互联网远程办公之后的新一代办公模式。从数字化办公的未来发展前景考虑，移动办公是大势所趋。

1. 移动办公技术的发展过程

办公人员由于要出差，会经常远离办公室，人们一直期望着能在任何地方都可以访问到自己需要的信息，然而这一期望由于技术的局限性，经历了一个逐步演变的过程。移动办公自动化系统建设主要经历了以下三个阶段：离线式移动办公、有线移动办公及无线移动办公。

第 1 阶段：离线式移动办公

20 世纪 90 年代出现的笔记本电脑为这种需求提供了首次技术上的支持，人们带着笔记本到任何地方均可以工作，但是受到通信技术的限制，无法实现对单位内部网络的访问。信息交换只能通过回到办公室后的同步来实现，这也就是邮件同步、日程同步技术出现的时期。这一时期，移动终端也加入了新的家族 PDA。

第 2 阶段：有线移动办公

虚拟专用网（VPN）技术的出现，为移动办公带来重要的契机，人们借助 VPN 提供的安全通道可以安全地通过通信接入提供商和运营商提供的网络，在旅馆或国际会议现场接入到单位内部网络，从而实现所谓的"有线移动办公"。

第 3 阶段：无线移动办公

CDMA 和 GPRS 移动通信技术的出现为移动办公带来了质的飞跃，移动办公进入了无线时代。随着通信技术的发展，移动通信已经由 2G 进入了 3G 时代，并在有序地向 4G 挺进，为移动办公提供了更加先进的移动通信平台。

传统的移动办公方式，很多并不能真正地享受到随时随地访问企业应用和数据的便利以及坚固的安全性。例如，从某种角度上讲，带着笔记本电脑出差可以算是移动办公，用笔记本通过网络（如 VPN）与总部联系等，但是如果电脑丢了，第一无法再办公，第二有数据丢失的风险。真正的移动办公，应该是在任何时间、地点可持续的办公能力，如果不可持续，那也就是丧失了移动的优势，而如果因此造成了单位敏感数据的泄露，则这种移动办公非但没有任何帮助，反而还有很大的隐患。综上所述，真正的移动办公，一是要具有通过任何平台在任何时间、地点的可连续办公能力，第二是要有不弱于单位内部办公甚至更好的安全性。

2. 移动办公平台

目前移动设备的种类越来越多，如 iOS、安卓平台的智能手机和平板电脑等，各种设备的应用程序格式都不相同，如果将企业的应用发布到各种类型的移动终端平台上，势必要将不同的应用迁移到不同的平台，分别做定制开发，这将增加开发成本和维护成本，并且各种新开发的程序也带来了较多的不稳定性和不安全因素。

移动设备无论是位置还是归属上都处于比较零散的状态，统一管控很困难，这将带来较严重的安全隐患。除了要防止数据从终端设备上泄露，还要防止利用终端设备入侵到单位内部网络。如果直接将应用程序迁移到终端设备上，一是数据必然会传输至终端设备，二是应用程序也必然连接到单位内部的应用服务器上，这成为信息安全的一个重要漏洞。

"天翼云办公"虚拟化技术可以有效地解决以上问题。首先，虚拟化桌面实现终端设备与单位内部系统的隔离。单位内部的应用全部部署到虚拟化安全桌面上，用户只要使用移动终端连接到虚拟化桌面上即可访问应用和数据。而移动终端上所呈现的仅仅是虚拟化桌面的图形变化而已，因此在用户连接并使用内部系统的整个过程中，数据自始至终在单位内部存储，一个字节也不会真正传输到移动设备上。这样，外来的威胁也就无法通过移动终端入侵到单位内部系统。

其次，"天翼云办公"对于各种移动终端设备有很好的兼容性，例如基于 Windows 和 Linux 的设备、iPad 和 Android 平板电脑等。移动设备连接虚拟桌面的协议大多为通用的图形传输协议，对各种平台的移动终端设备兼容性较好，一般无须针对不同的移动终端设备进行迁移开发。

"天翼云办公"把客户现有的办公应用系统延伸到各种移动终端，通过采用虚拟化技术，把客户现有应用的桌面推送到移动终端，不改变原有界面和使用习惯，不需要二次开发或适配，具有广阔的应用前景。

5.2.2　天翼云办公技术解决方案

天翼云办公结合了虚拟化技术、云技术、数字令牌技术，通过在单位内部部署天翼云办公网关服务器，即可为员工提供移动办公环境，员工可在任何地方、任何环境使用天翼手机、平板电脑安全地访问单位内部的 B/S、C/S 办公系统。

1. 产品特性

天翼云办公产品与其他办公移动化技术相比，有以下技术优势及特点。

（1）多终端

终端支持涵盖 Android 平板电脑/智能手机、iPad 平板电脑/iPhone 手机和普通 PC 机。

（2）多接入

支持 3G、WiFi 等各种网络环境，支持互联网、VPDN（虚拟专用拨号网）接入。

（3）多应用

支持各种 B/S 和 C/S 方式的办公应用。

（4）高安全性

排除移动化的三大安全障碍，提供高可靠的三层安全策略。

第一层安全策略：企业仅网关服务器对外提供服务，彻底隔离了内外网；

第二层安全策略：数据传输全程采用 SSL 加密，防止数据被窃取；

第三层安全策略：手机动态口令牌验证、防暴力破解，使用者身份唯一确定。

（5）易实施

天翼云办公产品基于成熟的软硬件技术研发、经过了长时间的完善过程，产品成熟度非常高，基本实现了办公系统移动化的即插即用，产品一般在 2 天内即可完全交付使用，彻底摆脱了二次开发之苦。

（6）易操作

天翼云办公产品能方便快捷地为客户提供各种应用虚拟化访问，无论是 B/S 还是 C/S 应用均可以完整地展示在移动终端上，结合触摸屏的先天操作优势，阅读习惯超越传统 PC。

2. 产品接入

将单位办公软件安装在单位内网代理服务器上，通过天翼云办公网关整合单位资源，将各种应用软件发布到手机/平板电脑中，无须在手机/平板上安装任何业务软件，即可随时随地安全使用单位内的各种应用系统。天翼云办公解决方案的网络拓扑结构如图 5-1 所示。

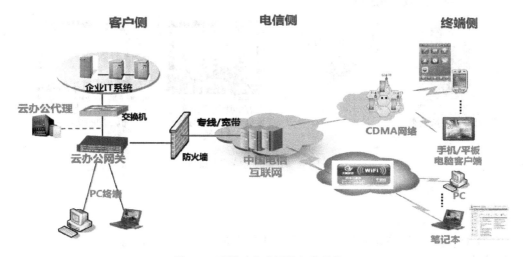

图 5-1　天翼云办公网络拓扑结构

单位办公内网侧安装一台云办公安全网关、一台虚拟化代理服务器，终端通过公网或电信 VPDN 专线接入到单位办公内网，访问云办公安全网关以进行内部业务系统的操作。

云办公安全网关设备，提供了完善的业务认证功能（如证书或手机动态口令牌），并应用隔离技术为每位移动办公用户提供独立的办公环境。

虚拟化代理服务器，部署单位办公软件（B/S 或 C/S 均可）的共享运行环境，此服务器不直接向用户提供服务，需配合云办公安全网关服务器使用。

移动设备通过 CDMA 网络或 WiFi 两种方式接入天翼云办公网络，有以下两种模式。

（1）主副卡共享套餐模式

3G 手机使用主卡，平板电脑使用副卡，手机运行手机令牌生成动态密码，平板电脑连接网络运行天翼云办公客户端软件，用户在天翼云办公客户端输入手机令牌生成的动态密码进行登录，如图 5-2 所示。

图 5-2　主副卡共享套餐模式

（2）手机 WiFi 热点模式

利用手机作为 WiFi 热点，并运行手机令牌生成动态密码，WiFi 版的 iPad 通过热点连接网络运行天翼云办公客户端软件，用户在天翼云办公客户端输入手机令牌生成的动态密码进行登录，如图 5-3 所示。

图 5-3　手机作为 WiFi 热点

3. 产品网络安全保障

（1）CDMA 网络

CDMA 起源于军事保密技术，广泛应用于军事领域，具有抗干扰、安全通信、保密性好等特性。

（2）远程桌面协议 RDP

RDP 是微软基于 Windows NT 终端服务器上研发的远程虚拟桌面协议，它是面向 TCP/IP 协议的，所以保证了数据传输的有效性和稳定性。

天翼云办公终端获取代理服务器返回的数据流，该数据流是经过 RDP 加密的二进制图形码流，终端解密后呈现服务器虚拟桌面图片。所以无须担心服务器上的公文、邮件等明文文件被空中窃取。

（3）SSL 数据传输加密协议

SSL 协议位于 TCP/IP 协议与各种应用层协议之间，为数据通信提供安全支持。SSL 协议提供的服务主要有：

① 认证用户和服务器，确保数据发送到正确的客户机和服务器。

② 加密数据以防止数据中途被窃取。

③ 维护数据的完整性，确保数据在传输过程中不被改变。

天翼云办公网关与终端之间的传输过程采用了 SSL 128 位 AES 加密方法，AES 是高级加密标准的简称，采用对称分组密码体制，理论上要完全破解 AES 花费的时间要以数十亿年计。

（4）手机动态口令牌身份验证

天翼云办公的手机动态口令牌是基于时间同步技术研制的，每 60 秒自动变换一次动态口令，动态口令一次有效，无法被预测和复制，用户无须担心密码泄露，无须忍受定期修改各种应用系统登录密码的烦恼。

4. 产品组成

由中国电信提供的天翼云移动办公产品包含如下组成部分。

（1）网关服务器 1 台：移动化统一接入网关，提供数据级的加密（SSL）、分权分域管理、各种高级用户认证技术支持（数字证书、手机动态口令牌）、带路由和防火墙功能，隔离单位内网与公网、深度管理应用虚拟化到移动设备上。

（2）手机动态口令牌：每个员工在自己的手机上安装一个手机令牌程序，可以唯一确定员工身份。

（3）专线 1 条：中国电信的 ADSL 专线或 VPDN 专线。专线可以利用单位以前已申请的专线，如有需要还可以捆绑 VPDN 业务。

（4）天翼套餐（若干）：根据需求选择合适本单位办公的天翼套餐（包含语音+数据）。

由客户自己配套的设备要求如下：

（1）云办公代理服务器（1 台以上）：作为跳板机的服务器或 PC（视规模而定），是网关访问内网的唯一通道，服务器使用 Win2003 Server 操作系统，一般由单位自备。

（2）天翼手机或平板电脑（若干）：只要满足 480×800 分辨率的 Android 或 iOS 机均可以使用。

（3）可选配 CDMA 3G 无线猫（若干）：方便使用无 3G 模块的平板设备在有效范围内办公使用。

5.2.3　"天翼云办公"系统安装

"天翼云办公"系统在实际使用过程中，首先要将单位原有 OA 系统按天翼云办公技术解决方案进行部署，然后根据电信提供的账号和密码进行访问和操作。本项目利用"天翼云办公"平台上提供的协同 OA 移动办公系统演示版介绍相关的操作。

"天翼云办公"安装分 Android 版和 iPad 或 iPhone 版两个版本，其安装方法类似，下面介绍其安装过程。

1. 安卓平台上的安装

打开 Android 平台手机或平板电脑的浏览器，在地址栏中输入"http://125.88.109.66"，手机自动跳转到 http://125.88.109.66/ecloud 下载页面，如图 5-4 所示。

图 5-4　安卓平台安装下载页面

　　从页面上可见"平板/手机"选项，单击【下载云办公】按钮，即可下载安卓软件客户端并按默认安装。

2. iPhone 或 iPad 的安装

　　iPad 天翼云办公客户端软件可以通过 iPad 访问天翼云门户网站进行下载和安装，也可以用数据线将 iPad 连接到电脑，通过 Apple iTunes 将安装文件同步到 iPad 并自动安装完成。

　　打开手机或 iPad Safari 浏览器，在地址栏中输入 "http://125.88.109.66"，网页自动跳转到 http://125.88.109.66/ecloud 下载页面，如图 5-5 所示。

图 5-5　iPad 平台安装下载页面上部

将网页拖动到底部，可见"iPad 客户端"软件的下载项，如图 5-6 所示，单击【下载】按钮。

图 5-6　iPad 平台安装下载页面底部

下载完毕后安装即可使用。

5.2.4　"天翼云办公"系统登录

为简单起见，本节和以下两节都以安卓平台手机为例介绍"天翼云办公"系统的操作。

单击手机应用程序列表中的"天翼云办公"图标，打开登录界面，用服务商提供的 IP 地址、账号及设定的密码进行登录，如图 5-7 所示。

第一次使用会弹出是否查看帮助文档选项，如图 5-8 所示。

图 5-7　"天翼云办公"登录页面　　　　　　　图 5-8　"提示"页面

单击【是】按钮，进入帮助文档页面，在该页面中可以查看相关软件帮助信息，如图 5-9 所示。

单击【否】按钮进入资源列表页面，资源列表呈图标模式显示，如图 5-10 所示。

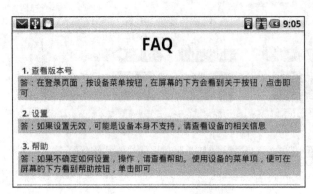

图 5-9　常见问题解答

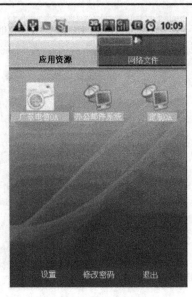

图 5-10　资源列表页面

5.2.5　"天翼云办公"系统设置

单击图 5-10 中的【设置】按钮，弹出系统设置菜单，如图 5-11 所示，可进行多项相关的设置。

图 5-11　系统设置菜单

1. 分辨率

如图 5-12 所示，有 4 个选项。其中，"自动适应"表示自动按照手机屏幕大小匹配分辨率，"服务器下发"表示按照服务器上的资源设置配置分辨率，"800×600"和"1024×768"是指按指定分辨率显示资源。

注意：如果服务器上配置了强制下发服务器配置，分辨率就会根据服务器配置设定，此处的设置将无效。

2. 颜色深度

如图 5-13 所示，此项设置可以对资源显示的色位进行设定。其中，可以选择 8 位、16 位、24 位、32 位等几种模式显示资源，色位越低，显示效果越差，相应的资源响应速度越快，占用带宽和流量也越少。

图 5-12　分辨率设置　　　　　图 5-13　颜色深度设置

注意：如果服务器上配置了强制下发服务器配置，颜色深度就会根据服务器配置设定，此处的设置将无效。

3. 触摸反馈

如图 5-14 所示，设置相应点击音效（震动、声音）后，用户在点击或触摸某个应用时，会有相应触摸反馈效果。

图 5-14　触摸反馈选项设置

注意： 使用体验时要注意打开 Android 手机声音开关，保持在非静音状态。

4. 默认动作

此设置包含移动模式、滚动模式和双击模式三种模式。

移动模式包含移屏模式和指针模式，移屏模式即指触摸移屏方式，指针模式指鼠标操作方式。滚动即指可以上下滚动文档的滚动条。双击模式包括双击和缩放两种模式，指在应用界面双击屏幕是鼠标双击功能还是缩放屏幕功能，如图 5-15 所示。

5. 远程音频

这里可以把发布资源的音频效果同步传输。

6. 自动键盘

选择自动键盘选项，用户在访问资源时，会默认自动弹出虚拟键盘。

7. 手机存储映射

这里是把手机的内存或外置存储映射到当前打开的资源里以磁盘映射的方式显示出来，如图 5-16 所示。

图 5-15　双击模式设置　　　　图 5-16　手机存储映射设置

8. 启用持久缓存

启用该项后就像 IE 缓存一样能存储浏览过的网页，下次登录就会快一点。

9. 工具栏最小化

开启后，默认进入资源页面，工具栏为隐藏状态和右侧缩略显示，如图 5-17 所示。

10. 工具栏风格

小图工具栏模式如图 5-18 所示。
大图工具栏模式如图 5-19 所示。

11. 附加功能

在资源列表页面点击手机上的 menu 键，打开附加功能列表，可以下载证书查看帮助。

图 5-17 最小化工具栏设置

图 5-18 小图工具栏模式

12. 工具栏说明

工具栏如图 5-20 所示。

图 5-19 大图工具栏模式

图 5-20 工具栏

- 表示最大化工具栏状态，点击该图标，会最小化工具栏。
- 表示最小化工具栏状态，点击该图标，会最大化工具栏。
- 虚拟键盘，点击该图标，可使用虚拟键盘进行中英文输入等。
- 表示移屏模式，点击该图标，可启用滚动模式；移屏模式下，屏幕会随着手的移动进行移动。
- 表示滚动模式，点击该图标，可关闭滚动模式；滚动模式下，上下移动手势，则焦点所在资源目录会上下滚动，起到翻页的效果。
- 触摸模式，点击该图标，可切换成指针模式。
- 指针模式，点击该图标，可切换成移屏模式；指针模式下，客户可以看到一个类似 PC 电脑上的鼠标指针，客户可以在屏幕的任意位置开始操作，指针会随着客户的手势移动而移动，它可以让客户进行更精准的定位。
- 表示程序列表窗口，点击该图标，会显示资源中打开的程序，实现多个打开程序之间的无缝切换。
- 关闭当前资源窗口，点击该图标，会关闭当前远程连接。

5.2.6 "天翼云办公"系统使用

打开桌面上的多个应用，点击工具栏中的应用程序列表，显示已打开的应用程序，可以对多个打开程序进行排序，也可以实现多个应用程序之间的无缝切换，如图 5-21 所示。

1. 虚拟桌面的访问

虚拟桌面如图 5-22 所示。

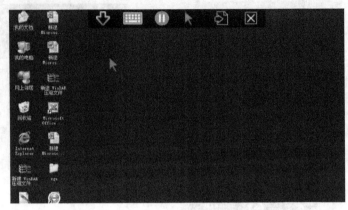

图 5-21　应用程序列表　　　　　　　　图 5-22　虚拟桌面

2. 办公软件 Word 文档的访问

Word 软件界面如图 5-23 所示。

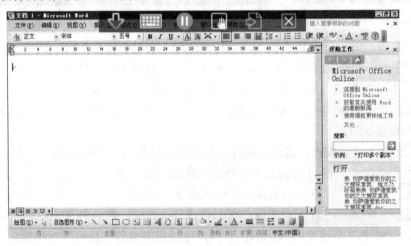

图 5-23　Word 软件界面

3. Excel 表格的访问

Excel 软件界面如图 5-24 所示。

4. OA 的使用

在实际应用过程中，需要将原有 OA 部署到云端，然后根据电信提供的访问方式访问对应的 OA 系统。如图 5-25 所示为用友 OA 操作窗口。图 5-26 所示为航天 OA 操作窗口。

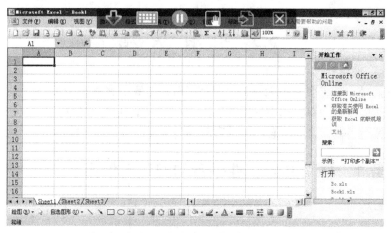

图 5-24　Excel 软件界面

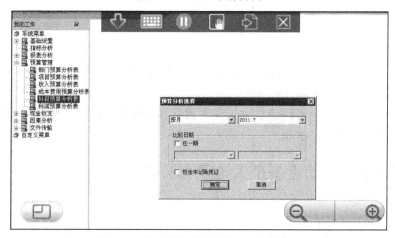

图 5-25　移动设备中的用友 OA 操作窗口

图 5-26　移动设备中的航天 OA 操作窗口

5.3 项 目 实 施

本项目的实施，首先要求按天翼云办公技术解决方案部署网关服务器、云办公代理服务器，并开设相关的账号，将实训中使用的 OA 系统安装到代理服务器上，从而构建一个完整的移动办公云平台。其次，要配置相关的移动办公终端设备，如智能手机、平板电脑等。

5.3.1 任务 1 移动办公软件平台的安装与使用

1. 实训要求

本实训任务的目的是通过下载 "天翼云办公" 客户端掌握移动客户端的安装方法及办公软件的使用方法。

2. 实训步骤

（1）准备移动设备。全班同学可以用自己的手机或学院提供的移动设备登录云平台。

（2）下载对应移动设备的客户端。

（3）老师分配账号和密码给学生，学生利用移动设备操作云平台上的 Office 办公软件，完成一个 Word 文档的编辑。

5.3.2 任务 2 移动设备个人电子办公操作

1. 实训要求

本实训任务的目的是通过操作模拟 OA 系统平台——"海滨市统计局办公自动化系统"了解并掌握政府 OA 系统的个人电子办公操作。

2. 实训步骤

（1）通过平板电脑登录 "天翼云办公" 平台。

（2）进入海滨市统计局办公自动化系统内网页面。

（3）以海滨市统计局某部门工作人员身份登录 OA 系统窗口，熟悉 OA 系统主界面的五大区域。海滨市统计局的部门定义与人员定义见本书附录 B。

（4）通过 OA 发一份电子邮件给 admin 账号，主题是 "班级学号姓名"，内容自拟。

（5）以小组为单位分配角色，利用移动设备完成一个发文管理操作，发文内容参考项目 4 的任务 1。

5.4 项 目 小 结

本项目以中国电信的 "天翼云办公" 为应用案例，介绍了移动办公自动化系统软件的安装、配置与基本使用方法。

移动办公自动化系统的应用主要经历了三个阶段：离线式移动办公、有线移动办公及无线移动办公。借助"天翼云办公"系统，员工可在任何地方、任何环境使用平板电脑、智能手机或 PC 机，安全地访问单位内部所有的 B/S、C/S 办公系统。

"天翼云办公"系统配置包括网关服务器、中国电信的 ADSL 专线或 VPDN 专线、手机动态口令牌、天翼套餐、云办公代理服务器、天翼手机或平板电脑以及 CDMA 3G 无线猫。

"天翼云办公"系统的特色体现在：其一是通过虚拟化桌面实现终端设备与单位内部系统的隔离，从而保证系统的安全性；其二是对于各种移动终端设备有很好的兼容性。

"天翼云办公"系统设置包括屏幕分辨率、颜色深度、触摸反馈选项、默认动作、远程音频、自动键盘、手机储存映射、持久缓存、最小化工具栏、工具栏风格等。

要熟练掌握移动 OA 系统的操作，首先要熟悉所用的移动平台（如手机、平板电脑）的基本特性，掌握移动平台系统的安装及各种操作要求和使用技巧，在此基础上掌握移动个人电子办公和电子信息共享操作，包括内部电子邮件、日程安排、个人文档、发文管理、待办工作、个人设置，电子公告、收文管理等基本内容。

从数字化办公的未来发展前景考虑，移动办公是大势所趋。"天翼云办公"系统由于其优秀的性能，在未来的移动办公领域具有广阔的应用前景。

习　题

一、选择题

1. 移动办公经历了三个不同阶段，不包括_____。
   A. 离线方式　　　　　　　　B. 有线方式
   C. 无线方式　　　　　　　　D. 短信方式

2. "移动办公"也可称为"3A"办公，即可在任何时间（Anytime）、任何地点（Anywhere）完成_____。
   A. 任何人员　　　　　　　　B. 任何事情
   C. 任何平台　　　　　　　　D. 任何设备

3. 真正的移动办公，一是要具有通过任何平台在任何时间、地点的可连续办公能力；第二是要有更好的_____。
   A. 操作性　　　　　　　　　B. 方便性
   C. 安全性　　　　　　　　　D. 真实性

4. "天翼云办公"系统的显著特色不包括_____。
   A. 通过虚拟化桌面实现终端设备与单位内部系统的隔离
   B. 移动终端上所呈现的仅仅是虚拟化桌面的图形变化，内部数据不会真正传输到移动设备上
   C. 对各种移动终端设备有很好的兼容性

D．不需要下载客户端软件

5．"天翼云办公"系统设置包括屏幕分辨率、颜色深度、触摸反馈、默认动作、远程音频、自动键盘、手机存储映射等，但不包括_____。

A．持久缓存 　　　　　　　　B．最小化工具栏

C．工具栏风格 　　　　　　　D．服务器下发

6．"天翼云办公"系统必不可少的配置包括网关服务器、中国电信的 ADSL 专线或 VPDN 专线、手机动态口令牌以及_____。

A．CDMA 3G 无线猫 　　　　B．云办公代理服务器

C．PC 机 　　　　　　　　　D．中国移动套餐

二、问答题

1．构建移动办公系统的条件是什么？

2．"天翼云办公"主要采用了哪些技术？

3．移动办公系统与传统办公系统有哪些异同点？

项目6　办公自动化系统安全

6.1　项目分析

典型案例

随着电子政务的广泛使用，电子政务系统的安全问题越来越突出，主要表现在内网安全与外网安全两个方面。内网安全直接影响到办公自动化系统的运行，外网安全则关系到政务网站的正常发布。办公自动化系统主要依赖计算机网络技术，因此计算机网络的安全直接关系到办公自动化系统的安全。

南方省海滨市统计局采用的"求迅办公自动化系统2.0"软件是基于 Lotus Note 架构的 OA，为了确保电子政务的安全，海滨市统计局对内网主要采用了加密、访问控制、权限控制、身份鉴别等技术。外网安全的重点是抵抗和防护来自外部网络的攻击，确保外部数据的完整性和准确性。

教学目标

掌握电子政务内网安全与外网安全的内容与基本方法，了解网络的防火墙技术、防计算机病毒技术、防黑客攻击技术和防数据泄密技术，掌握瑞星杀病毒软件的使用，了解 Windows 网络服务器的安全配置方法。

6.2　相关知识

6.2.1　电子政务安全

电子政务安全是指电子政务系统采用的技术和管理的安全保护，保障计算机硬件、通信网络、软件和数据不因偶然和恶意的原因遭到破坏、更改和泄露。

1. 内网安全

内网安全就是保护电子政务内部办公自动化系统的正常运行及内部数据的安全。

2. 外网安全

政务外网安全性体现为信息发布的安全性和服务的安全性，保证政务信息及其服务的畅通。

3. 网站安全

网站安全就是保护政府网站不被篡改。

4. 主动防御技术

主动防御技术主要包括加密技术、身份验证、存取控制、访问授权和虚拟网络。

5. 被动防御技术

被动防御技术主要包括网络防火墙、安全漏洞扫描器、密码检查器、记账和路由过滤。

6.2.2 防火墙

1. 防火墙的功能

防火墙（FireWall）是一种隔离控制技术，在某个机构的网络和不安全的网络（如Internet）之间设置屏障，阻止对信息资源的非法访问，也可以使用防火墙阻止重要信息从内部网络上被非法输出。

2. 防火墙的类型

防火墙一般安装在路由器上以保护一个子网，也可以安装在一台主机上，保护这台主机不受侵犯。防火墙包括3种基本类型，即包过滤型、代理服务器型和混合型。

3. 操作系统防火墙

操作系统防火墙有助于保护计算机，阻止未授权用户通过网络或 Internet 获得对计算机的访问。

例如，在 Windows 操作系统中，可以通过打开 Windows 防火墙来保护计算机操作系统的安全。具体方法如下：

（1）选择"开始"|"设置"|"控制面板"命令，打开控制面板。

（2）双击"Windows 防火墙"图标，打开"Windows 防火墙"对话框。

（3）选中"启用"单选按钮，单击【确定】按钮，如图 6-1 所示。

图 6-1 "Windows 防火墙"对话框

6.2.3 病毒的防治与查杀

计算机病毒是一种程序,它用修改其他程序的方法将自身的精确复制或者可能演化的拷贝植入其他程序,从而感染其他程序。网络上危害最大的是木马病毒。

1. 木马病毒

木马病毒的传染过程包括六个环节:配置木马、传播木马、运行木马、信息泄露、建立连接和远程控制。

2. 恶意代码

恶意代码通常有三类:一类是恶意广告软件,它可以监控用户在网上的行为,自动弹出广告;一类是间谍软件,它表面上是对用户提供了具有实际意义的功能,后台却在收集用户的隐私信息提供给广告商,从而带来商业利益;另一类以 IE 插件的形式强制安装,且无法卸载。

3. 杀毒软件

杀毒软件可根据特征码对已知病毒进行查杀,如奇虎 360、瑞星等。奇虎 360 是一款全免费的杀毒软件,功能也较强,官方网站地址为 http://www.360.cn。

(1)下载 360 安全卫士正式版。

(2)将 360 安全卫士正式版安装到计算机中。

(3)运行 360 安全卫士,其界面如图 6-2 所示,其中可进行的操作包括系统漏洞扫描、杀木马和杀病毒等。

图 6-2　360 安全卫士

6.2.4 文件加密

文件加密是指对文件内容采用某种算法进行变换，变换后的结果不能被识别。加密算法主要有对称加密法和非对称加密法。对称加密是指加密和解密使用相同密钥的加密算法，加密密钥能够从解密密钥中推算出来，同时解密密钥也可以从加密密钥中推算出来，在大多数对称算法中，加密密钥和解密密钥是相同的，所以也称单密钥算法。基于"对称密钥"的加密算法主要有 DES、TripleDES、RC2、RC4 和 RC5 等。非对称加密法，顾名思义，就是加密和解密使用不同密钥，主要有 RSA、Elgamal、Rabin 和 ECC（椭圆曲线加密算法）等，目前使用最广泛的是 RSA 算法。

1. RSA 算法

RSA 是 Rivest、Shmir 和 Adleman 三人共同发明的非对称加密算法。其关键在于一对密钥，该密钥对包含一个公钥以及一个私钥。公钥和私钥是根据某种数学函数生成的，并且通过一个密钥来推测另外一个密钥几乎是不可能的。其中，明文可以用公钥来加密，然后用私钥解密得到原文，明文也可以用私钥加密，然后用公钥解密得到原文。一般来说，公钥用于加密，私钥用于数字签名。公钥发给别人用来加密要发送给自己的文件，私钥自己保留，不能供别人使用。

需要注意的是，明文通过用户 A 的公钥加密后，只能使用用户 A 的私钥解密，不能采用 A 以外的任何其他人的私钥解密；使用用户 A 的私钥加密的文件只能用 A 的公钥解密，不能使用 A 以外的任何其他人的公钥解密。由于私钥自己保留，因此，除了加密功能外，还可以具有数字签名的作用。其机制在于：私钥只有自己才有，别人是没有你的私钥的，你用私钥可以对文件进行签名，而别人由于没有你的私钥，无法进行同样的签名，这样就能证明该文件是从你这里发出去的。

例如，A 想要和你通信，但是希望内容不被别人看到，就可以用你的公钥来对发送的内容进行加密，而你收到 A 发来的信息后就可以用你的私钥解密，从而阅读文件的内容。

2. PGP 加密软件

PGP（Pretty Good Privacy）加密软件采用 RSA 以及杂合传统的加密算法来实现加密。

PGP 可以只签名而不加密，可以让收件人能确认发信人的身份，也可以防止发信人抵赖自己的邮件。

PGP 能实现对文件、邮件、磁盘，以及 ICQ 通信内容实现加密、解密、数字签名的功能，适合企业、政府机构、卫生保健部门、教育部门、家庭个人进行安全通信使用。

（1）下载 PGP。可从太平洋电脑网下载，网址为 dl.pconline.com.cn/html_2/1/63/id=6344&pn=0&linkPage=1.html。

（2）安装与注册。

① 运行 PGP8.exe 文件开始安装，如图 6-3 所示。安装过程中，依次单击 Next 按钮。

② 选择用户类型为"No, I'm a New User"，如图 6-4 所示。

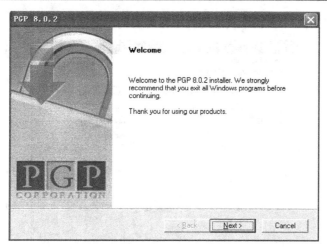

图 6-3　PGP 安装

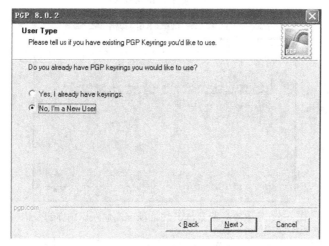

图 6-4　选择 PGP 用户类型

③ 选择软件安装的磁盘位置。

④ 选择要安装的组件。其中，第一个选项是磁盘加密功能；第二个选项是 ICQ 的邮件加密功能；第三、四个选项是 Outlook 或者 Outlook Express 邮件加密功能；最后两个选项适用于群发邮件的加密，如图 6-5 所示。根据自己的需要进行组件选择，一般情况下，选择默认安装，单击 Next 按钮继续。

⑤ 单击 Finish 按钮，重新启动计算机。重启计算机后启动 PGP 注册程序，输入用户姓名、单位、产品序列号，单击 Later 按钮将在以后输入相关信息。

（3）生成密钥。完成注册进入密钥生成窗口，生成一对密钥：一个公钥和一个私钥。其中公钥发送给别人，用于加密发送给自己的文件；私钥自己保存，用于解密别人用公钥加密的文件，或者用于数字签名。单击 Next 按钮进入姓名与 E-mail 地址窗口，如图 6-6 所示。

每一对密钥都对应着一个确定的用户。用户名不一定要真实，但是要方便通信者看到该用户名，能知道这个用户名对应的真实的人；邮件地址也是一样不需要真实，但是要能方便与你通信的人在多个公钥中快速地找出你的公钥。

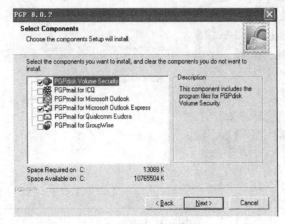

图 6-5　选择 PGP 安装组件

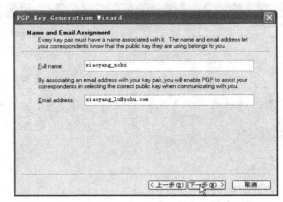

图 6-6　输入姓名和 E-mail 地址以方便他人识别你的公钥

　　密钥对的私钥还必须进一步用密码加密，这个加密是对你的私钥加密。这个密码非常重要，切记不要泄露了，为安全起见，密码长度至少 8 位，而且应该包含非字母的字符，如图 6-7 所示。

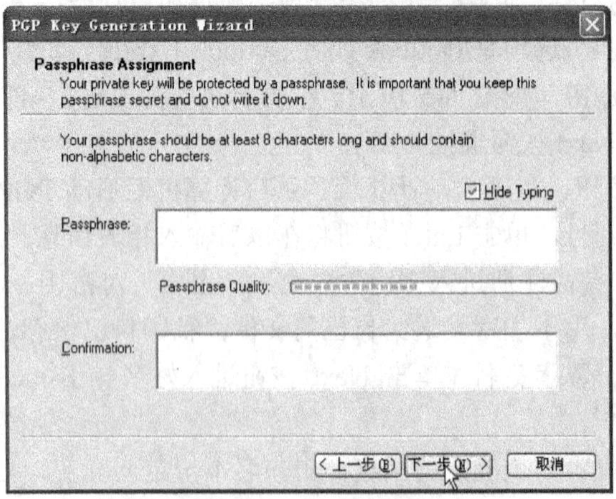

图 6-7　为私钥设置密码

单击【完成】按钮，完成密钥对的生成操作。

（4）导出并发送公钥。把公钥作为一个文件保存在硬盘上并把公钥文件发送给你希望进行安全通信的联系人。

① 单击任务栏上的 PGPtray 托盘，在弹出的菜单中选择 PGPkeys 命令，如图 6-8 所示。

② 进入 PGP 密钥管理窗口，在所列出的密钥中选择需导出的密钥，选择 Keys|Export 命令，弹出公钥文件保存对话框，文件的扩展名为 ".asc"，选择适当的位置，如图 6-9 所示。

图 6-8   选择 PGPkeys 命令

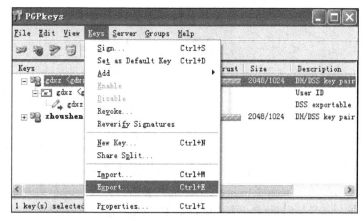

图 6-9   选择 Keys|Export 命令

③ 单击【保存】按钮完成操作。

公钥文件导出之后，发送给需要跟你进行安全通信的人。可以通过 E-mail 方式传送公钥或者把你的公钥放在公钥服务器上以供别人查找下载，也可以通过其他的传送方式。由于在传送过程中公钥没有采用安全机制传送，因此存在公钥被人窃取的可能。为了更加安全，双方可以根据环境选择一个比较安全的方式来传送公钥。在实验过程中，实验者互相通过 E-mail 传送公钥，例如，用户 A 和用户 B 要互相通信，则 A 需要把自己的公钥传递给 B，而 B 需要把自己的公钥传递给 A。

（5）文件加密与解密。有了对方的公钥之后就可以用对方公钥对文件进行加密，然后再传送给对方。具体操作如下：

① 选中要加密的文件，单击鼠标右键，选择 PGP|Encrypt 命令。

② 在密钥选择对话框中，选择要接收文件的接收者。需要注意的是，用户所持有的密钥全部列在对话框的上部分，选择要接收文件人的公钥，将其公钥拖到对话框的下部分（recipients），单击 OK 按钮，并且为加密文件设置保存路径和文件名，如图 6-10 所示。

③ 把该加密文件传送给对方。

④ 对方接收到该加密文件后，选中该文件并单击鼠标右键，在弹出的快捷菜单中选择 Decrypt&Verify 命令。

⑤ 输入私钥的密码，输入完后，单击 OK 按钮即可。

⑥ 为已经解密的明文文件设置保存路径文件名。保存后，明文就可以被直接查看。

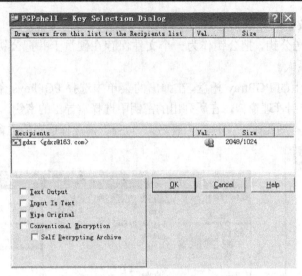

图 6-10　用 PGP 密钥对文件加密

（6）数字签名。由于公钥是发放给其他人使用的，在公钥发放过程中，存在公钥被人替换的可能。此时，若有一个人对此公钥是否真正属于某个用户的公钥做出证明，那么该公钥的可信任度就比较高。如果 A 很熟悉 B，并且能断定某公钥是 B 的，并没有人把该公钥替换或者篡改的话，那么可以对 B 的公钥进行数字签名，以自己的名义保证 B 的公钥的真实性。

① 选择"开始"|PGP|PGP Keys 命令。

② 选中要进行签名的公钥，然后单击鼠标右键，在弹出的快捷菜单中选择 Sign 命令进行签名。

③ 选择该用户的公钥，并且选中 Allow signature to be exported. Others may rely upon your signature 复选框（允许该签名被导出，其他人可以信任你的签名的真实性），单击 OK 按钮，如图 6-11 所示。

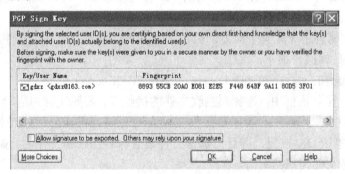

图 6-11　用 PGP 对公钥签名

④ 输入私钥的密码，单击 OK 按钮，完成公钥的签名。

⑤ 对文件进行签名和加密，选择要进行签名的文件，单击鼠标右键，在弹出的快捷菜单中选择 sign 命令。

注意：对文件签名只能证明是用户发出的文件，但是文件的内容并没有被加密，同时，进行数字签名时，关注的是表明该文件是从自己这里发出，因此对于文件的内容并不在意被别人看到，经过数字签名的文件要同原明文文件一同发送给对方，对方才能验证数字签名是否有效。如果要表明文件从自己这里发出，同时又要对文件的信息保密，那么就选择"签名与加密"选项 Encrypt&sign。

⑥ 在选择密钥的对话框上部的密钥列表中，选择接收文件的用户并将其拖到对话框的下部，单击 OK 按钮。

⑦ 确定接收人后，输入私钥的密码，进行数字签名或数字签名和加密。

（7）加密一封电子邮件。

① 使用 Outlook 写一封电子邮件，如图 6-12 所示。

② 复制整个邮件内容，用鼠标右键单击系统托盘 PGPtray，在弹出的快捷菜单中选择 Clipboard|Encrypt 命令，对邮件内容进行加密。

③ 在"公钥选择"对话框中选择公钥，单击 OK 按钮。

④ 加密完毕，在 Outlook 邮件内容处按 Ctrl+V 组合键，粘贴剪贴板中已加密的内容，如图 6-13 所示。

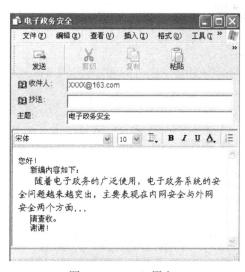

图 6-12　E-mail 原文

图 6-13　E-mail 密文

⑤ 将邮件发出。

（8）解密一封电子邮件。

① 在收到的加密邮件中，将"----BEGIN PGP MESSAGE----"到"----END PGP MESSAGE----"之间的内容复制。

② 用鼠标右键单击系统托盘 PGPtray，在弹出的快捷菜单中选择 Clipboard|Decrypt& Verify 命令，对邮件内容进行解密。

③ 在输入私钥选择对话框中输入正确的私钥，单击 OK 按钮。

④ 在 Text Viewer 窗口中阅读已解密的内容，如图 6-14 所示。

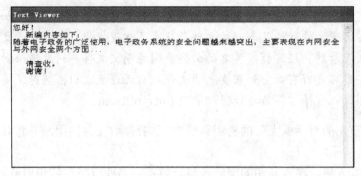

图 6-14　解密后得到 E-mail 原文

6.3　项　目　实　施

本项目的实训由两个实训任务组成，任务 1 将安装与使用杀毒软件与防火墙，任务 2 为 PGP 文件进行加密操作。

6.3.1　任务 1　杀毒软件与防火墙的使用

本实训任务的目的是掌握杀毒软件的使用方法。

1. 启动 Windows 操作系统的防火墙。

2. 安装防火墙软件

（1）下载"天网防火墙试用版"软件，并进行安装。
（2）设置防火墙安全策略，并启动防火墙。

3. 安装杀毒软件

（1）下载"奇虎 360"软件，并进行安装。
（2）运行该软件，对计算机全面进行系统漏洞扫描、杀木马和杀病毒操作。
（3）启动 360 木马防火墙功能。

6.3.2　任务 2　PGP 加密操作

本实训任务的目的是掌握 PGP 加密的使用方法。

1. 下载 PGP，并完成安装与注册、生成密钥对。

2. 以两人为一组完成以下操作。

（1）将自己生成的公钥导出，并通过可靠方式发送给对方。
（2）将对方发来的公钥导入到 PGP 中。
（3）对一个 Word 文档加密，并将加密后的文档发送给对方。

（4）用对方的公钥解密发来的加密文档。

（5）相互发送一封加密邮件并进行阅读。

6.4　项目小结

对办公自动化系统管理员来说，除了掌握系统安装、基本操作及日常管理工作外，还要承担系统的安全维护工作。

网络安全技术分为主动防御和被动防御两类。主动防御技术主要包括加密技术、身份验证、存取控制、访问授权和虚拟网络。被动防御技术主要包括网络防火墙、安全漏洞扫描器、密码检查器、记账和路由过滤。

文件加密是指对文件内容采用某种算法进行变换，变换后的结果不能被识别。加密算法主要有对称加密法（DES）和非对称加密法（RSA）。PGP（Pretty Good Privacy）加密软件采用 RSA 以及杂合传统的加密算法来实现加密。对传送的文件、发出的邮件加密是办公自动化系统安全措施中采用的重要方法。

系统管理员需要首先认识办公自动化在政府信息化过程中安全的重要性，及时解决出现的问题，确保系统的顺利运行。

习　题

一、选择题

1. 电子政务安全包括内网安全、外网安全和_____。
   - A．文件安全
   - B．网站安全
   - C．磁盘安全
   - D．信息安全

2. 主动防御安全技术包括_____、身份验证、存取控制、访问授权和虚拟网络。
   - A．加密技术
   - B．防火墙
   - C．路由过滤
   - D．病毒清除

3. 被动防御安全技术包括_____、安全漏洞扫描器、密码检查器、记账和路由过滤。
   - A．加密技术
   - B．防火墙
   - C．身份验证
   - D．虚拟网络

4. 以下对 PGP 加密软件功能描述不正确的是_____。
   - A．PGP 的公钥发送给别人，用来加密发送给自己的文件
   - B．PGP 的私钥自己保存，用于解密别人用公钥加密的文件
   - C．PGP 只能加密文件
   - D．PGP 的私钥可用来作数字签名之用

二、问答题

1．如何用简单方法查看主机的端口是否处在活动状态？

2．如何修补系统的漏洞？

3．PGP 使用了哪些加密算法？每种算法的思路是什么？

4．在对文件进行数字签名时，为什么一定要将文件的明文也一同发送给对方？请用数字签名的原理进行解释。

5．PGP 可能存在哪些方面的安全隐患？

项目 7　计算机外部设备操作

7.1　项　目　分　析

典型案例

　　计算机外部设备是用户与计算机之间的桥梁，分为输入设备与输出设备两大类。输入设备把用户要求计算机处理的数据、字符、文字、图形和程序等各种形式的信息转换为计算机所能接受的编码形式存入到计算机内；输出设备把计算机的处理结果以用户需要的形式（如屏幕显示、文字打印、图形图表、语言音响等）输出。输入输出接口是外部设备与计算机主机之间的连接装置，负责电气性能的匹配和信息格式的转换。熟练掌握一些主要计算机外部设备的操作，是做好办公自动化工作的基本要求。

教学目标

　　本项目通过对打印机、扫描仪和数码相机的工作原理、主要技术指标等相关理论知识的学习，了解这些设备一般故障的产生原因及排除方法；掌握打印机驱动程序的安装，与计算机网络的连接、设置，常用打印机的操作使用；掌握扫描仪软件的安装、设置及扫描仪的操作；掌握数码相机的操作使用。

7.2　相　关　知　识

　　计算机外设是指与计算机连接在一起，完成输入/输出等辅助性工作的设备。输入设备包括键盘、鼠标、摄像头、扫描仪、光笔、手写输入板、游戏杆、语音输入装置等；输出设备包括显示器、打印机、绘图仪、影像输出系统、语音输出系统、磁记录设备等。一般认为，键盘、鼠标、显示器与主机构成一台完整的计算机，因此这三件往往不作为外设看待。本项目重点学习打印机和扫描仪，及作为新型、实用图像输入设备的数码相机的原理与操作。

7.2.1　打印机的工作原理与使用

　　打印机是计算机的主要输出设备之一，用于将经过计算机处理的运算结果或中间结果以人所能识别的数字、字母、符号和图形等，依照规定的格式在纸张或相关介质上打印显示出来的一种设备。目前常用的打印机主要分为针式打印机、喷墨式打印机和激光式打印机三大类。

1. 针式打印机

针式打印机又称点阵式打印机，常见的有通用针式打印机、存折针式打印机、行式针式打印机和高速针式打印机四类。图7-1为常见的通用针式打印机。

图 7-1　通用针式打印机

（1）概述

全球第一台针式打印机诞生于 1968 年 9 月，是最早发明的一种打印机。其优点为结构简单、技术成熟、性价比高、使用成本低，其打印质量的优劣主要由打印头中打印针的数量决定（有 9 针、24 针、48 针和 128 针）。过去的针式打印机存在噪声高、分辨率低、打印速度慢、打印针易损坏等缺点，近年来，制造技术的发展使针式打印机向着专用化、专业化方向发展，在银行存折打印、财务发票多张打印、超市票单打印、记录科学数据连续打印、条形码打印、快速跳行打印和多份复制制作等应用领域得到了极大发展，具有其他类型打印机不可取代的功能。

（2）基本结构和工作原理

① 基本结构

针式打印机的种类繁多，其基本结构一般分为打印机械装置和电路两大部分。机械装置主要包括字车与传动机构、打印针控制机构、色带驱动机构、走纸机构和打印机状态传感器，这些机构都为精密机械装置，以保证各种机构能实现下面的各种运动。电路部分主要包括控制电路、驱动电路、接口电路和直流稳压电路。

针式打印机头由许多细小的、垂直排列的针（Pin）组成，每根针都可以单独点击纸面，形成一个色点。

② 工作原理

针式打印机利用机械和电路驱动原理，驱使打印针撞击色带和打印介质，进而打印出点阵，再由点阵组成字符或图形来完成打印任务。打印机在联机状态下，通过接口接收 PC 机发送的打印控制命令、字符打印或图形打印命令，再通过打印机的 CPU 处理后，从字库中寻找出与该字符或图形相对应的图像编码并送往打印头驱动电路，激励打印头出针打印。

（3）使用操作

针式打印机的使用操作一般分为两种。

① 单（联）张纸打印

● 单张纸

按下电源开关→将右侧（打印模式）拨杆拨到"单张"档位→放入打印介质（一般为 A4 规格纸），此时打印机会自动进纸→联机执行 PC 机上的文档打印命令→完成单张纸打印。

● 多联张票据

按下电源开关→将右侧（打印模式）拨杆拨到"单张"方向→放入打印介质（一般为联张复印纸），此时打印机会自动进纸→将左侧转轮标志刻度指向需打印的联张票据张数对应数字（1～6，默认为 1）→联机执行 PC 机上的文档打印命令→完成多联张票据的打印。

② 连续纸打印

按下电源开关→将右侧（打印模式）拨杆拨到"连续"档位→把连续纸挂到打印机后面的连续进纸架上，装入专用连续打印纸，将连续纸两边纸孔对准打印机内两端的凸轮定位并卡紧→按"进/退纸"键→联机执行 PC 机上的文档打印命令→完成连续纸打印。

2. 喷墨式打印机

第一台喷墨打印机在 1976 年诞生。它采用非打击的工作方式，比较突出的优点有体积小、操作简单方便、打印噪音低、使用专用纸张时可以打出和照片相媲美的图片等。经过若干年的发展，喷墨式打印机取得了长足的发展。如图 7-2 所示为喷墨式打印机。

图 7-2　喷墨式打印机

（1）概述

喷墨式打印机有着良好的打印效果，且价位较低。此外，喷墨式打印机还具有更为灵活的纸张处理能力，在打印介质的选择上具有一定优势：除可以打印信封、信纸等普通介质外，还可以打印各种胶片、照片纸、光盘封面、卷纸、T 恤转印纸等特殊介质。

（2）基本结构和工作原理

① 基本结构

喷墨式打印机的基本结构分为机械和电路两大部分。机械部分，通常包括墨盒和喷头、清洗部分、字车机械、输纸机构和传感器等。墨盒和喷头有两种类型，一种是二合一的一体化结构，另一种是分离式结构。清洗系统是喷头的维护装置。字车机械用于实现打印位置定位。输纸机构主要提供纸张输送功能，必须和字车机械很好地配合才能完成全页的打印。而传感器是为检查打印机各部件工作状况而特设的。

② 工作原理

目前，喷墨式打印机按打印头的工作方式可以分为压电喷墨技术和热喷墨技术两大类型；按照喷墨的材料性质，可以分为水质料打印机、固态油墨和液态油墨打印机；按工作原理，可分为固体喷墨打印机和液体喷墨打印机两种（以后者更为常见），而液体喷墨方式又可分为气泡式与液体压电式。气泡技术通过加热喷嘴，使墨水产生气泡，喷到打印介质上完成打印。

- 压电喷墨技术。将许多小的压电陶瓷放置到喷墨打印机的打印头喷嘴附近，利用它在电压作用下会发生形变的原理，适时地把电压加到它的上面。压电陶瓷随之产生伸缩使喷嘴中的墨汁喷出，在输出介质表面形成图案。
- 热喷墨技术。是让墨水通过细喷嘴，在强电场的作用下，将喷头管道中的一部分墨汁气化，形成一个气泡，并将喷嘴处的墨水顶出喷到输出介质表面，形成图案或字符。所以这种喷墨打印机有时又被称为气泡打印机。

（3）使用操作

喷墨式打印机的使用主要分为开机和关机两部分。

开机的步骤如下：

① 打开打印机，然后再开电脑。

② 参照随机附带的《打印机使用说明书》，装上墨盒。 安装墨盒时，要注意以下事项。

- 墨盒在未准备使用时，不宜拆去包装。
- 拆去墨水盒的盖子和胶带后，应立刻安装墨水盒。
- 拿墨水盒时，不可摸打印头。
- 打印头含有墨水，故不能将打印头倒置，也不可摇晃墨水盒。

③ 当墨盒安装好以后，执行驱动程序中的"打印头清洗"操作，将打印机调试到正常使用的状态。

关机的步骤如下：

① 关机前，应检查并确认打印机处于正常的待机状态。

② 假若墨尽灯提示应及时换墨盒，打印机在执行其他工作应等待打印的操作完成方能关机。

③ 应以关掉打印机电源键的方式关机，切勿以直接切断电源的方式关机，否则将会产生严重后果。

④ 关机后，应用布将打印机盖住，以免灰尘侵入对打印机造成损害。

3. 激光式打印机

激光式打印机是高科技发展的产物，分为黑白打印和彩色打印两种，是一种更高质量、更快速、更低成本的打印方式。其中，低端黑白激光式打印机的价格目前已经降到了千元左右，达到了普通用户可以接受的水平。如图 7-3 所示为激光式打印机。

（1）概述

第一台激光打印机诞生于 1977 年，生产厂商是美国施乐公司。激光打印机以其打印速度快、打印品质高、噪音低、使用经济可靠等优点越来越受到市场的青睐，其应用领域也越来越广泛。

图 7-3 激光式打印机

（2）基本结构和工作原理

① 基本结构

激光打印机由激光扫描系统、成像转印系统、机械传动系统、传感器和电路等部分构成。

② 工作原理

激光打印机的工作原理如下：由计算机传来二进制数据信息，通过视频控制器转换成视频信号，再由视频接口/控制系统把视频信号转换为激光驱动信号，然后由激光扫描系统产生载有字符信息的激光束，最后由电子照相系统使激光束成像并转印到纸上。

它的打印原理是：利用光栅图像处理器产生要打印页面的位图，然后将其转换为电信号等一系列的脉冲送往激光发射器，激光被有规律地放出。与此同时，反射光束被接收的感光鼓所感光。当纸张经过感光鼓时，鼓上的着色剂就会转移到纸上，印成页面的位图。最后当纸张经过一对加热辊后，着色剂被加热熔化，固定在纸上，至此完成激光打印的全过程。

（3）使用操作

① 接好电源和数据线。

② 根据打印机的品牌、型号选择安装相应的驱动程序。

③ 开启打印机（I 表示开启，O 表示关闭）。

④ 打印前需要先预热，可根据使用说明书选择预热时间。有些打印机显示 0 秒预热，表示不需要预热。

⑤ 按规范的方向放入纸张。需要注意的是，要选择标准纸张，否则容易造成卡纸等故障。

⑥ 如果是打印纸张反面，则要文字朝里，头朝下的方向放入。

值得一提的是，激光打印机虽然耐用，但为了保证其使用寿命，还是应将其安装在符合要求的环境中。温度不能过高或过于潮湿，不要暴露在阳光下，要保证通风。使用激光打印机除了要了解激光打印机的使用步骤和使用环境之外，还要注意日常的清洁保养，这样才能最有效地保证办公效率和质量。

4. 其他打印机

除了以上三种最为常见的打印机之外，还有热转印打印机和大幅面打印机等几种应用于专业方面的打印机机型。热转印打印机是利用透明染料进行打印的，它的优势在于专业、高质量的图像打印方面，可以打印出近似于照片的、连续色调的图片来，一般用于印前及专业图形输出。大幅面打印机的打印原理与喷墨打印机基本相同，但打印幅宽一般能达到24英寸（61cm）以上，其主要用途集中在工程与建筑领域。但随着其墨水耐久性的提高和图形解析度的增加，大幅面打印机也开始被越来越多地应用于广告制作、大幅摄影、艺术写真和室内装潢等装饰宣传领域中，成为打印机家族中重要的一员。

5. 网络打印机

网络打印机主要用于网络系统，为连接到网络上的客户端提供打印服务，因此要求这种打印机具有打印速度快、能自动切换仿真模式和网络协议、便于网络管理员进行管理等特点。

6. 打印机主要技术指标

（1）打印分辨率

打印分辨率是判断打印机输出效果好坏的一个直接依据，也是衡量打印机输出质量的重要参考标准。打印分辨率是指打印机在每平方英寸的输出面积上可以打出的点数，单位为 dpi（Dots Per Inch，每英寸点数），如 600dpi×600dpi（每平方英寸上水平 600 个点，垂直 600 个点）。分辨率越高，数值越大，意味着产品输出的质量越高。

（2）打印速度

打印速度表示打印机每分钟可输出多少张 A4 纸页面，通常用 ppm（Page Per Minute，每分钟页数）来衡量，如 80 ppm。

（3）打印幅面

不同用途的打印机所能处理的打印幅面是不相同的。正常情况下，打印机可以处理的打印幅面主要有 A4（210mm×297mm）幅面和 A3（420mm×297mm）幅面两种。当然，也有能打印更大幅面的专业用打印机。

（4）打印接口

接口是间接反映打印机输出速度快慢的一种辅助参考标准。目前，市场上打印机产品的主要接口类型包括专业的 SCSI 接口以及 USB 接口。

7. 打印机常见故障的排除

打印机已经成为人们在工作和生活中经常要用到的电脑外设产品，因此，了解一些常见故障的排除非常有必要。其实打印机的内部并不复杂，一般的问题用户完全可以自己动手解决，下面介绍一些简单的故障排除方法。

打印机出现问题后，首先要利用打印机自检系统来进行检测，并通过打印机自带的指示灯来加以判断。指示灯可以指示出最基本的故障，包括缺纸、缺墨、没有电源等情况。其次，可以进行线路观察，从检测打印机电缆开始（包括端口、通道、打印线的检测），依次分析打印机的内部结构（包括托纸架、进纸口、打印头等），查看部件是否正确工作，针对不同的故障情况锁定相关的部件，再确定存在问题的部件。接着，可以使用测试法，进行测试页打印或者局部测试打印机内部件，寻找故障原因。当然，如果打印机发生软件故障，则需要通过升级驱动程序或者访问其官方网站得到解决。

下面就针对打印机的一些常见故障来进行说明。

（1）打印效果与预览不同

这种情况一般是在文本编辑器下发生的，常见的如 Word 或 WPS 等。在预览时明明格式整齐，但打印出来后却发现部分字体是重叠的。这种情况一般是由于编辑设置不当造成的，解决的方法是重新设置"页面属性"中的纸张大小、纸张类型、每行字数等，一般可以解决。

（2）打印字迹不清晰

这种问题在平时使用打印机中非常常见，一般来和硬件的故障有关。遇到这种问题时，应当注意查看打印机的一些关键部位。以喷墨打印机为例，遇到打印样颜色模糊、字体不清晰的情况，首先应将故障锁定在喷头，可先用软件对打印头进行机器自动清洗，如果没有成功，可以用柔软且吸水性较强的纸擦拭靠近打印头的地方；如果上面的方法仍然不能解决，就只有重新安装打印机的驱动程序了。

（3）无法打印大文件

这种情况在激光打印机中发生的较多，可能在打印小文件时还是正常的，但是打印大文件时就会死机，这种问题主要是软件故障。可以查看硬盘上的剩余空间，删除一些无用的文件，或者查询打印机的内存数量，看是否可以扩容。

（4）选择打印后打印机无反应

一般遇到这种情况时，系统通常会提示"请检查打印机是否联机及电缆连接是否正常"。一般原因可能是打印机电源线未插好、打印电缆未正确连接、接触不良、计算机接口损坏等情况。解决的方法主要有以下几种：

① 如果不能正常启动（即电源灯不亮），应先检查打印机的电源线是否正确连接。可在关机状态下把电源线重插一遍，并换一个电源插座试一下看能否解决。

② 如果按下打印电源开关后打印机能正常启动，就进 BIOS 设置里面去看一下并口设置。一般的打印机用的是 ECP 模式，也有些打印机不支持 ECP 模式，此时可用 ECP+EPP，或 Normal 方式。

③ 如果上述两种方法均无效，就需要着重检查打印电缆。可先把电脑关掉，把打印电缆的两头拔下来，重新插一下（注意不要带电拔插）。如果问题还不能解决，换个打印电缆试试，或者用替代法。

（5）打印不完全

如果遇到这样的问题，可以肯定地说是由软件故障引起的，可以在 Windows 内更改打印接口设置，依次选择"开始"|"设置"|"控制面板"|"系统"|"设备管理"|"端口"|"打印机端口"|"驱动程序"|"更改驱动程序"|"显示所有设备"命令，将"ECP 打印端口"改成"打印机端口"后确认。

7.2.2 扫描仪的工作原理与使用

1. 概述

扫描仪诞生于 1984 年，它能将静态图像信息转换为计算机可以显示、编辑、存储和输出的数字格式，是一种重要的图像输入设备。扫描仪的应用范围很广泛，例如，将美术图形和照片扫描结合到文件中；将印刷文字扫描输入到文字处理软件中，避免重新输入；将传真文件扫描输入到数据库软件或文字处理软件中存储；以及在多媒体中加入影像等。随着扫描仪在广告、金融、证券、政府等领域中的广泛应用，它已成为办公自动化的有机组成部分。

扫描仪的种类繁多，根据扫描介质和用途的不同，目前市面上的扫描仪大体上可分为平板式扫描仪（见图 7-4）、名片扫描仪、胶片扫描仪、馈纸式扫描仪和文件扫描仪。除此之外，还有手持式扫描仪、鼓式扫描仪、笔式扫描仪、实物扫描仪和 3D 扫描仪等。

图 7-4　平板扫描仪外形图

2. 基本结构和工作原理

扫描仪的核心部件是感光器，其品质的高低在很大程度上决定了扫描图像的质量。目前，平板式扫描仪所采用的感光器件主要有四种：CCD（Charge Coupled Device，电荷耦合器件）、CIS（Contact Image Sensor，接触式感光器件）、CMOS（Complementary Metal-Oxide Semiconductor，互补金属氧化物半导体）和 PMT（Photo Multiplier Tube，光电倍增管）。

（1）基本结构

平板式扫描仪包括三大部分：机械传动部分、光学成像部分以及控制和转换处理电路部分。扫描仪是光机电一体化产品，只有这几部分相互配合，才能将反映图像特征的光信号转换为计算机可接受的电信号。图 7-5 为平板式扫描仪组成结构图。

（2）工作原理

启动扫描仪驱动程序开始扫描时，内部的可移动光源通过机械传动机构在控制电路的控制下，带动装有光学系统和 CCD 的扫描头发出均匀光线照亮玻璃面板上的原稿，产生表示图像特征的反射光（反射稿）或透射光（透射稿）；反射光穿过一个很窄的缝隙，形成沿 X 轴方向的光带，经过一组反光镜，由光学透镜聚焦并进入分光镜；经过棱镜和红绿蓝三色滤色镜得到的 RGB 三条彩色光带，分别照到各自的 CCD 上，CCD 将 RGB 光带转变为相应的模拟电子信号；此信号又被 A/D 转换器转变为数字电子信号，最后传送至计算机内部逐步形成原稿全图的图像数据并存储起来；再由相关程序进行处理，显示图像到屏幕上，或输出到打印机打印出来，如图 7-6 所示。

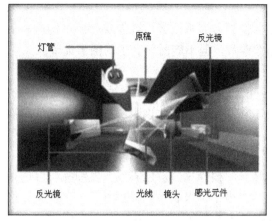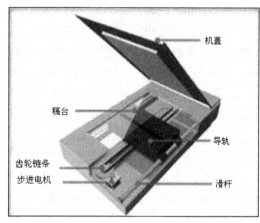

图 7-5　平板式扫描仪组成结构图

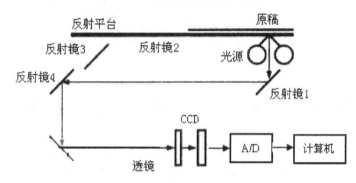

图 7-6　扫描仪工作原理图

简而言之，扫描仪的基本工作原理就是利用光电元器件将检测到的光信号转换成电信号，再将电信号通过模拟/数字（A/D）转换器转化为数字信号传输到计算机中。

3. 主要技术指标

（1）分辨率

分辨率是扫描仪最主要的技术指标，决定着扫描仪对图像细节的表现能力，即决定了扫描仪所记录图像的细致度，其单位为 ppi（Pixels Per Inch，每英寸像素点数），或 dpi（Dots Per Inch，每英寸点数）。通常用每英寸长度上扫描图像所含有像素点的个数来表示。目前，大多数扫描的分辨率在 300～4800ppi 之间。

扫描分辨率一般有两种：真实分辨率（又称光学分辨率）和内插值分辨率。

光学分辨率指扫描仪的光学系统可以采集的实际信息量，也就是扫描仪的 CCD 感光元件的实际分辨率。光学分辨率是扫描仪最为关键的性能指标，是影响扫描清晰程度最重要的因素之一。

例如，某最大扫描范围为 220mm×300mm（适合于 A4 纸 210mm×297mm）的扫描仪，可扫描的最大宽度为 8.5 英寸（220mm），它的 CCD 含有 20400 个单元，其光学分辨率为 20400 点 / 8.5 英寸=2400dpi。目前，常见的光学分辨率有 1200×2400dpi、2400×4800dpi、

3200×6400 dpi、4800×9600 dpi 等。

最大分辨率又叫做内插分辨率，它是在相邻像素之间求出颜色或者灰度的平均值，从而增加像素数的办法。通过内插算法可以增加像素数，但不能增加真正的图像细节。

（2）灰度级

灰度级表示图像的亮度层次范围。级数越多，扫描仪图像亮度范围越大，层次越丰富，目前多数扫描仪的灰度为 256 级。256 级灰阶中以真实呈现出比肉眼所能辨识出来的层次还多的灰阶层次。

（3）色彩分辨率

色彩分辨率又叫色彩深度、色位或色阶，是表示扫描仪分辨色彩或灰度细腻程度的指标，它的单位是位（bit），色位确切的含义是用多少个位来表示扫描得到的一个像素。例如，1 位只能表示黑白像素，因为计算机中的数字使用二进制，所以 1 位只能表示 0 和 1 两个值（2^1=2），它们分别代表黑与白。8 位可以表示 256 个灰度级。24 位可以表示 16777216 种色彩，其中红（R）、绿（G）、蓝（B）各个通道分别占用 8 位，它们各有 2^8=256 个等级，24 位以上的色彩为真彩。目前有 18 位、24 位、30 位、36 位、42 位和 48 位等多种，现在扫描仪的色位均达到 48 位。

（4）扫描速度

扫描速度是扫描仪的一个重要指标，是指扫描仪从预览开始到图像扫描完成，光头移动的时间。

扫描仪扫描的速度与系统配置、扫描分辨率设置、扫描尺寸、放大倍率等有密切关系。一般情况下，扫描黑白、灰度图像时，扫描速度为 2～100ms/线；扫描彩色图像时，扫描速度为 5～200ms/线。

（5）扫描幅面

表示扫描图稿尺寸的大小，常见的有 A4、A3、A1、A0 幅面等。

4. 使用操作

扫描仪的使用相当简单，首先把扫描仪与计算机的 USB 接口相连接，打开电源开关；然后把要扫描的材料（面朝下）平放在扫描仪的玻璃台面上，再运行扫描软件进行相应设置，最后点击"扫描"键，扫描仪就将图像扫描到图像编辑软件中，而且能以文件格式存储或通过打印机打印出来。

具体的操作方法请参考本章"7.3.2　任务 2　扫描仪操作"。

5. 平板式扫描仪的日常维护

（1）保护好光学部件

扫描仪中的光电转换设置非常精致，光学镜头或者反射镜头的位置对扫描的质量有很大的影响。因此，不要随便改动这些光学装置的位置，同时要尽量避免对扫描仪的震动或者倾斜。遇到扫描仪出现故障时，不要擅自拆修，要送到厂家或者指定的维修站修理。

（2）定期进行清洁

扫描仪中的玻璃平板，以及反光镜片、镜头，如果落上灰尘或者其他一些杂质，会使扫描仪的反射光线变弱，从而影响图片的扫描质量。因此，要在无尘或者灰尘尽量少的环境下使用扫描仪，用完以后，要用防尘罩把扫描仪遮盖起来。当长时间不使用时，还要定期地对其进行清洁。

（3）先预热

使用 CCD 扫描仪时，最好让扫描仪预热一段时间，以保证光源的稳定性和达到正常的色温，从而得到最好的图像还原。在寒冷的季节使用时，由于温度过低，扫描仪的灯管处于保护状态，这时请持续通电 30 分钟后，再关闭扫描仪电源，60 秒后再接通。

（4）不要频繁开关机

不要频繁地开关扫描仪，这样会加剧灯管的老化和系统的磨损，要争取做到一天开关机一次。

6. 平板式扫描仪常见故障现象及处理办法

（1）故障现象：电源 Power 指示灯不亮。

处理办法：① 关闭扫描仪电源；② 确保扫描仪的电源线已连接上交流电源插座并且接地；③ 60 秒后再打开扫描仪电源开关。部分扫描仪内具有一个保护机构，可以避免扫描仪断电后马上开启，以延长电源供应器的寿命。

（2）故障现象：扫描仪在正常工作条件下发出异声。

处理办法：① 检查齿轮是否有异物；② 检查齿轮是否损坏；③ 检查电机减震垫是否松动；④ 检查电机是否损坏及驱动电路是否工作异常。

（3）故障现象：扫描进来的图像从头到尾有垂直的白线。

这可能是扫描仪的反射镜有灰尘。处理方法：打开盖子，可以在扫描驱动的正下方看到一个反射镜，向反射镜的底部喷入一些空气。注意：不要用玻璃清洁剂或镜片用布擦拭反射镜，若要清洁，可用镜头纸（其他的材料可能会刮伤镜面）蘸取少许酒精小心擦拭。

（4）故障现象：扫描出来的图像看起来有纹路出现。

若扫描的图像来自杂志或书籍，图像上就会出现称为网花的不自然纹路。处理办法：在设定窗口的"其他选项"工具内选择"去除网纹"功能，在"去除网纹"的滤镜中设置可用于报纸、杂志和艺术杂志的选项。

（5）故障现象：扫描出全黑或全白图像。

处理办法：检查 CCD 阵列是否松动、损坏，主板电路是否发生故障。

（6）故障现象：原稿颜色与屏幕颜色差别太大。

处理办法：① 调整显示器的亮度、对比度和 Gamma 值；② 校正扫描仪驱动程序对话框中的亮度、对比度选项。

（7）故障现象：扫描出的整个图像变形或出现模糊。

处理办法：① 如扫描仪玻璃板或反光镜条脏污，可用软布擦拭玻璃板并清洁反光镜条；② 确保扫描原稿始终平贴在平台上；③ 把扫描仪放于平稳的表面上，并调节软件的曝光设置或 Gamma 设置。

（8）故障现象：扫描的图像在屏幕显示或打印输出时总是出现丢失点线的现象。

处理办法：① 检查扫描仪的传感器是否出现故障，对扫描仪的光学镜头做除尘处理，用专用的小型吸尘器效果最好；② 检查扫描仪外盖上的白色校正条是否有脏污，需及时清洁；③ 检查稿台玻璃是否有污脏或划痕，定期清洁扫描仪或更换稿台玻璃。

7.2.3 数码相机工作原理与使用

1. 概述

数码相机又名数字式相机（Digital Camera，DC），是集光、机、电一体化的产品。世界上第一台数码相机于 1991 年由美国柯达公司试制成功。数码相机的外形与传统相机基本相似，只是使用的感光载体不同。传统相机使用银盐感光材料（即胶卷）作为载体，拍摄后的胶卷要经过冲洗才能得到照片；数码相机不使用胶卷，而是使用光电器件感光，然后将光信号转变为电信号，再经模/数转换后记录于存储卡上。把数码相机（或存储卡）与电脑连接，可将照片传输到电脑中存储，再通过打印机打印成照片，这也是数码相机与传统相机的主要区别。

目前，数码相机主要分为卡片相机、家用相机、长焦数码相机和单反数码相机四大类。

（1）卡片相机

卡片相机在业界内没有明确的概念，小巧的外形、相对较轻的机身以及超薄时尚的设计是衡量此类数码相机的主要标准。其中索尼 T 系列、奥林巴斯 AZ1 和卡西欧 Z 系列等都应划分于这一领域。其优点是：外观时尚、液晶屏幕大、机身小巧纤薄，操作便捷；缺点是：手动功能相对薄弱，超大的液晶显示屏耗电量较大，镜头性能稍差，如图 7-7 所示。

图 7-7　佳能 A4000 IS 卡片数码相机

（2）家用相机

家用相机是一个相对模糊的概念。在数码相机领域，除了单反相机有明确的界定外，其余的数码相机都可以归为家用相机，这类数码相机能够满足一般家庭的使用需求，其 CCD/COMS 像素在 800 万～1000 万，镜头变焦倍数在 3～20 倍不等，大多数采用液晶显示屏实时取景，有自动曝光、风景、人像、夜景等多种拍摄模式。

（3）长焦数码相机

长焦数码相机指的是具有较大光学变焦倍数的机型，其镜头可以伸至比较远的距离，拍摄出远处的景物。如 10 倍光学变焦，就是指可把 35mm 的镜头伸至 350mm，以捕捉远处的景物。一般而言，小于 50mm 的镜头是短焦（广角）镜头，50～135mm 之间的镜头是中焦镜头，大于 135mm 的镜头是长焦镜头。其代表机型为美能达 Z 系列、松下 FX 系列、富士 S 系列、柯达 DX 系列等。镜头越长，其内部的镜片和感光器移动空间越大，变焦倍数也越大。长焦数码相机的原理和望远镜差不多，都是通过镜头内部镜片的移动来改变焦距的，如图 7-8 所示。

图 7-8　索尼 HX20 长焦数码相机

（4）单反数码相机

单反数码相机是使用单镜头反光新技术的数码相机，英文缩写为 DSLR（Digital Single Lens Reflex）。该项新技术就是在相机中的毛玻璃的上方安装了一个五棱镜，并且以 45°角安放在胶片平面的前面，这种棱镜可将实像光线进行多次反射以改变光路，并将影像送至其目镜。这种棱镜的独到设计使得摄影者可以从取景器中直接观察到通过镜头的影像，而一般数码相机只能通过 LCD 屏或者电子取景器(EVF)看到所拍摄的影像，显然直接看到的影像比通过处理看到的影像更利于拍摄。在 DSLR 拍摄时，当按下快门按钮时，反光镜便会往上弹起让开光路，感光元件（CCD 或者 CMOS）前面的快门幕帘便同时打开，通过镜头的光线便投影到感光元件上感光，完成拍摄。然后反光镜便立即恢复原状，观景窗中再次可以看到影像。

对数码相机摄影质量起决定作用的是感光元件的面积，由于单反数码的面积远远大于普通数码相机，因此其每个像素点的感光面积也远远大于普通数码相机，从而能表现出更加细致的亮度和色彩范围，摄影质量明显高于普通数码相机。

另外，单反数码相机（见图 7-9）还有一个很大的特点就是可以交换不同规格的镜头（见图 7-10），这是单反相机天生的优点，是普通数码相机所不能比拟的。

图 7-9　尼康 D90 单反数码相机　　　　图 7-10　尼康 AF-S DX NIKKOR 镜头

2. 基本结构和工作原理

（1）基本结构

数码相机的构成器件有镜头、光电转换器件（CMOS/CCD）、模/数转换器（A/D）、微处理器（MPU）、内置存储器、液晶显示屏幕（LCD）、可移动存储器、接口（计算机、电视机接口）、锂电池等，如图 7-11 所示。

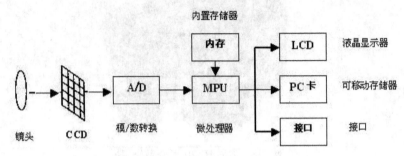

图 7-11　数码相机构成机理示意图

（2）工作原理

数码相机是集光学、机械、电子一体化的产品。它集成了影像信息的转换、存储和传输等部件，具有数字化存取模式、与电脑交互处理和实时拍摄等特点。光线通过镜头或者镜头组进入相机，通过成像元件转化为数字信号，再将这些通过影像运算芯片数字信号存储在存储设备中。数码相机的成像元件是 CCD 或者 CMOS，该成像元件的特点是光线通过时能根据光线的不同转化为电子信号。接下来由 MPU（微处理器）对数字信号进行压缩并转化为特定的图像格式，如 JPEG 格式。最后，图像文件被存储在内置存储器中。此外，还提供了连接到计算机和电视机的接口，如图 7-12 所示。

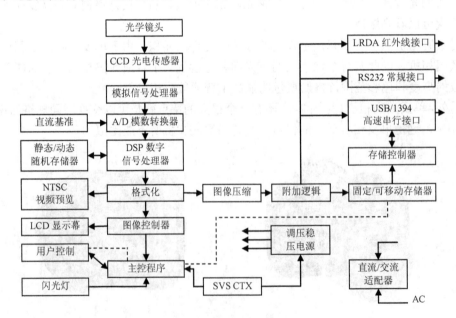

图 7-12　数码相机的工作原理

3. 主要技术指标

（1）CCD 像素数

数码相机中的关键部件 CCD 传感器所能获得的像素数是最主要的参数。

目前数码相机的 CCD 像素数多在 400 万～3000 万像素之间，高级单反数码相机可达 8000 万像素，主流产品是 1500 万像素左右。当然，像素数越高，价格通常也就越高。

拍摄获得的像素按横向（宽）、纵向（高）排列，每个方向排列的像素数也就是图像的尺寸。分辨率越高，意味着可反映的图像越细腻，不过图像所耗用的存储空间也就越大。

（2）焦距

焦距是指景物落在感光介质上正好能得到清晰的图像的距离。焦距越长，镜头的可视范围角度（视角）就越小，景物越大，也越近，类似于望远镜的效果；焦距越短，镜头的可视范围越大，景物越小，相应的拍摄范围也就越广，如范围广但层次感较差的广角镜头。

数码相机的焦距通常在 30～120mm，高级照相机会超出此范围。当然，焦距的范围越大，相机的灵活性越大。

可变焦距的数码相机可以对它的焦距进行控制，以便适于拍摄近物或远景。数码相机的变焦可分为光学变焦和数字变焦，光学变焦是指照相机物理上能达到的变焦倍数，通常有 2 倍、3 倍、4 倍、5 倍等，也有些数码相机拥有 10 倍以上的光学变焦效果。光学变焦也有用 mm 表示的，如 35～140mm 等。数字变焦是指通过计算来改变图像的大小，将图像放大到原来的若干倍。虽然数字变焦也可以更好地拍摄要突出的景物（如人像），但效果是不能与真正的光学变焦相比的。变焦相机允许更大范围地选择清晰位置，这样就可以准确地反映摄影者的意图，令图像主体有选择地体现。

（3）光圈

光圈用来控制通过镜头的光线量，一般用 F 或 f 来表示。完整的光圈值系列如下：f1、f1.4、f2、f2.8、f4、f5.6、f8、f11、f16、f22、f32、f44、f64。光圈 f 值越小，在同一单位时间内的进光量便越多，而且上一级的进光量刚好是下一级的一倍。例如，光圈从 f8 调整到 f5.6，进光量便多一倍，我们也说光圈开大了一级。对于消费型数码相机而言，光圈 f 值常常介于 f2.8～f16 之间。此外，许多数码相机在调整光圈时，可以做 1/3 级的调整。镜头的光圈越大，越容易在光线黑暗的情况下拍摄到满意的图像。

（4）颜色矫正和白平衡调整

为了使图像的色彩、亮度达到某种平衡，通常数码相机都内设有颜色矫正功能。其中最重要的参照就是景物中的白色，因此白平衡效果的好坏是衡量一台数码相机的重要参数。

白平衡方式有三种：自动、预设调整（往往有多种方式可选）和手动。具有较佳颜色修正功能的数码相机应该是能适应各种环境光源，不会拍摄出偏黄或偏红的图像。

（5）存储介质

数码相机大多采用闪存卡来保存图像，存储介质主要有以下几种。

- **CF 卡**：CF 卡是 1994 年 SanDisk 公司首先推出的。这种存储介质采用闪存技术，可永久性保存信息，无需电源，速度快，重量轻，而且体积也只有火柴盒大小。
- **XD 卡（eXtreme Digital，极速卡）**：XD 卡是由奥林巴斯、富士和东芝公司联合开发与持有的。奥林巴斯和富士看到 SM 卡已经跟不上潮流和技术了，于是联手推出了更为纤巧、技术也更先进的 XD 卡。

- MMC 卡（Multi Media Card，多媒体卡）：MMC 卡是由美国 SanDisk 公司和德国西门子公司共同开发的一种多功能存储卡，可用于便携电话、数码相机、数码摄像机、MP3 等多种数码产品。它具有小型、轻量的特点，并且耐冲击，可反复进行读写记录 30 万次。
- SD 卡（Secure Digital Card，安全数码卡）：SD 卡是由日本松下公司、东芝公司和美国 SanDisk 公司共同研制开发的，是具有大容量、高性能、安全等特点的多功能存储卡。它比 MMC 卡多了一个进行数据著作权保护的暗号认证功能（SDMI 规格），同时与 MMC 卡兼容，而且 SD 卡的插口大多支持 MMC 卡。
- 索尼记忆棒：索尼记忆棒是 Sony 公司 1997 年 7 月与 Casio、Fujitsu、Olympus、Sanyo 和 Sharp 共同开发出的一种超微体积集成化电路的数字存储介质。

4. 使用操作

数码相机的拍摄过程与传统相机相似，要拍摄一张好的照片往往需要满足良好的光照、正确的曝光、最合适的分辨率、良好的取景，以及准确的调焦等条件。但是数码相机还有许多不同于传统相机的操作，如拍摄前参数的设置、白平衡调整、即时查看、照片传输等。根据数码相机的特点，要拍好数码照片，创作出满意的数码图像作品，应注意以下几个方面的问题。

（1）拍摄前相机的参数设置。

① 选择正确的图像格式（存储压缩比），这直接关系到图像的品质，如 TIFF（或 RAW）和 JPEG 格式。

- TIFF（Tagged Image File Format，标签图像文件格式）格式

TIFF 是一种未经过压缩的存储格式，绝大多数图像处理软件都支持。它可以记载数码照片的分辨率，甚至可在照片内放置多个图像，因此，TIFF 文件对于排版软件是相当便利的，但占用空间庞大，照片容量一般在 10MB 以上。

- RAW（未加工）格式

该格式是直接读取传感器（CCD 或者 CMOS）上的原始记录数据，没有经过任何人为因素而照出的图像，未经过压缩。它不是一种通用的图像文件格式，常用于体育摄影和野生动物摄影。RAW 格式文件需要相关的配套软件来读取，一般的图像处理软件无法识别和编辑它。在后期，通常需要通过专门的软件（如 Photoshop）来对照片进行曝光补偿、色彩平衡、GAMMA 调整等处理。适合高品质拍摄，且文档所占空间比 TIFF 格式小许多。

- JPEG（Joint Photographic Experts Group，联合图像专家组）格式

该格式是一种有损压缩存储格式，它主要针对彩色或灰阶的图像进行大幅度的压缩。JPEG 的压缩率比起无损压缩格式的 PNG 或者 PCX 来说，其文件大小通常只有后者的 1/10 或更小。JPG 格式的特点是文件小、存储速度快、拍摄效果高、兼容性好，是数码相机用户最熟悉常用的存储格式。

② 选择图像尺寸，即设置不同的图像分辨率。设置合适的图像分辨率可以合理地使用

存储空间，通常根据实际拍摄时的要求来决定。分辨率越高，意味着可反映的图像越细腻，不过图像所耗用的存储空间也就越大。

根据照片的用途，一般数码相机分辨率的设置是：计算机屏幕或提供网络浏览的分辨率为 100 万～200 万像素，插入像册的照片一般为 5～7 英寸，200 万～300 万像素；参加摄影比赛的图片要求为 8～10 英寸，300 万～500 万像素；20 英寸 500 万～800 万像素、50 英寸以上的照片 1000 万级像素。

③ 调整白平衡。其作用是为了获得准确的色彩还原。在相机上采用的白平衡调整方式主要分为自动调整、预设调整和手动调整三种。

- **自动调整**：简单、快捷，基本上能满足大多数拍摄场所的需要。
- **预设调整**：又分为按光源种类分档和按色温值分档两类。按光源种类分档是指具体拍摄时将 LCD 上显示的光源种类图案调到与拍摄现场光源种类相符。按色温值分档是指相机根据用户输入具体的色温数据的不同，改变不同颜色光线产生电信号的增益以对白平衡进行调整。
- **手动调整**：高级的数码相机调整方式。要在现场的光线下拍摄一张标准灰板（或白板），相机就会自动计算出白平衡数据，这也是目前最准确的白平衡调整方式。

④ 设置感光度。采用"相当感光度"或"ISO 等值"等概念来表示相机的感光性能。一般使用 ISO200 的标准以满足普通拍摄的需求，获得比较好的画质；拍摄运动物体或者弱光条件下则要使用 ISO400 的标准。

（2）正确运用光照条件，慎用闪光灯。

（3）把拍好的照片传送到电脑硬盘上，进行观察取舍，并保存。

对相机存储卡上的信息进行操作时，最好使用相机专用的 USB 接口线与计算机连接，再打开相机电源开关，然后进行复制、移动或删除等操作。应尽量避免卸下相机存储卡而单独对其执行以上操作。

5. 数码相机的日常维护

（1）数码相机的存放

保存相机要远离灰尘和潮湿。如果数码相机长期不使用，应取出电池，卸掉皮套，存放在有干燥剂的盒子里。存放前应先把皮套、机身和镜头上的指纹、灰尘擦拭干净。

（2）使用时要注意防烟避尘

应在清洁的环境中使用和保存数码相机，这样可以减少因外界的灰尘、污物和油烟等污染导致的故障。

（3）数码相机要注意预防高温

相机不能直接暴露于高温环境下，不要将相机遗忘在被太阳晒得炙热的汽车里。在室内时，不要把相机存放在高温、潮湿的地方。

（4）数码相机要预防寒冷

通过将相机藏于口袋的方法，可以让相机保持适宜温度。将相机从寒冷区带入温暖区时，往往会有结露现象发生，因而需用报纸或塑料袋将相机包好，直至相机温度升至室内温度时再使用。除了结露现象，将相机从低温处带到高温处还会使相机出现一些肉眼不易看出的压缩现象，所以要注意不要使相机的温度在骤然间变化。

（5）数码相机要防水防潮

在实际使用过程中，不排除有突发原因或者其他方面的因素，必须在潮湿环境下工作，这时一定要采取严格的防护措施，确保在这种恶劣的环境下相机不受伤害或者少受影响。

（6）相机镜头的维护

镜头是数码相机的一个重要组成部分，它经常暴露在空气中，因此镜头上落上一些灰尘也是很正常的。但是如果长时间使用相机而不注意维护镜头，那么镜头上的灰尘将越聚越多，这样会大大降低数码相机的工作性能。例如，镜头上的灰尘会严重降低图像质量，出现斑点或减弱图像对比度等。另外，在使用过程中，手碰到镜头而在镜头上留下指纹，也是不可避免的，这些指纹同样也会使取景的效果下降。

（7）相机镜头的清洗

只有在非常必要时才需要对镜头进行清洗。镜头上有一丁点儿尘土并不会影响图像质量，而指印对镜头的色料涂层非常有害，应尽快清除。在不使用时，最好盖上镜头盖，以减少清洗的次数。清洗镜头时，先使用软刷和吹气球去除尘埃颗粒，然后再滴一小滴镜头清洗液在拭纸上（注意不要将清洗液直接滴在镜头上）反复擦拭镜头表面，最后用一块干净的棉纱布擦净镜头，直至镜头干爽为止。

（8）液晶显示屏的保护

液晶显示屏是数码相机重要的特色部件，不但价格很贵，而且很容易受到损伤，因此在使用过程中需要特别注意保护。在使用和存放时，注意不要让液晶显示屏表面受重物挤压；显示屏表面脏了，只能用干净的软布轻轻擦拭，一般不能用有机溶剂清洗；有些彩色液晶显示屏显示的亮度会随着温度的下降而降低，这属于正常现象，不必维修。

6. 数码相机常见故障分析

（1）故障现象：相机不工作。

处理方法：① 电源未打开或电池耗尽，电池极性装错，然后重新正确安装电池；② 如卡盖被打开，关闭卡盖；③ 北方的冬季室外气温太低，常常造成电池失效而无法开机。

（2）故障现象：相机自动关闭。

处理方法：① 电池电力不足时，更换电池；② 如连续使用相机时间过长，造成相机过热而自动关闭，只需停止使用，等它冷却后再使用；③ 北方冬季室外气温太低，常常造成电池失效而自动关机。

（3）故障现象：按快门释放键时不能拍照。

处理方法：① 有时是因为刚拍照的照片正在被写入存储卡，可放开快门释放键，等到绿色指示灯停止闪烁时再拍；② 拍照物不处于照相机的有效工作范围或者自动聚集难以锁定，可调整拍摄范围和拍摄模式。

（4）故障现象：相机无法识别存储卡。

处理方法：① 如是存储卡不兼容，存储卡芯片损坏，可更换存储卡；② 如是存储卡内的影像文件被破坏，可重新插入存储卡，并格式化存储卡。

（5）故障现象：液晶显示器显示图像时有明显瑕疵或出现黑屏。

处理方法：如果出现加电后液晶显示器能正常显示当前状态和功能设定，但不能正常显示图像，画面有明显瑕疵或出现黑屏的情况，多数是 CCD 图像传感器存在缺陷或损坏所致，此时应更换 CCD 图像传感器。

（6）故障现象：相机拍出的照片里面的景物有时偏红，有时偏黄，尤其是室内及夜晚拍摄的照片，常常偏色严重。

处理方法：主要是由于白平衡没有调节好造成的。数码相机的色温是采用电路调整的，靠电子线路改变红、绿、蓝三基色的混合比例，把光线中偏多的颜色成分修正掉。通常数码相机的自动白平衡功能能保证色彩还原的准确，但一些复杂条件下的拍摄最好使用相机的白平衡自定义功能来准确调节。这种模式的白平衡调节是让相机对准拍摄现场白色的物体，然后半按下快门，此时，相机会自动记录这种光线下白色的状态，依据这个数值，就可以在接下来的拍摄中正确地对色彩进行还原了。

（7）故障现象：相机拍出的照片中总有些杂点出现。

处理方法：用相同的图像设置再拍几张照片试试，如果杂点总是出现在同一个位置，就说明这台数码相机的 CCD 存在坏点。厂家一般对坏点的数量有规定，如果新机坏点数量超过了规定的数量，可以更换相机。如果杂点并不是出现在相同的位置，则说明这些杂点是由于使用时形成的噪点。这种情况可以通过下面的方法来减少噪点的数量：远离手机、收音机等电磁源，因为它们所发射的电波会干扰数码相机中的电子元件的工作；保证电池电力充足，因为当电池电力不足时，相机的机械运动部分会发出较大的噪声，从而产生更多的噪点。

（8）故障现象：相机能正常开关机，能进行拍照（可听到快门释放的声音），但是在镜头里面或者是 LCD 里面却没有任何图像信息显示，黑屏。

处理方法：如果是由于 CCD 图像传感器损坏，需要更换 CCD；也可能是镜头成像部分损坏，则需要更换镜头。

7.3　项　目　实　施

本项目的实施由三个实训任务组成，任务 1 在计算机与打印机之间完成打印机的连机测试；任务 2 是完成扫描仪操作；任务 3 是用数码相机完成拍摄一幅静物照片的操作。

7.3.1　任务 1　打印机连接测试

1. 实训要求

本实训任务通过在计算机上安装打印机驱动程序以及连接设置，掌握打印机的连接测试操作要领。

2. 实训步骤

（1）将打印机连接至主机的 USB 接口，打开打印机电源，单击【开始】按钮，选择

"设置"|"控制面板"|"打印机和传真"→"添加打印机"命令（见图 7-13），打开"添加打印机向导"窗口（见图 7-14），单击【下一步】按钮，在弹出的窗口中选中"连接到此计算机的本地打印机"单选按钮，并选中"自动检测并安装即插即用打印机"复选框，如图 7-15 所示。

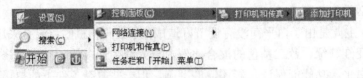

图 7-13　选择命令

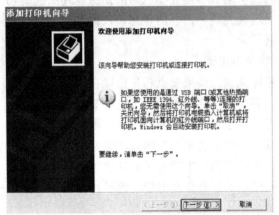 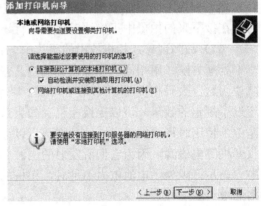

图 7-14　"添加打印机向导"窗口　　　　图 7-15　"本地或网络打印机"窗口

（2）此时主机将会进行新打印机的检测，很快便会发现已经连接好的打印机（一般应选择使用 USB 端口连接），由用户根据所连接的打印机生产"厂商"和"打印机"型号选择并安装打印机软件（Windows 操作系统一般自带常用的打印机驱动程序）；如果找不到该打印机型号驱动程序时，则要根据提示将打印机附带的驱动程序光盘放入光驱中，安装好打印机的驱动程序后，在"打印机和传真"文件夹内便会出现该打印机的图标，如图 7-16 所示。

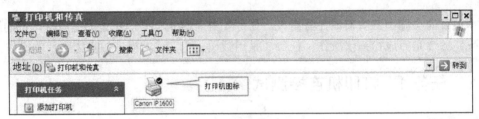

图 7-16　"打印机和传真"窗口

（3）在新安装的打印机图标上单击鼠标右键，在弹出的快捷菜单中选择"共享"命令，打开打印机的属性窗口，切换至"共享"选项卡，选中"共享这台打印机"单选按钮，并在"共享名"文本框中输入需要共享的名称，如 Canon IP1600；单击【确定】按钮，即可完成在网络上共享这台打印机的设定，如图 7-17 所示。

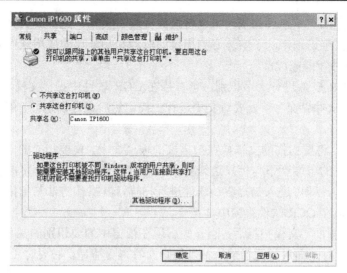

图 7-17　设置网络共享打印机

7.3.2　任务 2　扫描仪操作

1.　实训要求

本实训通过扫描一幅图像和一页文字材料，了解和掌握一般扫描仪软件和文字识别软件 OCR 的基本操作。

2.　实训步骤

（1）扫描图像

首先连接好计算机和扫描仪，接通扫描仪电源，安装扫描仪驱动程序，再用应用软件来获得扫描仪扫描的图像。最简单方便的就是用 Windows 系统自带的"画图"软件来进行。当然，也可以用专业的图形图像软件，如 Photoshop 来获得扫描的图像。下面就以"画图"软件为例来讲解如何获得扫描的图像。

① 在 Windows XP 操作系统下，选择"开始"|"程序"|"附件"|"画图"命令，弹出"画图"软件的窗口。

② 选择"文件"|"从扫描仪或照相机"命令，弹出扫描仪的窗口。

③ 窗口中有 4 个选项，对应要扫描的原稿类型。如果要扫描一张彩色照片，就选择"彩色照片"选项，把照片放到扫描仪中，盖上盖子，并单击【预览】按钮。此时，扫描仪就开始预览，预扫描的图片出现在右侧的预览框中。

④ 用鼠标光标移动、缩放预览框中的矩形取景框至合适大小、位置，选择要扫描的区域。选择好后，单击【扫描】按钮，此时扫描仪就开始扫描，屏幕显示扫描进度。

⑤ 扫描完成后，图片出现在"画图"软件窗口的图片编辑区域，对图片进行修改、保存等操作。

（2）扫描文字

扫描仪还有个非常有用的功能，即光学字符识别功能（Optical Character Recognition，

OCR）。印刷体上的文章通过扫描，可以转换成可编辑文本，这样就大大方便了文字录入工作者。要实现文字识别，除了安装好扫描仪的驱动和扫描仪的应用软件外，还必须安装 OCR 文字识别软件才能完成。

为了利用 OCR 软件进行文字识别，可直接在 OCR 软件中扫描文稿。运行 OCR 软件后，会出现 OCR 软件界面。首先要对文稿进行扫描，然后进行识别。一般说来，有以下几个步骤：

① 扫描文稿。将要扫描的文稿放在扫描仪的玻璃面上，使要扫描的一面朝向扫描仪的玻璃面，并让文稿的下端朝下与标尺边缘对齐，再将扫描仪盖上，即可准备扫描。点击视窗中的"扫描"键，即可进入扫描驱动软件进行扫描，其操作方法与扫描图片类似。扫描后的文档图像出现在 OCR 软件视窗中。

② 适当缩放画面。文稿扫描后，刚开始出现在视窗中的要识别的文字画面很小，首先选择"放大"工具对画面进行适当放大，以使画面看得更清楚。必要时还可以选择"缩小"工具，将画面适当缩小。

③ 调整画面。各类 OCR 软件都提供了旋转功能，使画面能够进行任意角度的旋转。如果文字画面倾斜，可选择"倾斜校正"工具或"旋转"工具，将画面调正。

④ 选择识别区域。识别时选择"设定识别区域"工具，在文字画面上框出要识别的区域，这时也可根据画面情况框出多个区域。如果全文识别，则不需设定识别区域。

⑤ 识别文字。选择"识别"命令，则 OCR 会先进行文字切分，然后进行识别，识别的文字将逐步显示出来。一般识别完成后，会再转入"文稿校对"窗口。

⑥ 文稿校对。各类 OCR 软件都提供了文稿校对修改功能，将被识别出可能有错误的文字，用比较鲜明的颜色显示出来，并且可以进行修改。有些软件的文字校对工具可以提供出字形相似的若干字以供挑选。

⑦ 保存文件。用户可以将识别后的文件存储成文本（TXT）文件或 Word 的 RTF 文件。

7.3.3　任务 3　数码相机操作

1. 实训要求

本实训通过拍摄一幅静物照片，掌握数码相机的基本操作和使用方法。

2. 实训步骤

数码相机的自动拍摄模式能够根据被拍摄体和拍摄条件自动选择最佳的场景设置，还可以检测人物面部并对其进行对焦，并将颜色及亮度作出最佳设置，所以，数码相机的自动拍摄模式是初学者最容易掌握的操作方法。

（1）打开相机电源

按下电源按钮或将电源开关拨至 ON 处，此时会显示相机的启动画面。

（2）选择 AUTO 模式

将模式开关设置为 AUTO（自动），将相机对准被拍摄体时，相机会在确定场景过程中发出操作声音（咔咔声）。

① 在画面的右上角会显示相机所确定的场景图标。

② 检测到被摄体时，会显示检测框并进行对焦。

（3）进行拍摄构图

变焦标杆按（拨）向符号"1 棵树"或字母"T"，会拉近远处的被摄体，使其显得更大；相反，变焦标杆按（拨）向符号"3 棵树"或字母"W"，会推远被摄体，使其显得更小（屏幕上出现显示变焦位置的变焦条）。

（4）自动对焦

先将镜头或机身上的 AF/MF 转换钮拨到 AF 位置，即可进行自动对焦操作。取景时，将对焦选择点套住被摄体，半按快门，相机可进行自动对焦（有些相机会有提示音），聚焦点便被锁住，从而获得主体清晰的画面。

（5）拍摄

完全按下快门，进行拍摄。

① 相机响起快门声音并进行拍摄（在低光照环境下，闪光灯会自动闪光）。

② 图像将在画面上显示约 2 秒。这时，即使正在显示画面，也可以按快门继续拍摄下一张照片。

7.4　项 目 小 结

计算机外设是指与计算机连接在一起，完成输入/输出等辅助性工作的设备，分为输入设备和输出设备两大类，本项目对打印机、扫描仪和数码相机三种计算机外部设备进行了学习和实训操作。

打印机是计算机的主要输出设备之一，常用的打印机主要分为针式打印机、喷墨式打印机和激光式打印机三大类。

扫描仪是一种重要的图像输入设备，它能将纸质文件扫描成图像电子文件在计算机存储设备中保存，因此是办公自动化的有机组成部分。

数码相机是一种摄影工具，拍摄后把数码相机（或存储卡）与计算机连接后可将照片传输到计算机中存储，再通过打印机打印成照片，这是数码相机与传统相机的主要区别。数码照片是新闻图片的重要来源。

习 　题

一、选择题

1. 针式打印机是利用_____和电路驱动原理，驱使打印针撞击色带和打印介质，进而打印出点阵，再由点阵组成字符或图形来完成打印任务。

　　A．机械　　　　　B．激光　　　　　C．电感　　　　　D．电磁

2. 喷墨式打印机的气泡技术是通过_____喷嘴，使墨水产生气泡，喷到打印介质上的。

　　　　A．冷却　　　　　　B．加热　　　　　C．气化　　　　　D．磁化

　3．激光打印机由激光扫描系统、成像转印系统、机械传动系统、_____和电路等部分构成。

　　　　A．CCD　　　　　　B．CMOS　　　　　C．激光器　　　　D．传感器

　4．扫描仪中的核心部件是_____，其品质的高低在很大程度上决定了扫描图像的质量。

　　　　A．驱动器　　　　　B．传动轴　　　　　C．扫描器　　　　D．感光器

　5．扫描仪的基本工作原理就是利用光电元器件将检测到的光信号转换成电信号，再将电信号通过_____转换器转化为数字信号传输到计算机中。

　　　　A．A/D　　　　　　B．D/A　　　　　　C．CCD　　　　　D．CMOS

　6．_____是扫描仪产品最为关键的性能指标，是影响扫描清晰程度最重要的因素之一。

　　　　A．色彩分辨率　　　B．光学分辨率　　　C．最大分辨率　　D．最小分辨率

　7．数码相机的焦距越_____，镜头的可视范围角度（视角）就越_____，景物越_____，也越_____，类似于望远镜的效果。

　　　　A．长　　　　　　　B．小　　　　　　　C．大　　　　　　D．近

　8．数码相机的镜头中，小于 50mm 的镜头就是短焦（广角），50～_____mm 之间的镜头是中焦，大于_____mm 的镜头是长焦。

　　　　A．135　　　　　　B．125　　　　　　C．180　　　　　　D．145

　9．数码相机的光圈 f 值越_____，在同一单位时间内的进光量便越_____，而且上一级的进光量刚好是下一级的一倍。

　　　　A．大　　　　　　　B．小　　　　　　　C．多　　　　　　D．少

二、问答题

　1．简述针式打印机的特点。针式打印机的基本工作原理是什么？

　2．喷墨式打印机的基本结构和原理是什么？

　3．激光式打印机的基本分类和基本组成是什么？

　4．针式、喷墨式、激光式三种打印机的区别是什么？

　5．扫描仪由哪些基本部件组成？有哪些主要的技术指标？

　6．扫描仪的基本工作原理是什么？

　7．扫描仪的日常维护需要注意些什么？

　8．数码相机与传统相机有什么区别？

　9．数码相机有哪些主要的技术指标？

　10．数码相机的分类和各自的基本特点是什么？

项目 8　静电复印机的使用与维护

8.1　项 目 分 析

典型案例

复印机是办公自动化设备中除个人计算机和网络系统外必不可少的基础设备之一。经过几十年的发展，静电复印机已成为复印技术的主流，应用最为广泛，现代办公用复印机几乎全部采用静电复印方法。同时数字化复印机的出现，实现了复印机与计算机、网络系统的互连，复印机与打印机合而为一，大大地提高了办公室的工作效率。

教学目标

本项目通过对静电复印机的工作原理、主要技术指标等相关理论知识的学习，掌握复印机的基本操作方法，了解复印机一般故障的产生原因及排除方法。

8.2　相 关 知 识

复印技术是随着现代科学技术的发展而产生和发展起来的一门新技术。它的诞生同印刷术的出现一样，对人类文明的发展起了一定的促进作用。静电复印机能够快速、准确、清晰地再现文件资料以及图样的原形，从而给人们的办公、科研、生产和生活带来了极大的方便。复印机已经成为办公机构提高工作效率的一种重要的办公设备之一，其使用范围日益广泛。

8.2.1　静电复印技术概述

静电复印法利用静电摄影原理制出复印品。

静电摄影是电摄影技术的一个主要分支。静电摄影所采用的光接受体是光导材料（光敏电介质或光敏半导体），通过曝光可在其表面上形成能够保持较长时间的静电潜像，即光导材料表面电位的起伏变化。静电潜像的显影过程是利用库伦定律的作用力来实现的，即具有反极性电荷的墨粉或油墨静电吸附在静电潜像上而显出可见图像。

静电复印机以其使用的纸张性质的不同，可以分为特殊感光纸复印机和普通纸复印机两大类。特殊感光纸复印机是将原稿图像直接复印在涂层纸上。这种涂层纸与重氮法、银盐法使用的纸张不同，它是采用新型光敏半导体材料（如氧化锌）涂敷于纸基上的感光薄层，其显影法不是化学反应，而是物理变化。这种复印方法又叫直接法复印。目前很普及的普通纸复印机则是以中间物质为媒介，利用转印的方法复印出图像，即先将墨粉图像形成于中间物质（如感光鼓）表面，然后再通过电晕充电方法将墨粉图像转移到普通纸上。此类复印机就叫间接法复印机。

间接法复印机的最大优点是能在普通纸上复印出图像，即将纸张覆盖在已显影光导材料上，从纸张背面进行电晕放电，通过与显影相同的方法，使墨粉颗粒转移到普通纸表面，最后利用加热或加压方式将墨粉固定于普通纸表面。间接法复印机的光接受体可以反复使用，成本比较低，采用这种方式印出的图像反差大，对于文字或线条组成的原稿，复印效果好。

最早的静电复印技术是由美国物理学家卡尔逊（C. F. Carlson）于1938年10月22日发明的"静电摄影法"发展而成。1949年，美国施乐（Xeror）公司首批生产出无定形硒真空镀膜硒平板和电晕电极的硒板静电复印机。它与其他种类的复印机比较，具有操作方法简便、速度快、成本低、对原稿的纸质无特别要求等优点。因此静电复印技术在半个多世纪以来得到了非常迅速的发展，成为复印技术的主流。当前，静电复印机是向高速度、高质量、高可靠性和微型化、专业化、数字化、一体化、智能化的方向发展。图8-1所示是一台典型的静电复印机外部结构图。

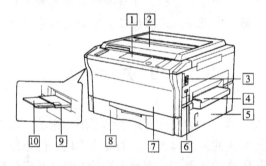

1：操控面板；2：原稿盖；3：电源开关；4：手动送纸盘；5：右侧门；
6：总计数器；7：前门；8：纸盒；9：副本盘；10：副本盘伸长板

图8-1　静电复印机外部结构

在现代化的静电复印机中，静电摄影的各个步骤是自动连续完成的，它已成为以文献为摄影对象的自动化静电摄影机。其成像过程极为迅速，目前已有每分钟复印120页以上的静电复印机。

8.2.2　静电复印机的基本组成和工作原理

1. 静电复印机的基本组成

通常，静电复印机按功能可以划分成四大系统：曝光系统、成像系统、输纸系统和控制系统。

图 8-2 所示为静电复印机四大系统的组成方框图，图中的虚线图框表示系统的范围，其中有些实线方框（如定影器等）同时位于两个虚线框中，这表示其功能同时分属于两个系统。

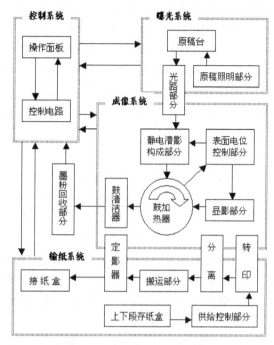

图 8-2　静电复印机四大系统的组成框图

图 8-3 为静电复印过程中六个基本工序的示意图。

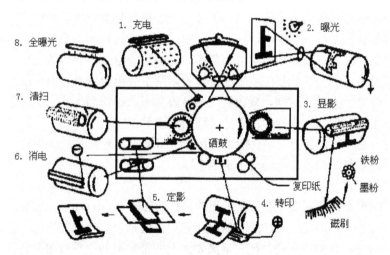

图 8-3　静电复印过程中六个基本工序的示意图

2. 静电复印机的基本工作原理

目前使用的静电复印机，其静电复印过程包括充电、曝光、显影、转印、定影和清洁六个基本工序，又称为"卡尔逊六步法"。

（1）充电

使光导体表面均匀带电，并升高到一定电位的过程叫充电（Charging）或光导体敏化过程。在静电复印机的复印过程中，通常是采用电晕放电的方法（或称为电晕充电法）对硒鼓进行充电。其具体方法是由高压发生器输出 5000～8000V 高压直流电到充电电极，电极中的电晕丝与硒鼓表面保持一定的距离（通常为 10～20mm），而硒鼓的基体接地，这样就构成了一个充电回路。具有几千伏高压的带正电金属丝，在此高电压下夺取了周围空气电子，使空气变成带正电的离子，正电离子又夺取硒鼓表面的电子，从而使硒鼓表面接受了大量电晕放电所形成的正离子，均匀地布满了正电荷。一般硒鼓充电以后，其表面电位可高达 1000 多伏。

（2）曝光

在光导体表面形成电位潜像的过程叫曝光（Exposure）。曝光成像时，原稿台与硒鼓同步运行，稿台上原稿受到可见光源的扫描，照在稿本上的光通过窄缝反射回来，经过镜头（透镜），再经过反射落到已经充电的硒鼓上，稿本上有字（或有图线）的部分吸收了照射光，在硒鼓上形成阴影，保留住了那里的电荷（形成暗区），而空白处反光性好，把光线反射到硒鼓上，受光部分的硒鼓变为导体，电荷通过接地的金属辊而被放走了（形成亮区）。这样，稿本上的字迹、符号、图表等，就被电荷准确地保存在硒鼓表面，硒鼓表面上保留的这种"电荷"称为静电潜像。曝光时所用的可见光源一般是碘钨灯。

（3）显影

显影（Developing）是用色粉将鼓面上不可见的静电潜像变为肉眼可见图像的过程。硒鼓转动，鼓面上静电潜像转到显影剂箱的位置，箱内有一根带磁性的圆辊（一个旋转的空心套筒，其内部有几排磁铁固定在轴上）。由于箱内装的墨粉掺入了经过防氧化处理的铁粉，铁粉上的一些电子碰到墨粉就"跑"了过去，使墨粉带上负电，铁粉带上正电。磁铁吸引铁粉，铁粉吸引墨粉，一串串地挂在此圆辊（空心套筒）上，就形成所谓磁刷。当带正电荷静电潜像的鼓体表面接近磁刷上的墨粉时，由于静电潜像的电场吸引力比铁粉与墨粉间的静电吸附力大，因此就把磁刷上的墨粉吸附到了静电潜像上。至于没有电荷的空心地方，自然不会吸引墨粉，这样，墨粉就在硒鼓表面形成墨粉图像。由于铁粉的电性与静电潜像的电性相同，同性电荷相斥，于是又落回显影剂箱中。

在静电复印过程中，显影工序直接影响到复印图像的线条浓淡、分辨率、密度和反差，因此，显影是决定复印图像质量的一个重要工序。

（4）转印

将鼓面上所形成的墨粉图像转移到纸上的过程叫转印（Transfer）。带有墨粉图像的硒鼓表面与输纸机构送来的空白复印纸接触时，它们彼此贴合。在纸的背后，转印电极的电场给纸充以比硒鼓更多的正电荷，把在硒鼓表面上的带负电的墨粉吸附并转移到纸上，在纸上形成墨粉图像。带有墨粉图像的纸经过分离装置，从鼓面上被剥落下来，通过传输带把纸送入定影装置。

衡量转印效果的主要指标是转印效率。转印效率是指光导体上墨粉量转移到纸上的百分率。转印效率高时，复印品上的图像（或字迹）墨度浓且清晰；转印效率低时，颜色浅淡，甚至看不清楚。目前的静电复印机的转印效率大约为 70%～85%。转印效率的高低取决于光导体表面的电位（不宜过高）、转印电压（不宜过高或过低）、纸张的干湿与电阻等多种因素（纸张受潮后转印效率会降低到 40%以下）。转印效率用下面公式表示：

$$转印效率 = \frac{转印到纸上的墨粉量}{纸上的墨粉量 + 残余墨粉量}$$

（5）定影

使色粉图像永久地固定在复印纸上的过程叫定影（Fixing）。转印到纸上的图像，很容易被抹擦掉，因此必须把图像固化在纸上。将墨粉图像用加热的方法（或者采用冷压的方法），使墨粉融化并渗入纸纤维中，从而形成牢固、耐久的图像。

定影分加热定影和压力定影。加热定影有三种方法：热板定影、热辊定影和热辐射定影。压力定影也称冷压定影。

① 热板定影

在定影器中设置上、下两块加热板，当加热器中的热源（电阻丝）接通电源后，将板加热，但是热板并不直接接触复印纸，而是通过空气介质，使热板面向纸张一面的空气被加热。当附有墨粉图像的复印纸从两块板中间通过时，便使墨粉融化渗透到纸中，从而实现定影。

② 热辊定影

定影器中的红外线灯管使定影辊（一般为镀金属或硅胶辊）加热，并且还对加热辊施加一定的压力、加热辊对附着墨粉的复印纸施加热量和压力，使墨粉牢固融化在纸上而实现定影。

③ 热辐射定影

上述两种加热定影方法通常需要 3～8 分钟的预热时间。为了缩短预热待机时间和充分发挥热能的作用，有的静电复印机（如声宝牌 SF-750 型、施乐牌 2202 型）采用远红外辐射加热，将热能以电磁波的形式直接辐射到附着墨粉的复印纸上，纸迅速吸收远红外线辐射能量而变成热能，从而使墨粉很快融化渗入到纸中实现定影。热辐射定影一般仅需要几十秒的预热时间。

④ 冷压定影

除了上述三种加热定影方法外，还可以采用压力定影方法（称为冷压定影）。冷压定影是一种新的定影技术，它是利用一对具有一定压力的对滚圆辊，对墨粉图像产生压力的作用，使在常温下呈柔软性的墨粉粘附于纸上而实现定影。冷压定影法的优点是节省电能，消除了预热待机时间，结构也较简单；其缺点是定影牢固程度较差，图像的分辨率也比较低。

（6）清洁

清除光导体表面上的残留墨粉和残余电荷以进入下一个复印过程的步骤叫清洁（Cleaning）。由于硒鼓在完成转印之后，其表面必然还残留着墨粉和残余电荷，如不清除，则在复印下一张时必将出现上一张图像（或字迹）的痕迹。因此，静电复印机还需具有清扫装置和消电装置，其作用是使硒鼓在经过转印工序以后，清除其表面的残留墨粉和残余电荷。清扫装置一般采用毛刷（兔毛、羊毛等）或者泡沫软辊（多用于湿法显影）进行清扫。消电装置一般采用电晕消电法，就是用一个电晕电极，向硒鼓表面充以电荷，此电荷的极性与给硒鼓充电的电荷极性相反，从而使硒鼓表面的残余电荷中和后被消除掉。有些机型（如理光牌 DT5750 型）采用灯光消电法，消电灯对硒鼓表面进行光照，这样，可使硒鼓表面的残余电荷经接地的金属辊（硒鼓基体）放走，从而消除残余电荷。

综上所述，从充电、曝光、显影、转印、定影到清洁，组成了卡尔逊法静电复印的全过程，如图 8-4 所示。

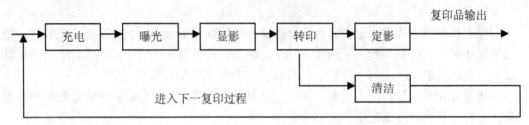

图 8-4　"卡尔逊法"静电复印的全过程

3. 新型的数码彩色复印机

（1）数码复印机的工作原理

首先通过 CCD（Charge Coupled Device，电荷耦合器件）传感器对通过曝光、扫描产生的原稿的光学模拟图像信号进行转换，然后将经过数字技术处理的图像数码信号输入到激光调制器，调制后的激光束对被充电的感光鼓进行扫描，在感光鼓上产生静电潜像。图像处理装置（存储器）对诸如图像模式、放大、图像重选等作数码处理后，再经过显影、转印、定影等步骤，完成整个复印过程。数码复印机基本上相当于把扫描仪和激光打印机的功能融合成一体。

（2）新型数码彩色复印机的功能

新型的数码彩色复印机具有多种新功能：一是可以复印彩色图文稿件，产生彩色副本；二是可以连接计算机或上网，直接接收计算机或网络的数字数据并将该数据复制成彩色的书面文件。

① 彩色复印

与彩色激光打印机类似，彩色复印机内部安装了一个半导体感光鼓和四个墨粉盒，分别执行黑色、表蓝、洋红和黄色等基色的感光、显影和转印任务。复印纸依次从这个感光鼓上获得四基色墨粉，构成彩色图像，最后经过定影产生彩色副本。

② 联网功能

数码彩色复印机内置一个网络接口（即网卡），通过这个网络接口，复印机能够连接局域网或 Internet 网，作为网络的终端使用。

驱动平台可以是 Windows 2000/XP/2003/Vista、Windows 7、Windows NT、NetWare、Macintosh、UNIX、Linux 等。

网络链路可以是 10 Base-T、10/100 Base-T、1000 Base-T、Token Ring 等。

网络协议可以是：TCP/IP、IPX/SPX、Ether Talk 等。

打印质量：600dpi（每英寸的点数）。

打印速度：25ppm（每分钟的页数）。

③ 其他数码功能

新型的数码彩色复印机有很强的数字数据处理能力，例如：

- **图像存储功能**：复印机的内存，可存储 80 张原稿（16MB RAM）到 160 张原稿（32MB RAM）。
- **图像重唤功能**：原稿在一次扫描后，图像被存储在复印机内存中，当原稿被移走后，图像仍能被调出复印。
- **编辑功能**：多张原稿的图像被随意放缩后，可编辑在一张复印纸上，这些编辑工作是在复印机的操作面板上完成的。
- **消缝功能**：普通复印机在复印一本书时，书的页边和中缝总会在复印件上留下阴影，新型的数码彩色复印机能够自动消除边缝阴影。

8.2.3　复印机的使用

1. 复印机的使用环境

（1）复印机应安装在符合规定的电源插座附近，以便连接。

（2）复印机电源引线直接与电源插座连接，电源插座必须符合额定电压和电流的规定要求而且还必须带有接地。

（3）使用前打开复印机预热半小时左右，使复印机内保持干燥。

（4）工作下班时要关闭复印机电源开关，切断电源。不可未关闭复印机就去拉插电源插头，这样会容易造成机器故障。

（5）复印机应避免在潮湿、阳光直射、灰尘多、通风条件不良、温度或湿度剧烈变化（如在空调器或电炉附近）等场所安放使用。

（6）复印机应安放于平坦、稳定之处使用，尽量减少搬动，要移动一定要水平移动，不可倾斜。

2. 复印机的使用规范

（1）必须保证复印室通风换气良好，而操作人员更应该每工作一段时间就到户外透透气休息片刻。

（2）复印机工作过程中一定要在盖好上面的挡板，以减少强光对眼睛的刺激。

（3）要定期对复印机进行清洁，小心清除废旧墨桶，以防墨粉扩撒在空气中而被人体吸入。

（4）每次使用完复印机后，一定要及时洗手，以消除手上残余粉尘对人体的伤害。

3. 复印机的使用步骤

在第一次使用复印机前应认真阅读该复印机的使用说明书，不同品牌的复印机控制面板有较大的差异，不可粗暴操作。

（1）接通电源。

（2）打开复印机开关，进行机器预热。

（3）设置复印模式（包括纸张大小、份数等）。

（4）检查存纸箱是否有纸。

（5）将被复印物按标志准确地置于玻璃板上，合上遮光板。

（6）启动复印按钮。

4. 复印技巧

复印是一项技术性较强的工作，技术熟练不但可以提高工作效率，而且可以节省纸张，减少浪费，保证机器的正常运转。

（1）合适的曝光量

复印过程中会遇到各种色调深浅不一的原稿，有些原稿上还夹杂着深浅不一的字迹，如铅印件上的圆珠笔、铅笔批示等，遇到这种情况应当以较浅的字迹为条件，减小曝光量，使其显出。具体方法是加大显影浓度，将浓度调节杆推向加深的一端。对于照片、图片等反差小、色调深的原稿，则应减小显影浓度，将浓度调节杆拨向变淡一侧。如果复印品仍未能令人满意，则可加大曝光量，做法是将曝光窄缝板（有的设在充电电极上，有的是单独装在感光鼓附近）抽出，把光缝调宽一些，即可使图像变淡。

（2）遮挡方法的应用

复印工作经常遇到原稿有污迹、需复印原稿局部、原稿过厚等情况，这就需要利用遮挡技巧来去掉不需要的痕迹。最简便的办法是用一张白纸遮住这些部分，然后放在稿台上复印。复印书籍等厚原稿时，常会在复印品上留下一条阴影，也可以用遮挡来消除。方法是在待印页之下垫一张白纸，即可消除书籍边缘阴影。如果还要去掉两页之间的阴影，可在暂不印的一页上覆盖一张白纸，并使之边缘达到待印页字迹边缘部分，即可奏效。

（3）制作教学投影片

利用复印机可以将任何文字、图表复印在透明的聚酯薄膜上，用来进行教学投影。具体做法是：将原稿放好，调节好显影浓度，利用手工供纸盘送入聚酯薄膜。如果薄膜容易卡住，可在其下面衬一张复印纸，先进入机器的一端用透明胶纸粘住。对于已转印而经常被卡在机内的薄膜，可打开机箱门送它到达定影器入口，然后旋转定影辊排纸钮，使之通过定影器而定影排出。

（4）加深浓度，避免污脏

两面有图像的原稿，要想在复印时图像清晰，而又不会透出背面的图像使复印品弄脏，最简便的方法就是在要复印的原稿背面垫上一张黑色纸。没有黑纸时，可以打开复印机稿台盖板复印一张，印出的就是均匀的黑色纸，即可用来垫上。这一方法在制作备用图纸时经常用到，原因是图纸上的线条浓度大，而空白部分又要求必须洁净。

8.2.4 复印机的常见故障与维护

1. 图像故障

（1）复印机复印出的复印件全黑

故障可能原因与排除方法如下。

① 光学系统出现问题，有可能是未盖原稿盖或曝光灯损坏，而曝光灯损坏一般是灯丝断或灯控保险断开，这都需要更换曝光灯。

② 主充电过高，充电电极的绝缘端被放电击穿，电极与金属屏蔽罩连通（有烧焦痕迹），造成漏电。

③ 感光鼓未接。

（2）复印件全白

复印件全白故障分为感光鼓上有图像（见表 8-1）和感光鼓上无图像（见表 8-2）两种情况。

表 8-1 感光鼓上有图像

感光鼓上有图像的故障原因	故障排除方法
转印电极丝接触不良	重新接通
转印电极丝断路	更换电极丝
转印电极高压发生器损坏或高压线接触不良	检修更换高压发生器或重新接通高压线

表 8-2 感光鼓上无图像

感光鼓上无图像的故障原因	故障排除方法
充电电极接触不良或电极丝断路	重新接通充电电极或更换电极丝
充电电极高压发生器损坏或高压线接触不良	检修更换充电高压发生器或重新接通高压线
控制显影器的离合器老化或损坏	更换离合器
显影器脱位或驱动齿轮损坏	重新安装到位或更换驱动齿轮
感光鼓安装不到位	重新安装
充电电极绝缘座发生漏电击穿	更换绝缘座

（3）复印件图像时有时无

原因在于充电或转印电极到高压变压器的连线或高压变压器本身损坏，需检查接线状态和更换变压器。

（4）复印后复印件出现底灰

复印件上有深度不等的底灰，是静电复印机中一种常见的现象，而且是一个难于解决的问题，复印件上有无底灰存在是鉴别其质量好坏的重要标志之一。

主要的故障原因有以下几种。

① 反光镜脏污。

② 主充电压过高。

③ 鼓清洁刮板老化，或刮板与鼓之间有异物。

④ 感光鼓疲劳。

⑤ 所接机器电源过低。

解决办法是定期请专业人员进行维护。

（5）复印件图像上有污迹

可能的故障原因与相应的排除方法如下。

① 感光鼓上的感光层划伤。

② 感光鼓污染，如油迹、指印、余落杂物等。

③ 显影辊上出现固化墨粉。

④ 热辊定影的机器，由于加热辊表面橡胶老化脱落、有划痕，或定影辊清洁刮板缺损使辊上局部沾上污物，形成污迹。

⑤ 搓纸辊上受墨粉污染，搓纸造成污迹。

⑥ 显影器中墨粉漏出洒落在纸上或感光鼓上。

这些故障一般通过清洗或更换相应的部件来获得解决。

（6）复印件图像上出现白色斑点

可能的故障原因与相应的排除方法如下。

① 显影偏压过高。调整显影偏压。

② 感光鼓表面光层剥落、碰伤。清洁研磨或更换感光鼓。

③ 由于转印电极丝电压偏低，造成转印效率低所致。使用稳压器。

④ 印纸局部受潮也可能出现白斑。更换复印纸。

2. 卡纸故障

卡纸是在复印机使用过程中经常碰到的问题，常见的卡纸现象有如下几种。

（1）纸卡在输纸道内。

（2）纸卡在分离器处。

（3）清洁器频繁卡纸。

（4）中部卡纸。

（5）纸经常卡在定影部或出纸口处。

（6）定影器卡纸。

（7）复印时出现频繁卡纸。

（8）卡纸显示灯亮，但机内无卡纸。

卡纸故障的出现原因可归结为两类：一是纸张本身的原因，如潮湿、卷角、纸张质量和规格不符合复印要求等；二是复印机的机械部分或控制部分出现问题。处理方法是，对于轻微的卡纸可通过打开机箱清除，对于严重的卡纸或经常性的卡纸需要求助专业工程师进行维修，操作人员切不可蛮力操作，以免造成对复印机的损坏。

8.3 项 目 实 施

8.3.1 任务1 复印机操作

1. 实训要求

本实训任务的目的是通过手动复印一页教材的正反两面，以掌握对静电复印机的基本操作方法和一般卡纸故障的排除。

2. 实训步骤

（1）复印机预热

查看复印机开关是不是开着。复印机开关有没有开，从复印机面板上能判断出来，面板显示如果有指示，表明开着，否则正关着。如果关着，要先打开开关，开关位置不同的复印机位置会有区别，一般在面板上或左右两侧，刚打开的复印机一般要预热几分钟才能使用。

（2）纸张准备

① 检查手动进纸侧板是否打开，准备好复印纸。

② 查看纸盒内是否有纸：纸盒在下方，盒上标明了纸的尺寸（A4、A3 或其他），查看盒中是否有纸，如果没有纸要放一些纸进去。

（3）把复印机上遮光盖掀起，按照玻璃板上的标记，并根据原稿纸张的大小、方向，把要复印的资料字面贴着玻璃板放置好。

（4）选择所需的纸张（A4 或 A3）按面板上指示标识选择纸盒，并在面板上设置缩放比例。

（5）在面板上设置要复印的份数。

（6）根据原稿的字符质量，在操作面板上对色深（浓淡）度进行设置，最后按下"复印"按钮。

（7）完成一次双面复印操作。

（8）完成一次对原稿作 50%的缩小操作。

（9）排除常见的卡纸故障（可模拟操作）。

8.3.2 任务 2 复印机的日常维护

由于复印机是通过静电原理工作的，在使用复印机时要选择合适的地点进行安装，避免在高温、阳光直射以及灰尘较多的地方使用，同时要保证室内的通风换气环境良好，因为复印机在工作时会产生微量臭氧，对人体有一定的危害。复印机平时尽量减少搬动，移动时一定要水平移动，不可倾斜。

（1）复印机的电源要使用稳定的交流电，电源的定额应为 200～240V、50Hz、15A。

（2）每天使用前，要先打开复印机预热半小时左右，使复印机内保持干燥，清除水分。在阴雨天气情况下，要注意复印机的防潮。白天要开机保持干燥，晚间防止潮气进入机内。

（3）复印机在使用时要保持复印机的玻璃稿台清洁、无划痕、不能有涂改液、手指印之类的斑点，否则会影响复印效果。如有斑点，可用软质的玻璃清洁物清洁玻璃。

（4）在复印机工作时一定要盖好上面的挡板，因为产生的强光对眼睛有很大的刺激。

（5）如果复印件的背景有阴影，那么可能是复印机的镜头上进入了灰尘。此时，需要对复印机进行专业的清洁。

（6）当复印机显示红灯加粉信号或者复印颜色变淡时用户要及时对复印机加碳粉，否则会造成复印机故障或产生加粉撞击噪音。加碳粉时应摇松碳粉并按照说明书进行操作。同时注意要使用合格的碳粉，不合格的碳粉会造成飞粉、底灰大、缩短载体使用寿命等故障，同时复印量低。在加粉后要及时洗手，以消除手上残余粉尘对人体的伤害。

（7）在给复印机加复印纸前先要检查一下纸张是否干爽、结净，将复印纸叠顺整齐再放到纸张大小规格一致的纸盘里。纸盘内的纸不能超过复印机所允许放置的厚度，请查阅手册来确定厚度范围。为了保持纸张干燥，可在纸盒内放置一盒干燥剂，每天用完复印纸后应将复印纸包好，放于干燥的柜子内。

（8）在下班时要先关闭复印机电源开关，再切断电源。不可未关闭机器开关就去拉插电源插头，这样容易造成机器故障。

8.4 项目小结

静电复印机能够快速、准确、清晰地再现文件资料以及图样的原形，给人们的办公带来了极大的方便。静电复印机按功能可以划分成四大系统：曝光系统、成像系统、输纸系统和控制系统。其复印过程包括充电、曝光、显影、转印、定影和清洁六个基本工序，称为"卡尔逊六步法"。

复印机的使用步骤可总结为以下六步：接通电源，打开复印机开关进行预热，设置复印模式，检查存纸箱是否有纸，将被复印物按标志准确地置于玻璃板上后合上遮光板，按下"复印"按钮完成复印。

对于简单的卡纸故障可自行排除，对其他故障要求助于专业维修人员，以免造成对复印机的损坏。

习 题

一、选择题

1. 在复印机工作时一定要盖好上面的挡板，因为产生的＿＿＿＿对眼睛有很大的刺激。

  A．激光   B．强光   C．电流   D．磁场

2. 安装复印机时要保证室内的通风换气环境良好，因为复印机在工作时会产生微量＿＿＿＿，对人体有一定的危害。

  A．氧气   B．臭氧   C．氢气   D．二氧化碳

3. 复印机感光鼓疲劳时会使复印件＿＿＿＿。

  A．褪色   B．产生底灰   C．图像变黑   D．图像变淡

4. 常用的 A4 复印纸的标准尺寸是＿＿＿＿mm。

  A．257×182   B．210×148   C．297×210   D．420×297

5. 从充电、曝光、显影、＿＿＿＿、＿＿＿＿到＿＿＿＿，组成了"卡尔逊法"静电复印的全过程。

  A．复印   B．转印   C．定影   D．清洁

二、问答题

1．静电复印机由哪些系统功能组成？

2．静电复印机的复印过程包括有哪些基本工序（必须按顺序阐述）？

3．什么是复印机的"静电潜像"？

4．静电复印机复印出的复印件全黑的原因有哪些？若复印件全白，可能存在哪些故障？

5．光导体在静电复印机中的作用是什么？常见的光导体材料有哪些？

项目 9　图文传真机的使用与维护

9.1　项 目 分 析

典型案例

如何将一封加盖公章的保密信函保质保量、即时传送到远方的相关人员手中? 图文传真机可以解决这一问题。

传真机是集计算机技术、通信技术、精密机械与光学技术于一体的通信设备, 其具有信息传送速度快、接收的副本质量高, 能准确地按照原样传送各种信息, 适于保密通信的特点, 在办公自动化设备应用中占有极其重要的地位。

教学目标

本项目通过对电话通信设备的发展过程及传真机的工作原理、主要技术指标等相关理论知识的学习, 掌握传真机与电话线路的连接, 传真的初始设置和操作使用, 了解传真设备一般故障的产生原因及排除方法。

9.2　相 关 知 识

电话是现代文明社会极为重要的通信工具之一, 也是我国经济建设和社会生活应用最广泛、最便捷的通信工具。电话通信是办公通信的重要工具之一, 电信网络也是计算机网络的基础通信网络的重要组成部分。

图文传真机是在公用电话网或其他相应网络上, 将静止图像、文件、报纸、相片、图表及数据等信息进行远距离实时传送的一种通信设备。传真机的英文名为 Facsimile, 国际上通常简称 FAX。

9.2.1　电话通信设备发展概述

为了让大家对电话通信设备发展和应用概况有一个基本的了解, 本节将介绍程控电话、移动电话和 IP 电话的发展过程, 有线、无线两类电话的分类和程控电话的通信设备。

1. 电话通信设备的发展

1837 年，莫尔斯（S. F. B. Morse）用点、划、空等适当组合的代码来表示字母和数字。这就是莫尔斯码。莫尔斯码实现了电报通信。1875 年，贝尔（A. G. Bell）在一次偶然的实验事故中，发现利用电磁可以传送声音。1876 年 3 月 10 日，贝尔和沃森试制成功了世界上第一部电话机，由此开创了电话通信发展阶段的新纪元。到 19 世纪末，人们又开始研究用电磁波传送无线电信号，赫兹（H. R. Hertz）、波波夫（A. C. Popov）等科学家为此做了不懈的努力。近年来，由于大规模集成电路技术和计算机技术的迅猛发展，更使现代通信如虎添翼，电话通信在功能和可靠性方面获得了极大的提高，人们几乎可以随时随地、不受时空限制地进行信息交流。

电话机通信是通过声能与电能相互转换，达到用电流传输声音的一种通信技术。当发话人对着送话器前面说话时，人的声带振动，产生声波，声波作用在电话机的送话器上，使送话器电路内产生相应的说话电流（简称话流），话流沿电话传输线路送到受话人的受话器。受话器收到话流后，话流转变为相应的声音振动（与发话人声带振动相同的声波），并作用于受话人的耳膜上，于是便听到发话人的讲话声音——这就是电话机通信的工作原理。

电话的使用从磁石式电话、机电式电话发展到程控电话。电话接续方式由人工、机械、机电式（步进制自动交换机、纵横制电子自动交换机）到程控交换机的发展过程，体现了人类对通信方式和通信自由的追求以及通信设备技术的飞跃进步。

目前，电话业务正沿着数字化、业务综合化、智能化、宽带化、个人化（个人无线）等综合技术应用的方向发展，并与计算机网络紧密结合，网络信息的无线移动综合服务，如手机上 Internet 的各种服务（E-mail、网络游戏）、短信服务、彩信、移动 QQ 等，已成为电信业务的主流。电信业务设备的发展已大大地促进了移动办公业务的开展，使办公自动化系统的功能不断扩大和完善。

2. 程控电话及其电信新业务

程控电话是指接入程控交换机的电话。程控电话交换设备是利用电子计算机来控制的交换机，它用预先编好的程序来控制交换机的接续动作。因此程控电话与一般机电式交换机的电话相比，具有速度快、业务功能多、效率高、声音清晰、质量可靠等优点。

由于程控电话是用程序的控制进行工作的，因此，在电信业务中，许多业务是与计算机或计算机网络相结合进行工作的。这些业务工作如果和本机构的办公业务、办公自动化系统联系在一起，可以大大地提高办公效率，改善、改变办公工作方式，减轻劳动强度。所以要认识、了解、开通一些电信设备业务的新增功能。

目前电信新业务有以下几种。

（1）个人台式机新业务。个人台式机是指放在桌上的程控电话机。如果配合"来电显示"业务，则有的电话机自有的功能就很多，如打入、打出记录存储，电话号码存储与缩位拨出等。必须与电信局联系可以开通的其他业务还有热线服务、缩位拨号、呼出限制、三方通话、呼叫转移、闹钟（Morning Call）服务、遇忙回叫、会议电话、免打扰服务、缺席用户服务、遇忙记存呼叫、来电显示、移动话机（小灵通）等。这些业务的开通，方便了个人用户，而且大多数业务是不收费的。

（2）电话增值业务。智能网是在原有通信网络基础上为快速提供新业务而设置的附加网络。智能网提供的涉及团体的业务有电话投票业务、被叫集中付费、虚拟专用网业务等。

（3）分组交换数据网业务。分组交换数据网是为适应计算机通信而发展起来的一种通信手段。可以满足不同速率、不同类型终端的互通，从而实现存储在计算机内的信息资源共享。典型的业务是银行的 POS 业务（信用卡刷卡服务）。

（4）电话上网业务。目前大多数基础用户连接 Internet，是依靠网络服务商的 Modem 上网服务，以及 ADSL 上网服务。这些上网服务都依靠电信网络的支持，移动办公也需要这个业务的支持。

（5）综合业务数字网业务。综合业务数字网业务是 B-ISDN 业务。它提供了远程电视会议功能，适合各种远程的谈判、会议、医疗会诊、教学、新闻发布等。

3. 移动电话通信

由于一般的电话都是在固定点进行通信，已不适合人们对通信日益增长的需求。通过人们的努力、技术的不断发展，已经研制出了不同的移动通信电话。移动通信就是指通信的双方中至少有一方是在移动中进行信息交换，它是固定电话通信的一种补充和延伸。例如，固定点与移动体（汽车、轮船或飞机）之间或移动体之间、活动的人与人和人与移动体之间、活动的人与固定点之间的通信，都属于移动通信的范畴。当今世界，移动通信正处于大发展的时期。国际无线电咨询委员会（CCIR）提出了未来公众陆地通信电话系统（FPLMS）方案，开发数字化个人袖珍终端，将实现任何一个人可随时随地与世界各地通信的宏伟目标。

移动通信系统具有很多独有的优点，如不受地理环境和气候条件的影响，线路开通费用低、回收资金快、开通时间短，可在移动中通话和使用方便等，在信息传递方面可达到有线通信的同等效果。移动通信本身与现在的有线电话组成统一网络，那么所有有线电话可通达的地方移动通信同样可以达到，而有线电话不能通达的地方移动通信亦可通过无线电媒介提供通信服务，因此移动通信具有更大的通信市场竞争力。

（1）第一代移动通信系统。

第一代移动通信系统是模拟通信网的信号以模拟方式进行调制，其模拟级数采用的是频分多址（FDMA）。

第一代移动通信系统包括简单的无线电对讲机通信、无绳电话、无线电寻呼、汽车电话系统、集群通信系统、蜂窝网电话系统等。下面简单介绍几种移动通信系统的通信设备。

① 无线电对讲机（无绳电话）通信。公用无绳电话系统就是把有线电话的一部分户内布线换成无线链路，这样可使用户在一定的范围内持无绳电话手机自由地在移动状态进行个人通信。该系统适合在企业内部、一般家庭和公众场所等特定的大楼和区段的小范围内使用。

② 无线电寻呼通信（BP 机）。无线电寻呼通信是一种单频、单工、单向的无线电系统。它向寻呼机的持有人发送单向的简短信息。发送由寻呼中心进行。任何人要寻呼持有寻呼机的某人时，必须先向寻呼中心（call 台）拨电话，告知值班员要寻找某人（一般是寻呼机的号码），并告知自己的电话号码。值班员即通过控制台向该寻呼机发出寻呼信息。寻呼发射机发出无线电波，被寻呼人的寻呼接收机收到寻呼自己号码的信息后，即发出"Bi

Bi"声，并在显示屏上显示有关信息，一次寻呼即告结束。

③ 蜂窝网移动通信系统。蜂窝网移动通信系统是一种客户在运动中进行电话通信的通信系统。通常蜂窝移动通信系统自己组成一个通信网络，在几个结点与公众电话网箱联结。为了扩大移动电话系统的覆盖面积，增加信道容量，把一个移动电话服务区划分为若干个小区，以正六边形来近似每一个小区，多个正六边形拼接在一起，形状类似蜂窝，可按一定规则在小区内重复使用相同频率，使无线信道数成倍增加。

（2）第二代移动通信系统。第二代移动通信系统是数字通信，它是以传送语音和数据为主的移动通信系统，典型的有 GSM、DCS（Data Communication System，数据传输系统）1800和 TDCDMACDMA（Code Division Multiple Access，码分多址）。除提供语音通信服务之外，也可提供低速数据服务和短消息服务。数字无绳系统，也是这类窄带低速数据和语音应用系统。

GSM　（Global System for Mobile Communications），又称"全球移动通信系统"，它是第二代移动通信系统中最先进的系统之一，其最大优势在于容易实现国内和国际漫游。由于有了较完善的技术规范，因此系统内部的各种接口大部分采用开放式接口，不同厂家生产的设备可以很方便地互联。目前，GSM 数字移动通信系统已被欧洲、亚洲、非洲、大洋洲及中国香港、中国台湾在内的 80 多个国家和地区所采用，深受世界各地用户的喜爱。

"全球通"是中国电信采用 GSM 标准而组建的国家共用数字移动电话网的名称。中国 GSM 网已经实现了县以上城市的覆盖。目前，中国 GSM 拨入号有 139、138、137、136、135、134、159（中国移动公司），133、132、131、130（中国联通公司）。电话业务是 GSM 系统最基本的业务，GSM 移动电话具有移动呼出功能和移动呼入功能。

目前大多数 GSM 移动电话都具备下列功能。

① 支持无线应用程序协议（WAP），可接收 WAP 网络信息，如连接互联网（Internet）浏览网页（GPRS）、实时收发电子邮件（E-mail）和联网玩游戏，还有"移动银行系统"服务或接收网络运营商提供的股票行情等高级增值服务。GPRS 的最高理论传输速度为171.2Kbps，目前使用 GPRS 可以支持 40Kbps 左右的传输速率。

② 具有双频功能，可在 GSM900、GSM1800 和 GSM900/1800 双频网络间自动切换，实现在网络之间无缝隙的漫游。

③ 可进行中文输入和显示，支持三种汉字输入方式：拼音、笔画和注音输入法（用于繁体），能够编辑并发送中文短信息、输入中文电话簿和日历备忘录，字库存储超过 9000 个汉字。

④ 具有短信服务功能，可发送和接收短信息和蜂窝广播信息，还可发送和接收英文、简体中文和繁体中文信息。

⑤ 具有情景模式。7 种情景模式设置为：标准、会议、户外、寻呼机、无声、车载和耳机。可对不同号码组设置特定的响铃方式、铃声类型和分组图标。

⑥ 具有振铃方式。可选 38 种铃声或振动等多种提示。

⑦ 具有存储功能。可存多达 1000 多条联系人信息，每条信息包括 2 个电话号码和 1个地址，还可显示最近 10 个未接来电、已接来电和已拨电话号码。

（3）第三代移动通信系统。

第三代移动通信系统（MIT-2000）是国际电信联盟（ITU）提出的工作在 2GHz 频段的商用系统。从 1996 年开始，各国对 IMT-2000 的研究投入了大量的人力、物力进行研究和开发。卫星移动通信系统作为第三代移动通信系统的重要组成部分，其地位和作用已毋庸置疑。因此

IMT-2000 明确规定了要支持卫星通信环境，并声明它是一个综合的卫星／地面通信网络，可以共同协作满足全球范围内不同用户密度地域的广泛业务需求，在所提供的业务上也相互补充，并且实现起来更经济。在一个综合网络中，卫星移动通信系统的特有优势在于以下几点。

① 可以实现全球完整、连续的覆盖。

② 可以作为地面蜂窝网业务覆盖区域的扩展。

③ 固有的动态信道分配技术可以解决突发的呼叫拥塞问题。

④ 固有的抗毁性可以在地震洪水等特殊场合起到不可取代的应急通信作用。

⑤ 系统的建立对于军民结合、平战结合、满足军事通信特殊需要等具有战略意义。

21 世纪多媒体信息业务的普遍应用和发展，必然要求无线通信能提供相应的业务，包括语音、数据、可视图文、活动图像、压缩图像等，过窄带宽已不适应。而由中国联通公司推出的 W-CDMA（宽带移动通信系统），在系统容量、抗衰减、多媒体业务应用和频带有效利用上，具有明显的优势，它是第三代移动通信的主流之一。

中国电信推出的 3G"天翼 189"（CDMA+WiFi）互联网手机将独具优势的高速移动宽带，融入宽带互联网，发挥移动互联网的整合优势，保持随时随地高速接入。采用的是CDMA2000 即 EVDO 制式（美国标准），目前占 3G 上网总人群的 23%。

TD-SCDMA（时分同步码分多址接入）移动通信系统标准是中国提出并被国际电信联盟（ITU）接纳的第三代移动通信标准，已正式成为全球 3G 标准之一。该项通信技术也属于一种无线通信的技术标准，它集成了频分（FDMA）、时分（TDMA）、码分（CDMA）和空分（SDMA）四种多址接入技术的优势，全面满足国际电信联盟（ITU）提出的 IMT-2000的要求，与 WCDMA、CDMA2000 一起成为公认的三种主流的 3G 技术标准。

移动通信系统从 20 世纪 80 年代诞生以来，到 2020 年将大体经过 5 代的发展历程，而且到 2013 年，将从第 3 代过渡到第 4 代（3.5～4G）。除蜂窝电话系统外，宽带无线接入系统、毫米波 LAN、智能传输系统（ITS）和同温层平台（HAPS）系统将投入使用。未来几代移动通信系统最明显的趋势是要求实时传输的高数据速率、高机动性和无缝隙漫游。

4. 互联网电话（IP 电话）通信

互联网（Internet）是当今应用最广泛、发展最迅速的通信网络，视频、音频信号经过模／数（A/D）转换后也可以作为数据在互联网上传递。那么，是否可以利用互联网进行实时电话通信呢？问题的提出，促使了互联网（IP）电话这种全新电话通信方式的诞生。互联网电话的发展越来越受到各国电信运营商的重视，并成为一个令人瞩目的新热点技术。

（1）互联网电话概述。互联网电话实质是将发送端的语音打成 IP 数据包在互联网上传输，到了接收端后，将数据包重组还原为语音。

互联网电话通常又称为 IP Phone（简称为 IP 电话）。IP 是英文 Internet Protocol（网络协议）的缩写。IP 电话是互联网上可通过 TCP/IP 实现的一种电话应用。这种应用包括 PC对 PC 连接、PC 对话机连接、话机对话机连接，还包括互联网或互联网上的语音业务、传真业务（实时和存储/转发）、Web 上实现的 IVR（交互式语音应答）、经由 Web 的统一消息转发等。互联网电话业务指的是通过互联网实时传送语音信息的服务，其服务领域主要是国内、国际长途电话业务。传统的国际长途电话使用昂贵的交换设施在全球范围内传送语音脉冲模拟信号,其传送费用高昂。利用互联网打国际长途的传输机制(数据信号传输)与传统电话(模拟信号传输)有着本质的区别,这就使得利用互联网打国际长途电话只要支付本地电话费和联网费用,全部开支仅仅相当于原来国际长途电话费的几分之一。这种超低费用使得 IP 电话业务对传统的国际长途电话产生了前所未有的影响和冲击。

(2)IP 电话的现状与发展。

以前,大多数公司提供的 IP 电话产品主要是软件产品。用户在互联网上打电话还必须利用计算机,并且首先要在计算机上配上声卡、麦克风和扬声器。在与对方进行呼叫连接时,也比较麻烦,用户必须知道对方的 IP 地址,对方又必须开机等待才能相互接通,使用起来远不及普通电话通过拨号及振铃方便。就语音质量而言,在说和听之间往往有一段小的时间延迟,在线路拥挤时还会断断续续。要使 IP 电话进入商用,就必须解决其语音质量和使用方便的问题。在提高 IP 电话语音质量方面,发展优质高效的语音压缩技术是首选方法。此外,要使 IP 电话大量普及,必须解决安全问题,因为 IP 电话的传输是在互联网上进行,所以很容易受到黑客的攻击。尽管目前这种技术尚存在不足之处,但由于其低廉的通话价格和通话质量的提高,使用 IP 电话产品进行长途及国际间的通话已经成为目前电话通信的主要方式。

目前,在互联网上进行话音传输的方式主要有计算机到计算机(PC to PC)、计算机到电话(PC to Phone)、电话到计算机(Phone to PC)和电话到电话(Phone to Phone)。互联网电话业务的主要组网方式为网关方式,即电话到电话方式。网关组网方式即在通信两方的局端建立网关,而在用户端只需使用普通电话机即可进行语音通信。这种方式因所有的数据处理(话音打包和收发)过程均由网关上的 DSP(数字信号处理器)和代理商完成,较之以前使用软件通过 PC 打互联网电话,大大减少了语音处理延时,交谈的双方就像打普通电话一样,几乎感觉不到话音的延迟。

现在进入商业营运的主要是 Phone to Phone 方式。中国电信公司(17909、11808)、中国移动公司(17951、12593)、中国联通公司(17910)、中国铁通公司(96168)都已开通了国际、国内的 IP 电话网业务,使得长途电话的通话费用大幅降低,受到国内广大用户的欢迎。我们应该看到 IP 电话技术的发展将带给通信业的美好前景,这将是含有视频、音频和数据信息的可视电话模式的廉价实现。而最激动人心的应该是通过网关可以把现有的电信两大网:电话网和数据网有机结合在一起,最终实现“一网统天下”的全球廉价通信。

9.2.2 传真机的工作原理和外形结构

1. 传真通信的基本原理

传真通信的基本原理,可用图 9-1 来说明。如果要将一张图像(或文件、报纸、信件、相片、图表)传送到对方,首先需要对它进行分解,将发送图像分解成许多微小像素,并按照一定的顺序将这些像素转变为电信号(这些电信号的幅度与所发送的像素亮度成比例),再把电信号进行调制处理后,通过有线或无线通路传输到接收端。接收端将接收到的电信号进行解调。再转变为记录纸上相应亮度的微小像素,同时把这些微小像素按照与发送端相同的顺序合成图像。另外,为了保证接收图像与发送图像一致,必须使接收扫描与发送扫描速度一致,接收扫描与发送扫描单元起始位置一致,即同步且同相。

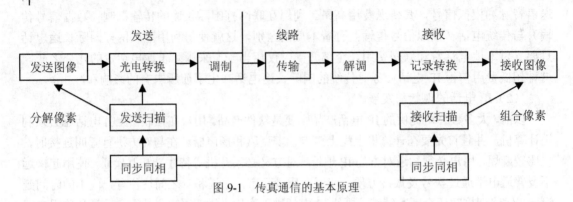

图 9-1　传真通信的基本原理

下面对传真工作过程的各个组成部分作简要说明。

（1）发送扫描。因为图像是二维信息，若想传送它，需将其转换为一维信息。发送扫描就是在发送图像上进行从左到右、从上到下的扫描，把发送图像分解成许多微小像素，从而把二维信息转换成一维时间序列信号。发送扫描分为机械扫描和电子扫描两种方式。

（2）光电转换。光电转换就是把通过发送扫描分解的各个像素的深浅信息转变为不同强度的电信号的过程。具体地讲，把光照射在发送图像上，原稿各像素的反射光依次投射到电荷耦合器件（CCD）上。CCD 将不同强度的反射光转换成相应的电信号，这样就形成了图像原始电信号。光电转换元件常使用光电倍增管、光敏二极管、电荷耦合器件（CCD）或 CMOS 图像传感器等。

（3）图像信号的调制与解调。在发送端把通过光电转换得到的电信号再转换为线路传输频带内的信号，这个过程称为调制；在接收端把由发送端送来的被调制的电信号复原，这个过程称为解调。当把电话线作为传输线路时，调制方法为：低速机（6 分钟机）采用调幅（AM）或调频（FM）；中速机（3 分钟机）采用调幅—调相—残余边带调制（AM—PM—VSB）；高速机（1 分钟机）采用在数据传输中使用的多相相位调制（MPM）或正交振幅调制（QAM）。另外，有时为了缩短图像信号的传送时间，在调制之前需要用编码电路将图像数据进行压缩，以便消除图像信号的冗余度，然后再转换成模拟信号发送到电话线路上进行传输。编码处理后的信号经解调后还要进行解码处理，恢复出图像信号。

（4）记录转换。为了把解调后的信号记录下来，需要将其转换为记录所需的能量，称为记录转换。记录能量包括光、电、热、磁、压力。根据记录图像的再现能力，记录可分为黑白两值记录、半色调记录、图片全色调记录、彩色记录；根据记录所需的处理，又可分为直接记录和间接记录，其中间接记录需要显影、定影等后继处理。

（5）接收扫描。发送扫描的逆过程叫接收扫描。即把按时间序列传送过来的一维信号还原为二维图像信息。接收扫描也分为机械扫描和电子扫描两种方式。

（6）同步和同相。同步就是使收、发两端的扫描速度保持一致；同相就是使收、发两端扫描单元的起始位置保持一致。同步可分为独立同步方式、电源同步方式、传输同步方式、自动同步方式等。同相可分为释放式和追赶式。

（7）感热记录原理。在接收端，传真机对接收到的信号进行解调和解码（调制和编码的逆过程），恢复出图像信号，最后对恢复后的图像信号进行记录，产生图像副本。目前三类机中使用的记录方法主要是感热记录。

在传真机的接收端将图像电信号还原成光学图像，这一过程称为图像信号的记录。感热记录是目前大部分三类机使用的记录方式。在三类机技术中，记录器件也是固体化的。记录器件主要是一个用大规模集成电路制成的固体记录头。用这种固体记录头，记录位置精确，图像的复制质量好。当然，这种方式要使用经过特殊处理的感热纸。图 9-2 是感热纸结构及其记录原理示意图。有两种化学固体附着在感热纸的纸基上，在常温下它们都不呈现颜色。若纸上某一部位经过记录头的发热点，两种化学固体熔化成液体并发生化学反应，反应的生成物通常是黑色的。所以，当感热纸沿着固体记录头移动时，固体记录头上一排微小的发热点（其热量受控于图像信号）在感热纸上留下无数的小黑点。由这些极细的小黑点，重构一幅完整的图像，这幅图像就是传真副本。

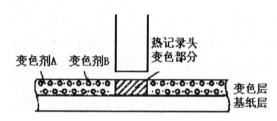

图 9-2　感热纸结构及其记录原理

感热记录方式的优点是记录过程简单，记录一次成像，可使整机体积轻巧，复制图像清晰鲜明，且成本较低；缺点是传真副本容易褪色，不能长期保存。现在也有使用普通纸作记录纸的，但是这种传真机价格较贵，因为其记录部分是用喷墨方法或用激光印字，设备结构都较复杂。

2. 传真机的外形结构

图 9-3 为 Konica FAX-150 传真机的外形结构。各部分名称如图 9-3 所示。

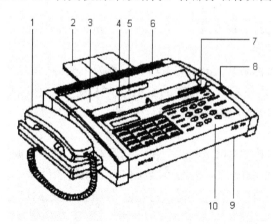

1：电话机；2：导纸板；3：记录纸出口；4：稿件架；5：记录纸窥视窗；6：记录纸带；
7：待发文件入口开启；8：操作面板掀起开关；9：已发文件出口；10：操作面板

图 9-3　传真机的外形结构

9.2.3 传真机的类型和主要技术指标

1. 传真机的分类

传真机种类繁多，分类方法多种多样。例如，按照色调来分类，可以分成真迹传真机、相片传真机和彩色传真机；按照通信时所占电话线路来分类，可以分成单路传真机和多路传真机；按照制作原稿的性质来分类，可以分成文件传真机和图片传真机。

根据传送内容的不同，下面介绍几种常见的分类方法。

（1）文件传真机。文件传真机是电话线路文件传真机的简称，是一种利用市内电话交换网络（或长途交换），在任意两个电话用户之间进行文字、图像资料传送的设备，是用途最广泛、用量最大的传真机。

文件传真机一般分为用户传真和公用传真两种（目前用户传真占 80%以上），但是按其功能又可分为独立传真机（即只有传真功能的传真机）和多功能传真机（即主要用于传真，也可用作复印、打印、文档扫描，而且可与个人计算机兼容），按其输出方式还可以分为感热式传真机（即直接利用感热式打印技术）和普通纸传真机（即在普通纸上进行激光打印、LED 打印或喷墨打印）。

文件传真机的发展，经历了一个性能技术指标由低到高的发展过程。根据国际电报电话咨询委员会（CCITT）建议，将目前已应用的文件传真机，按它们出现的时间先后依次分为传真一类机、二类机、三类机、四类机和彩色类传真机。

① 传真一类机，简称 G1（Group-1）机，又称为 6 分钟机，采用调频和模拟传输技术。其发送信号不采取任何频带压缩措施，所以速度慢。适用于在电话线路上以 3.85 线 / mm 的扫描密度，需要 6 分钟传送一页 ISO（国际标准化组织）A4 幅面的文稿。它属于早期产品，目前已淘汰。

② 传真二类机，简称 G2（Group-2）机，又称为 3 分钟机，采用调频和频带压缩技术，在控制程序方面也与一类机有所不同。在 3.85 线 / mm 的扫描密度下，标准传输速度是 3 分钟传送一页 A4 幅面文件。

③ 传真三类机，简称 G3（Group-3）机，又称为 1 分钟机，在调制处理前采用频带压缩技术和减少冗余度编码技术，使传的数据量大大减少。在电话线路上，若以 48Kbps 的数据传输速率传送一份 A4 幅面的典型打字文件，约需 1 分钟。传真三类机是目前生产量和应用量最多的机型。

④ 传真四类机，简称 G4（Group-4）机，利用专用的数字数据网（如 DDN 网）传真。在传输前，它对发送前的报文信号采取了减少信号冗余度的处理，并采用适合专用数据网的传输控制程序，可以实现无错码接收。它能以 64Kbps 的数据信号速率，在 15 秒内传送一页 A4 幅面文件。

由上述可见，前三类传真机是高速传真设备，而第四类传真机则是更高速的传真设备，但它需有高质量的通信网络来支持。

（2）彩色类传真机。彩色类传真机能够传送彩色图文。在发送方，它的工作方式类似于彩色摄像机，使用分色镜将来自彩色图像的反射光分解成 3 种基色，进行光电转换，并给予必要的补偿和信息压缩，然后供信道进行传输。在接收方将分解的三基色信号提取放大并还原成像。目前记录彩色图像的方式是利用彩色喷墨的方法。彩色传真机需要发送 3 种基本色调，其带宽是普通黑白二值传真的 3 倍。若用目前的载波电话网传输，就需 3 倍的时间，不适宜快速传输。只有利用宽带化的数字数据网，彩色传真才能达到真正的高速传真。

（3）相片传真机。这种传真机大量应用于公安、武警、新闻出版等部门。相片传真机不仅能传送黑白相片，而且还能传送有灰度等级的相片，可以保证接收相片的清晰和逼真。相片传真机一般用一个电话通路传送。

（4）气象图传真机。这种传真机与短波定频接收机配套，利用无线电广播和气象卫星来发送和接收气象云图资料。其主要用于气象、军事、航空、航海和渔业等部门。

（5）报纸传真机。报纸传真机可以传送整版的报纸，从而使边远地区能及时收到中央报纸的样张，便于就地制版、印刷、发行，使边远地区也能看到当天的中央报纸。这比用飞机运送报纸，发送航空版报纸更方便、迅速，而且不受气候和班机航次的限制。目前，报纸传真机一般利用微波通路来传输。

（6）信函传真机。信函传真机一般具有自动拆封装置。当地邮局把待寄信函自动拆封，自动送入信函传真机，把信函传送到对方邮局；对方邮局的传真机收到后，自动封好信函送出机外，以便投送给收信人。信函传真是由发送局处理的，发送局可以随时把传真信函传送到收信人所在的地区分局，将信函就近投递。这样，减少了信函集中分拣、打包转运及长途运输等过程，加快了传递速度。

2．传真机的主要技术指标

传真机的种类很多，不同种类的传真机具有不同的技术参数。这些参数可确定传真机的性能以及它们之间的互通性。因此，在选择和使用传真机时，必须慎重考虑这些参数。

（1）扫描方式。传真机的扫描方式通常有滚筒扫描和平面扫描两种基本方式。

① 滚筒扫描方式。在滚筒扫描方式中，沿着滚筒圆周的扫描方向称为主扫描方向，滚筒轴线方向称为副扫描方向。在滚筒表面形成的螺纹轨迹就是扫描线。如果把滚筒圆周表面展开成平面图，则扫描点从原稿的左上角开始扫描，结束于原稿的右下角，扫描线成为一条条的直线。

② 平面扫描方式。在平面扫描方式中，主扫描方向是沿着原稿幅面宽度从左到右的方向，而副扫描方向则是输入纸的反方向。

比较平面扫描与滚筒扫描两种方式可知，两者的主、副扫描方向是一致的。接收机的扫描方向取决于发送机的扫描方向，两者必须保持一致。

（2）扫描点尺寸。扫描点的尺寸取决于图像的类型和对复制图像（所接收的图像）的要求。扫描点越小，复制出的图像与原图像越相似。

（3）扫描线长度。扫描点沿主扫描方向扫描一行的距离称为扫描线长度，用字母 L 来表示，单位为 mm。

采用滚筒扫描时，扫描线长度等于滚筒的圆周（$L=\pi D$，D 为滚筒直径）；采用圆弧扫描时，扫描线长度等于两相邻扫描头之间的弧长；采用平面扫描时，扫描线长度或等于扫描头的有效宽度，或等于扫描点扫描一行的长度。

在我国，按 GBI 48—59 规定，我国公文纸以 B4 幅面尺寸 186mm×263mm 为标准，扫描线有效长度不得小于 165 mm；CCITT 建议以 A4 幅面尺寸 210mm×297mm 为标准，传真三类机标准的扫描线长度为 215mm，扫描线有效长度不得小于 193mm。原稿的有效长度（与扫描线垂直方向的长度）应该小于滚筒长度。常用文件的有效长度为 250mm，则滚筒扫描传真机的标准有效传送面积为 165mm×250 mm。

采用平面扫描时，由于输入纸时有可能左右偏转，因此扫描线全长应稍大于纸宽。

（4）扫描行距。扫描行距指相邻两扫描线对应边之间的距离，用字母 P 来表示，单位为 mm。扫描行距也就是扫描点在图像上扫描一行后，在扫描的垂直方向上所移动的距离。扫描行距越小，图像分解的像素数目越多，复制的图像越清晰，分辨率越高，但是图像的发送时间也就越长。

（5）扫描线密度。扫描线密度是指每毫米内扫描线的条数，用字母 F 来表示，单位为"线/mm"。扫描线密度是扫描行距的倒数。一般来说，扫描线密度越密，记录质量就越好。

（6）扫描线频率和扫描线速率。扫描线频率指每分钟能传送的扫描线条数，用 N 来表示，单位为"线/min"。滚筒扫描时，扫描线频率即为滚筒转速，单位为"转/min"；平面扫描时，扫描线频率为每分钟扫描的行数，单位为"行/min"，故扫描线频率也叫扫描行速。常见的扫描线频率有 60、90、120、180、360 线/min 等。

扫描点在单位时间内扫过的距离叫扫描点的扫描线速率，用 Vx 表示，单位为 mm/s。

（7）图像传送时间。采用滚筒扫描时，最大尺寸图像的传送时间 T（单位为 min）用下式表示：

$$T = \frac{FI}{N}$$

式中：F 表示扫描线密度，单位为线/mm；

　　　I 表示滚筒长度，单位为 mm；

　　　N 表示扫描线频率，单位为线/min。

采用平面扫描时，在输纸方向上的原稿尺寸不受限制。但是，如果每张图像的长度已确定，则可以将其作为 I 代入上式，从而求出每六张图像的传送时间。

（8）合作系数。合作系数表示传真机之间的互通性，用扫描线密度和滚筒直径 D 的乘积来表示，即

$$M=FD$$

当收、发两传真机的合作系数不同时，如收、发两传真机的滚筒长度不同，$I_2=I_1/2$，而其他参数均相同，则接收图像的长度与发送图像的长度相同，但其宽度变为原来的一半，即图像发生了变窄的畸变；若收、发两传真机滚筒直径不同，$D_2=D_1/2$，而其他参数相同时，则接收图像的宽度不变，但长度变为原来的一半，即图像发生了压扁的畸变。

只要发送传真机与接收传真机的合作系数相等，接收的图像就与发送的图像相似，不会发生图像畸变。即不管收、发两传真机的 F 或 D 是否相同，只要发送机与接收机的合作系数为 M，那么就能得到按比例放大或缩小的接收图像。

不同用途的传真机，其合作系数一般各不相同。为了使类型不同而用途相同的传真机互通，国际上建议 M 取 264 或 352。

如果收、发两传真机的合作系数相差小于 2%（即单个传真机的允许偏差为±1%），则所产生的图像畸变是不易被人眼察觉的。

（9）频带宽度。扫描点按一定顺序扫描发送图像时，在图像色调变化频繁处所产生的信号频率高，而色调无变化处的频率很低，甚至为零，传真信号的频带宽度 B_w 为最高频率 F_{max} 与最低频率 F_{min} 之差。如果发送的图像一半为黑色，一半为白色，则此时传真信号的频率最低。

公式为

$$F_{min} = \frac{N}{60}$$

当滚筒转速 N 为 60、120、180、360 r/min 时，F_{min} 为 1~6Hz。可见，F_{min} 是很低的，传真信号的频带宽度主要取决于 F_{max}。

增加图像的黑白间隔数，则图像频率将按比例增加，但是黑条和白条的宽度不能小于扫描行距，否则难以分辨。黑白间隔数达到极限时的图像信号频率称为最高图像信号频率 F_{max}。

9.2.4　传真机使用与维护

1. 传真机的初始设置

一般情况下初始设置包括设定年、月、日、时间，设定电话号码的缩短拨号、单键拨号等，设定本机站名和发送人，设定自动接收或手动接收等。

传真机的初始设置是指通过操作键盘设置传真机的功能和工作状态。自从计算机技术应用到传真机后，传真机的很多功都能采用程序控制。传真机的功能设置是通过回答液晶显示窗口提示的一系列问题而进行的，设置的信息存储在传真机的 CMOS 中。新购的传真机或使用过程中丢失了系统设置的传真机，都要重新设置。这种设置是传真机本身所要求的，与它是否接在程控交换机上无关。

2. 传真机的使用

下面以 Canon FAX-T11 型传真机为例介绍如何收发传真。

（1）发送传真的步骤。

① 将待发文稿字面向下插入待发文件入口（一次最多 10 页）。

② 选择清晰度：按"清晰度"键，在 STANDARD|FINE|HALFTONE 进行选择。

③ 设定对比度：按"浓淡对比"键，在 NORMAL|DARK|LIGHT 进行切换。

④ 拨号：可通过单键、缩号键或数字键盘使用"免提"功能或提起话机拨对方 Fax 号码。

⑤ 发送：在完成以上步骤，接通对方并听到传真信号后，按"启始/复印"键（放下话机），显示屏显示"TRANSMITING"，本机就开始发送传真稿件。

（2）接收传真的步骤。

① 手动接收/自动接收方式切换：Canon Fax—T11 用"接收"键来切换传真接收的自

动接收（灯亮）/录音电话接收（灯亮）/手动接收（手动接收时所有灯不亮）三种状态。

② 自动接收：插好电源，当传真机处于自动接收状态时，"自动接收"指示灯亮，本机就处于自动接收状态。当外线拨通本机 Fax 号码时，自动接收便开始。

③ 手动接收：当传真机处于手动接收状态时（所有指示灯不亮），接收到对方呼入信号，提起话筒可与对方先通话。如果对方告知要发来传真，则在本传真机上按"启始/复印"键，放下话筒，接收工作就开始。

3. 传真机的维护

对传真机进行必要的维护与保养，才可以最大程度延长传真机的使用寿命，并能保持满意的传真效果。

（1）使用环境。传真机要避免受到阳光直射、热辐射，及强磁场、潮湿、灰尘多的环境，或是接近空调、暖气机等容易被水溅到的地方。同时要防止水或化学液体流入传真机，以免损坏电子线路及器件。为了安全，在遇有闪电、雷雨时，传真机应暂停使用，并且要拔去电源及电话线，以免雷击造成传真机的损坏。

（2）放置位置。传真机应当放置在室内的平台上，左右两边和其他物品保持一定的空间距离，以免造成干扰和有利于通风，前后方请保持 30cm 的距离，以方便原稿与记录纸的输出操作。

（3）不要频繁开关机。因为每次开关机都会使传真机的电子元器件发生冷热变化，而频繁的冷热变化容易导致机内元器件提前老化，每次开机的冲击电流也会缩短传真机的使用寿命。

（4）尽量使用标准的传真纸。按传真机说明书，使用推荐的传真纸。劣质传真纸的光洁度不够，使用时会对感热记录头和输纸辊造成磨损。记录纸上的化学染料配方不合理，会造成打印质量不佳，保存时间更短。而且记录纸不要长期暴露在阳光或紫外线下，以免记录纸逐渐褪色，造成复印或接收的文件不清晰。

（5）不要在打印过程中打开合纸舱盖。打印中请不要打开纸卷上面的合纸舱盖，如果真的需要则必须先按"停止"键以避免危险。同时打开或关闭合纸舱盖的动作不宜过猛。因为传真机的感热记录头大多装在纸舱盖的下面，合上纸舱盖时动作过猛，轻则会使纸舱盖变形，重则会造成感热记录头破裂和损坏。

（6）定期清洁。要经常使用柔软的干布清洁传真机，保持传真机外部的清洁。对于传真机内部，除了每半年将合纸舱盖打开使用干净柔软的布或使用纱布蘸酒精擦拭打印头外，还有滚筒与扫描仪等部分需要清洁保养。因为经过一段时间使用后，原稿滚筒及扫描仪上会逐渐累积灰尘，最好每半年清洁保养一次。当擦拭原稿滚筒时，一样必须使用清洁的软布或沾酒精的纱布，需要小心的是不要将酒精滴入机器中。而扫描仪的部分（如 CCD 或 CIS 以及感热记录头）就比较麻烦，因为这个部分在传真机的内部，所以需要工具的帮忙。一般来说使用一种清理工具，蘸了酒精以后，由走纸口送入传真机，进行复印功能时，就可以清洁扫描仪玻璃上的灰尘。切不可直接用手或不洁布、纸去擦拭。

9.3 项 目 实 施

任务 传真机的手动操作

1. 实训要求

本实训任务的目的是通过设置传真机并手动传送和接收一页 A4 的原稿件，以掌握对传真机初始设置方法与收发传真件的基本操作。

2. 实训步骤

（1）传真机初始设置。

① 设置传真机的当前日期和时间（DATA & TIME）。

② 设置传真机的名称（YOUR LOGO）。

③ 设置用户的传真机号码（YOUR FAX NO.）。

④ 设置传真机的应答振铃次数（RINGS TO ANSWER）。

⑤ 设置传真机的接收模式。

（2）传真机的手动发送操作。

（3）传真机的手动接收操作。

9.4 项 目 小 结

图文传真机是在公用电话网或其他相应网络上，将静止图像、文件、报纸、相片、图表及数据等信息进行远距离实时传送的一种通信设备。

传真机将发送图像分解成许多微小像素，并按照一定的顺序将这些像素转变为电信号，再把电信号进行调制处理后，通过有线或无线通路传输到接收端。接收端将接收到的电信号进行解调，再转变为记录纸上相应亮度的微小像素，同时把这些微小像素按照与发送端相同的顺序合成图像。

在传真机工作前进行初始设置，可以更好地处理发送和接收的传真信息。

习   题

一、选择题

1. 传真机是集计算机技术、通信技术、_____与光学技术于一体的通信设备。

    A．复印技术　　　B．精密机械　　　C．网络技术　　　D．电子技术

2. 电话机通信是通过声能与电能相互转换，达到用_____传输声音的一种通信技术。

A．空气　　　　B．电流　　　　C．电压　　　　D．磁场

3．互联网电话（IP）业务指的是通过互联网＿＿＿＿语音信息的服务，其服务领域主要是国内、国际长途电话业务。

A．分段传送　　B．实时传送　　C．控制传送　　D．无线传送

4．传真机在发送端把通过光电转换得到的电信号再转换为线路传输频带内的信号，这个过程称为＿＿＿＿。

A．转变　　　　B．解调　　　　C．调制　　　　D．发送

5．常用三类传真机使用的纸是＿＿＿＿。

A．普通纸　　　B．蜡纸　　　　C．感热纸　　　D．光敏纸

二、问答题

1．传真机图像扫描电路的工作原理是什么？

2．世界上第一部电话机是什么时间由什么人发明的？

3．传真机的分类及主要性能有哪些？

4．分别阐述传真机的发送和接收的基本操作步骤。

5．传真机的维护要注意些什么？

附　　录

附录 A　Lotus Notes 的安装与配置

本附录以 Lotus Notes 6.51 版本为例，介绍该软件的安装与配置方法。

A.1　安装 Lotus Domino 服务器

Lotus 系统的安装过程十分简单，管理员只要把最新的 Domino R6.51 版基本的服务器、客户端安装光盘依安装程序提示进行安装和配置即可。下面以在 Windows Server 2003 服务器上安装 Domino 服务器为例简述安装过程。

1．登录 Windows Server 2003

启动 Windows Server 2003，以系统管理身份登录，在网络环境中测试确保服务器的连通，并关闭该服务器上的其他 Web 服务、FTP 服务与邮件服务，避免各种服务器的冲突。

2．使用 Lotus 安装盘

将 Lotus Domino 安装盘插入光驱 X 中，双击文件 X:\Domino 6.51\setup.exe，执行文件界面如图 A-1 所示。

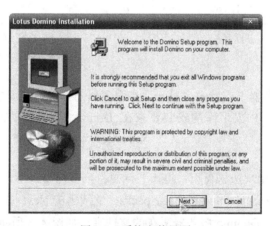

图A-1　系统安装界面

3．填写基本信息

单击 Next 按钮，同意许可协议，填写用户姓名与单位基本信息。

4. 选择安装路径

填写好基本信息后，继续单击 Next 按钮，用户选择安装路径，如图 A-2 所示，单击 Browse 按钮可修改安装路径。系统默认安装盘为 C 盘，现在改为 F 盘，安装路径为 F:\Lotus\Domino，数据库文件则相应安装在 F:\Lotus\Domino\Data 文件夹内。

5. 选择服务器类型

单击 Next 按钮，出现服务器类型选择框，选中 Domino Enterprise Server 单选按钮，如图 A-3 所示。继续单击 Next 按钮，选择程序组名称，系统即开始安装服务器。安装完成后将在 Windows 的程序组内创建程序项 Lotus Applications。

Domino 服务器安装完成后还需要进行适当的配置，包括服务器名称、管理员信息、各种服务功能如 Web、邮件、目录的设置，配置成功后 Domino 服务器才能正常工作。

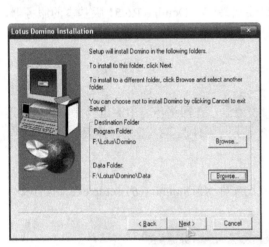

图 A-2　安装路径　　　　　　　　　　图 A-3　服务器类型

6. 安装中文字库

Lotus Domino 服务器不支持中文显示，在服务器的管理中若需要显示中文菜单，则需另安装中文字库补丁，中文字库的安装要求在 Domino 服务器的配置前完成。将 Lotus Domino 安装盘插入光驱 X 中，双击文件 X:\Notes6.51a\DomLP651_GUI.exe，执行界面如图 A-4 所示。

单击 Next 按钮，出现协议窗口，单击"同意"，继续单击 Next 按钮，出现安装方法选择窗口，选择 Replace existing language packs。继续单击 Next 按钮，出现字库安装路径选择窗口，应正确选择 Domino 服务器所在的文件夹，如图 A-5 所示。

在图 A-5 中单击 Next 按钮，出现替代字体的窗口，选择 Chinese，再次单击 Next 按钮，完成安装。

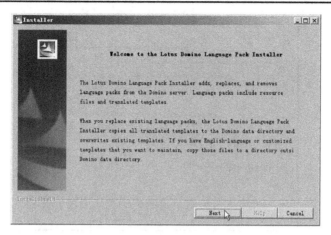

图A-4 中文字库安装窗口

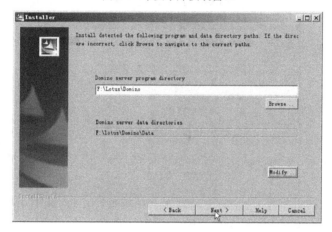

图A-5 选择安装路径

A.2 配置 Lotus Domino 服务器

1. 启动配置程序

为配置浏览器访问的 Domino 服务器，首先启动 Domino 服务器配置程序。选择"开始"|"所有程序"|Lotus Applications|Lotus Domino Server 命令启动配置窗口，如图 A-6 所示。

2. 配置服务器的相关信息

服务器的相关信息包括服务名称、组织者名称与口令，管理人员名称与口令等。

在图 A-6 中单击 Next 按钮进入服务器第二步配置，窗口中有两个单选按钮："第一个 Domino 服务器（First Domino Server ）"和"附加的 Domino 服务器（Additional Domino Server ）"，本系统要求选择"第一个 Domino 服务器"。

再次单击 Next 按钮，出现服务器名称信息窗口，如图 A-7 所示。输入服务器名称和服务器标题，如 oaserver。

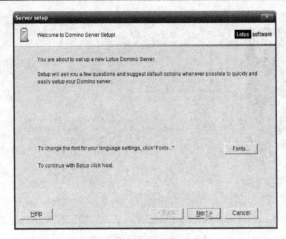

图A-6　服务器配置程序

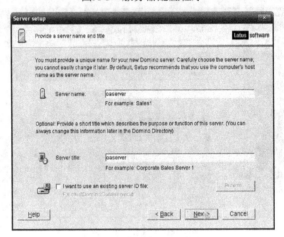

图A-7　服务器名称信息窗口

单击 Next 按钮，出现组织信息窗口，如图 A-8 所示。输入组织者名称和口令，如 HBTJ（海滨统计局）。

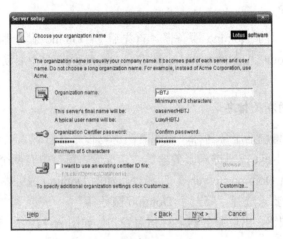

图A-8　组织信息窗口

单击 Next 按钮，出现主机域名窗口，如图 A-9 所示。输入主机域名，如 HBTJ。

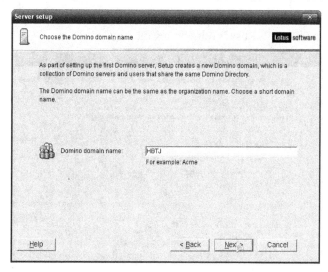

图A-9　主机域名窗口

单击 Next 按钮，出现管理员标识窗口，如图 A-10 所示。输入管理者姓名 admin 以及适合的口令，并进行确认。需要注意的是，姓（Last name）必须填写，首名（First Name）和中间名（middle）可以空缺。

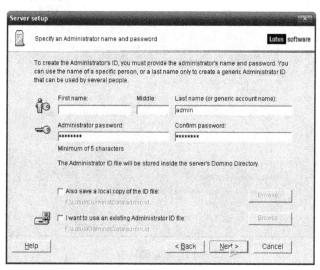

图A-10　管理员标识窗口

3. 配置 Internet 服务

在图 A-10 中单击 Next 按钮进入服务器 Internet 配置窗口，出现 HTTP 服务、邮件服务与目录服务选项，为保证客户端能使用 IE 浏览器访问 OA 服务器，要求对这些选项全部选择，如图 A-11 所示。单击 Customize 按钮可详细配置各项服务，单击 Next 按钮，网络选项使用系统默认，按窗口提示继续操作，最后出现配置确认窗口，如图 A-12 所示。

在图 A-12 中单击 Setup 按钮，系统进行配置，并出现完成窗口，单击 Finish 按钮，完成 Domino 服务器的最后配置。

上述配置结果保存在 F:\Lotus\Domino\notes.ini 文件中。

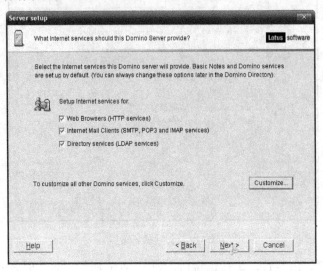

图A-11　Internet服务配置

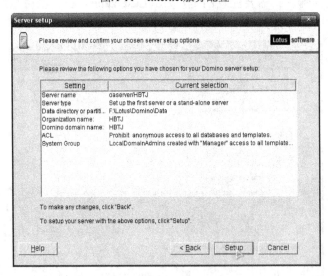

图A-12　配置确认窗口

A.3　安装与配置 Lotus Notes

1. 安装

为了管理 Domino 服务器，应在 Windows 服务器上同时安装 Lotus Notes 客户端软件。将 Lotus Domino 安装盘插入光驱 X 中，双击文件 X:\Notes6.51a\Lotus Notes 6.51 zh-CN.exe，执行界面如图 A-13 所示。

单击【下一步】按钮，界面出现协议窗口，同意许可协议，进入公司、姓名基本信息的填写窗口，填写好基本信息后，继续单击【下一步】按钮，用户选择安装路径，系统默认安装盘为 C:\lotus\notes\data\，现在改为 F:\lotus\notes\data\，选择好安装路径后，单击【下一步】按钮，出现自定义安装程序窗口，如图 A-14 所示。

图A-13　安装Lotus Notes

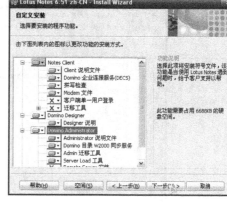

图A-14　自定义安装程序窗口

在图 A-14 中选择 Domino Administrator 用于对服务器的管理，单击【下一步】按钮开始安装，安装完成后将在 Windows 的程序组内创建程序项"Lotus 应用程序"。

2. 配置

使用 Lotus Notes 对 Domino 服务器进行管理前必须先进行相关配置，使其能连接 Domino 服务器、邮件服务器和目录服务器等。配置前应先启动 Domino 服务器。选择"开始"|"所有程序"|Lotus Applications|Lotus Domino Server 命令启动 Domino 服务器，选择"开始"|"所有程序"|"Lotus 应用程序"|Lotus Domino Administrator 命令启动管理配置程序，如图 A-15 所示。

单击【下一步】按钮，输入用户信息，如图 A-16 所示，姓名输入"admin"，Domino 服务器名称按实际设置的名称输入，如"oaserver"，选中"连接到 Domino 服务器"复选框，单击【下一步】按钮，输入在安装 Domino 服务器时所设置的 admin 用户的密码。继续单击【下一步】按钮，并按提示进行操作，使用配置默认项，最后完成 Lotus Notes 的配置。

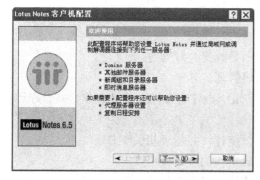

图A-15　配置Lotus Notes

图A-16　输入用户名

配置成功后的 Lotus Notes 窗口界面如图 A-17 所示。图中显示了"HBTJ 网络域"的可操作项，包括"个人和群组"、"文件"、"服务器"、"消息处理"、"复制"、"配置"等项目，系统管理员可根据需要进行详细的配置。选择"文件"|"退出 Administrator"命令可关闭配置程序，再次启动后将直接进入该管理界面。

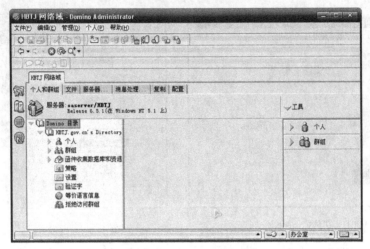

图 A-17   Lotus Notes 管理窗口

附录 B   办公自动化系统模拟案例

本模拟案例用于办公自动化系统角色的分配，便于实操教学，加深学生对政府机关日常工作的了解，以及对系统运行的把握。教师以模拟的部门为小组，将角色分配给每一个学生，并要求担任部门领导的学生组织本组人员进行模拟操作。

模拟单位：南方省海滨市统计局，行政上归海滨市政府管理，业务上受南方省统计局的指导。

B.1   统计局内设机构及人员配置

1.   内设机构

统计局内设 8 个二级部门。

（1）办公室：协助局领导处理日常工作及档案收集、管理等。

（2）人事科：负责局里的党务、宣传及人事管理。

（3）综合信息科：协调本局统计分析工作和组织指导全市综合统计工作，并做好计算机、网络管理、网站的更新维护。

（4）工交能源科：对有关工交能源数据进行统计，并指导相关工作。

（5）社科投资科：负责劳动、人口、教育等工作的统计分析。

（6）农业财贸科：负责农业和农村发展的统计、建设工作。

（7）法制教育科：组织指导统计改革、法规制度建设。

（8）贸易统计科：负责经济贸易的统计分析，并组织指导相关业务培训工作。

2. 统计局工作人员名单

人员名单包括姓名和简称，都可以用作账号名登录，但不能有重名出现。表 B-1 为统计局工作人员定义一览表。

表 B-1　统计局工作人员定义一览表

序 号	所属部门	姓 名	简 称	排序号	岗 位
1	统计局	赵局长	zhaojz	1	局长
2		钱局长	qianjz	2	副局长
3		孙局长	sunjz	3	副局长
4		李局长	lijz	4	副局长
5	办公室	黄主任	huangzr	101	主任
6		吴主任	wuzr	102	副主任
7		郑秘书	zhengms	103	科员
8		王秘书	wangms	104	科员
9		冯秘书	fengms	105	科员
10		陈秘书	chenms	106	科员
11	人事科	沈科长	shenkz	201	科长
12		崔科长	cuikz	202	副科长
13		韩科员	hanky	203	科员
14		杨科员	yangky	204	科员
15		尤科长	youkz	205	科员
16		叶科员	yieky	206	科员
17	综合信息科	朱科长	zhukz	301	科长
18		秦科长	qinkz	302	副科长
19		尤科长	youkz	303	副科长
20		许科员	xuky	304	科员
21		何科员	heky	305	科员
22		吕科员	lvky	306	科员
23		施科员	shiky	307	科员
24		张科员	zhangky	308	科员
25	工交能源科	孔科长	kongkz	401	科长
26		曹科长	caokz	402	副科长
27		严科长	yankz	403	副科长
28		华科员	huaky	404	科员
29		金科员	jinky	405	科员
30		魏科员	weiky	406	科员
31		陶科员	taoky	407	科员
32		姜科员	jiangky	408	科员

续表

序　号	所属部门	姓　名	简　　称	排 序 号	岗　位
33	社科投资科	戚科长	qikz	501	科长
34		谢科长	xiekz	502	副科长
35		邹科员	zouky	503	科员
36		俞科员	yuky	504	科员
37		英科员	yingky	505	科员
38		邓科员	dengky	506	科员
39		麦科员	maiky	507	科员
40		胡科员	huky	508	科员
41	农业财贸科	柏科长	baikz	601	科长
42		水科长	shuikz	602	副科长
43		窦科长	doukz	603	副科长
44		章科员	zhangky	604	科员
45		云科员	yunky	605	科员
46		苏科员	suky	606	科员
47		潘科员	panky	607	科员
48		葛科员	geky	608	科员
49	法制教育科	习科长	xikz	701	科长
50		范科长	fankz	702	副科长
51		彭科员	pengky	703	科员
52		郎科员	langky	704	科员
53		兰科员	lanky	705	科员
54		苟科员	goky	706	科员
55		古科员	guky	707	科员
56		危科员	weiky	708	科员
57	贸易统计科	陈科长	chenkz	801	科长
58		谭科长	tankz	802	副科长
59		梁科长	liangkz	803	副科长
60		崔科员	cuiky	804	科员
61		王科员	wangky	805	科员
62		文科员	wenky	806	科员
63		洪科员	hongky	807	科员
64		鲁科员	luky	808	科员

注意： 实际政府机关的统计局人员配置比该表要精简得多，本表是为实操方便而设计的。

B.2　办公自动化系统流程汇总表

"求讯办公自动化系统2.0"提供多种流程供选择使用，表B-2是已调试通过的部分流程列表。

表 B-2　OA 流程汇总

流程名 （待办工作名）	子流程名	节点数	节点名称	部门
发文	局内部发文	7	起草、审核、签发、校对、套文、分发、存档	所有部门
收文	通用收文	6	收文登记、拟办/收文分发、局领导批示、承办、收文分发、归档	所有部门
借阅申请	通用借阅	4	申请借阅、审批、借出、归还	所有部门
接待申请	通用接待	4	申请、审核、审批、承办	所有部门
会议安排	局内会议	3	拟稿、审批、承办	所有部门
会议通知	局内会议	3	拟稿、审批、发布	所有部门
会议纪要	局内会议	3	拟稿、审批、归档	所有部门
车辆预约	申请用车	4	预约、科室审核、办公室审批、车队派发	所有部门
车辆维修保养申请	车辆保养流程	4	拟稿、部门审核、领导审批、承办	办公室
资产借用申请	设备通用借用	3	申请、审批、承办	所有部门
信访处理	通用信访处理	5	信访登记、审核、批示、承办、归档	所有部门
请款单	通用请款	4	拟稿、部门审核、领导审批、归档	所有部门

参 考 文 献

1．许建钢，赵天希．办公自动化系统应用．北京：高等教育出版社，2005

2．吕晓阳．办公自动化方法与应用．北京：清华大学出版社，2008

3．吕晓阳．电子政务理论与应用．北京：清华大学出版社，2010

4．国家技术监督局．基于 XML 的电子公文格式规范．第 2 部分．北京：中国标准出版社，2005

5．电子公文文档一体化业务流程管理规范（征求意见稿）．国家档案局中央档案馆办公室，2005